财务报表与案例分析

主 编 张悦玫

大连理工大学出版社

图书在版编目(CIP)数据

财务报表与案例分析 / 张悦玫主编. — 大连 ：大连理工大学出版社，2011.3(2016.3 重印)
现代远程教育系列教材
ISBN 978-7-5611-6054-1

Ⅰ. ①财… Ⅱ. ①张… Ⅲ. ①会计报表—会计分析—高等教育:远距离教育—教材 Ⅳ. ①F231.5

中国版本图书馆 CIP 数据核字(2011)第 023778 号

大连理工大学出版社出版
地址:大连市软件园路 80 号 邮政编码:116023
发行:0411-84706041 传真:0411-84707403 邮购:0411-84706041
E-mail:dutp@dutp.cn URL:http://www.dutp.cn
大连印刷三厂印刷 大连理工大学出版社发行

幅面尺寸:185mm×260mm 印张:14.5 字数:350 千字
2011 年 3 月第 1 版 2016 年 3 月第 3 次印刷

责任编辑:王晓玲 责任校对:张均峰
封面设计:戴筱冬

ISBN 978-7-5611-6054-1 定 价:34.80 元

出版说明

基于计算机网络条件下的远程教育，即网络教育，亦称现代远程教育，已经成为当今推进我国高等教育大众化的新途径。经批准，大连理工大学于2002年2月成为全国68所现代远程教育试点高校之一。大连理工大学现代远程教育以“面向社会、服务社会”为宗旨，以“规范管理、提高质量、突出特色、创建品牌”为指导思想，在传承大连理工大学优秀的教育传统与文化的同时，依托校内外优秀的教育资源，借助于现代教育技术手段，在国家终身教育体系中为社会提供了多层次、高质量的教育服务，已形成具有大连理工大学特色的现代远程教育品牌。

为了进一步提高现代远程教育的教学质量，我院在继续做好现代远程教育网络资源建设、开展好网上学习支持服务的同时，积极组织编写具有远程教育特色的高水平纸介教材。大连理工大学自2007年开始将现代远程教育系列纸介教材的编辑出版工作列入“现代远程教育类教学改革基金项目”加以实施。

现代远程教育系列纸介教材建设立足于现代远程教育的特色，为培养应用型人才服务。现代远程教育系列纸介教材以网络课程的教学大纲为基础进行编写，在内容取舍、理论深度、文字处理上适合现代远程教育学生的实际接受能力，适应现代远程教育学生自主学习的需要。现代远程教育系列纸介教材的编者要求具有较高的学术水平、丰富的教学经验、较好的文字功底，原则上优先选聘本课程网络课件的主讲教师担任编写工作。

目前，经过不断的努力，现代远程教育系列纸介教材已陆续出版问世，特向各位编者及审稿专家表示感谢，同时敬请社会各界同行对不足之处给予批评指正。

大连理工大学远程与继续教育学院

2013年8月

前 言

在现代经济社会中，财务报表能够为各个利益相关者提供他们所需要的、企业经营的相关信息。然而，财务报表并不能被显而易见地解读，读懂财务报表需要专门的知识、技术和经验。近年来，随着新会计准则体系的颁布和实施以及会计改革的不断深化，企业财务报告的构成、格式、内容等均发生了很大的变化，这对公司财务报表的编制和解读提出了新的要求。因此，为更好地认识新环境下的财务报表，我们精心编写了《财务报表与案例分析》一书，分三篇十章介绍了财务报表分析的相关知识，主要包括财务报表的分析基础、财务报表的分析内容和财务报表分析的应用。

本教材根据大连理工大学继续教育学院《关于加强现代远程教育文字教材建设的意见》编写而成，主要是为接受网络教育的专升本层次学生编写。教材注重科学性、知识性、可读性，在每一章中都穿插通俗易懂的案例，将纷繁复杂、枯燥生涩的财务报表内容变得绘声绘色，使读者能够轻松地学习财务报表的相关知识，提高读者学以致用、解决实际问题的能力。

本教材的特点有二：一是时效性强。本教材依据2006年新颁布的企业会计准则编写，编写内容全面，能够帮助非财务人员系统、完整地了解各种财务报表的编制要求和规范。二是简明易学。本书在编写过程中在语言表达上力求做到简明扼要、通俗易懂，将专业知识的学习置于轻松的环境中。

本教材由张悦玫主编，负责设计篇章结构，并总撰定稿。本书在编写过程中得到大连理工大学继续教育学院、大连理工大学出版社的大力支持，同时，刘晓冬、刘伟等同志协助做了大量整理资料、校对等工作，在此表示感谢。书稿完成后，刘彦文老师做了认真的审阅工作，对不足之处提出了建议，在此也表示衷心的感谢！

由于水平有限，书中难免有疏漏和不妥之处，希望得到各位专家、学者的批评指正。

编　者

2010年12月

目 录

第三篇 财务报表分析的应用

第一篇 财务报表分析基础

第1章 绪 论

引导案例

世界通信公司(WorldCom)是美国第二大长途电信营运商,曾经以1150亿美元的股票市值一度成为美国的第25大公司。从1999年开始,直到2002年5月,在公司财务总监Scott Sullivan、审计官David Myers和总会计师Buford Yates的参与下,公司采用虚假记账手段掩盖不断恶化的财务状况,虚构盈利增长以操纵股价。2002年世界通信公司的会计造假案披露的虚假会计利润接近100亿美元,创下了空前的会计舞弊世界纪录。2002年7月,世界通信公司向法院申请破产保护时的资产总额高达1 070亿美元,但根据《世界华尔街日报》请一些评估专家所作的估计,这些资产的公允价值仅为150亿美元。而世界通信公司的负债接近450亿美元,这意味着世界通信公司已资不抵债约300亿美元。

在世界通信公司财务舞弊的惊天大案中,Sullivan之流受到了制裁,世界通信公司的员工、投资者和债权人更是成为了殉葬者。17 000名员工在丑闻公开后的两个月内被解雇,还有更多的员工面临着失去生计的命运,股东和债权人的损失更是惊人。

可见,能够读懂、分析企业财务报表,发现企业财务状况存在的问题,对于企业的利益相关者是至关重要的。财务报表分析,就是通过收集、整理企业财务会计报告中的有关数据,并结合其他有关补充信息,对企业的财务状况、经营成果和现金流量情况进行系统分析和评价,从而将大量的报表数据转换成报表使用者特定决策有用信息的一项管理工作。

本章将对企业财务报表分析的目的及步骤等内容进行介绍,为后续的财务报表分析奠定基础。

1.1 认识财务报表

财务报表是对企业财务状况、经营成果、现金流量和所有者权益变动的结构性表述。财务报表至少应包括下列组成部分:①资产负债表;②利润表;③现金流量表;④所有者权益

(或股东权益,下同)变动表;⑤附注。

财务报表是财务报告的主要部分,财务报告还包括董事会报告、监事会报告等其他资料。

财务报表可以按照不同的标准进行分类:①按编制和报送的时间分类,可分为中期财务报表和年度财务报表。中期财务报表是以短于一个完整会计年度的报告期间为基础编制的财务报表,包括月份、季度、半年期财务报表。年度财务报表是全面反映企业整个会计年度的经营成果、现金流量情况及年末财务状况的财务报表。②按编报的会计主体不同,可以分为个别财务报表和合并财务报表。个别财务报表是指企业在自身会计核算基础上对账簿记录进行加工而编制的财务报表,用以反映企业自身的财务状况、经营成果和现金流量状况。合并财务报表是以母公司和子公司组成的企业集团为一会计主体,根据母公司和子公司单独编制的个别财务报表,由母公司编制的综合反映企业集团经营成果、财务状况及其现金流量情况的财务报表。

1.1.1 资产负债表

1. 资产负债表的内容

资产负债表是反映企业在某一特定日期的财务状况的会计报表。资产负债表主要反映资产、负债和所有者权益三方面的内容,并满足“资产=负债+所有者权益”平衡式。它反映企业在某一特定日期所拥有或控制的经济资源、所承担的现时义务和所有者对净资产的要求权。

资产是指企业过去的交易或者事项形成的,由企业拥有或控制的、能以货币计量的、预期会给企业带来经济利益的资源。负债是指企业过去的交易或事项形成的、预期会导致经济利益流出企业的现时义务。所有者权益是指资产扣除负债后属于所有者的剩余利益,即一个会计主体在一定时期所拥有或可控制的能够带来未来经济利益的资源净额。

之所以会存在“资产=负债+所有者权益”平衡式,是因为这一等式表明的是资金的取得渠道与资金的运用状态之间的关系,也就是同一资金的两个不同侧面。即:在企业的经营中,资金的来源无非包括债务资金和股权资金,在报表上用负债和所有者权益表达;资金的运用无非包括企业对内投资和对外投资,对内投资形成了企业的存货、固定资产、无形资产等,对外投资形成了各种金融资产,如交易性金融资产、长期股权投资等,对内投资和对外投资的结果在报表上用资产表达。

通过资产负债表,可以提供某一日期资产的总额及其结构,表明企业拥有或控制的资源及其分布情况;可以提供某一日期的负债总额及其结构,表明企业未来需要用多少资产或劳务清偿债务以及清偿时间;可以反映所有者所拥有的权益,据以判断资本保值、增值的情况以及对负债的保障程度。

2. 资产负债表的结构

在我国,资产负债表采用账户式结构,报表分为左右两方,左方为资产,右方为负债和所有者权益。为了使使用者通过比较不同时点资产负债表的数据,掌握企业财务状况的变动情况及发展趋势,企业需要提供比较资产负债表。资产负债表各项目均需填列“年初余额”和“期末余额”两栏。资产负债表的具体格式如表 1-1 所示。

表 1-1　　　　　　　　　　　　　　资产负债表

编制单位:海天股份有限公司　　　　2009 年 12 月 31 日　　　　　　　　　　单位:元

资产	期末余额	年初余额	负债及股东权益	期末余额	年初余额
流动资产:			流动负债:		
货币资金	815 131	1 406 300	短期借款	50 000	300 000
交易性金融资产	0	15 000	交易性金融负债	0	0
应收票据	66 000	246 000	应付票据	100 000	200 000
应收账款	598 200	299 100	应付账款	953 800	953 800
预付账款	100 000	100 000	预收账款	0	0
应收利息	0	0	应付职工薪酬	180 000	110 000
应收股利	99 000	99 000	应交税费	226 731	36 600
其他应收款	5 000	5 000	应付利息	0	1 000
存货	2 484 700	2 580 000	应付股利	32 215.85	0
一年内到期的非流动资产	0	0	其他应付款	50 000	50 000
其他流动资产	1 000	1 000	一年内到期的非流动负债	0	1 000 000
流动资产合计	4 169 031	4 751 400	其他流动负债	0	0
非流动资产:			流动负债合计	1 592 746.85	2 651 400
可供出售金融资产	0	0	非流动负债:		
持有至到期投资	0	0	长期借款	1 160 000	600 000
长期应收款	0	0	应付债券	0	0
长期股权投资	250 000	250 000	长期应付款	0	0
投资性房地产	0	0	专项应付款	0	0
固定资产	2 201 000	1 100 000	预计负债	0	0
在建工程	428 000	1 500 000	递延所得税负债	0	0
工程物资	300 000	0	其他非流动负债	0	0
固定资产清理	0	0	非流动负债合计	1 160 000	600 000
生产性生物资产	0	0	负债合计	2 752 746.85	3 251 400
无形资产	540 000	600 000	股东权益:		
开发支出	0	0	股本	5 000 000	5 000 000
商誉	0	0	资本公积	0	0
长期待摊费用	0	0	减:库存股	0	0
递延所得税资产	7 500	0	盈余公积	124 770.4	100 000
其他非流动资产	200 000	200 000	未分配利润	218 013.75	50 000
非流动资产合计	3 926 500	3 650 000	股东权益合计	5 342 784.15	5 150 000
资产总计	8 095 531	8 401 400	负债及股东权益总计	8 095 531	8 401 400

其中:对于非股份公司,报表中的“负债及股东权益”表达成“负债及所有者权益”,“股本”也相应地表达为“实收资本”。许多上市公司的合并报表表达成“负债及所有者权益”,而上市公司的母公司报表通常表达为“负债及股东权益”。

1.1.2 利润表

1. 利润表的内容

利润表是反映企业在一定会计期间经营成果的会计报表，也称损益表、收益表。它可以反映企业一定会计期间的收入实现情况、费用耗费情况和企业生产经营活动的成果。

通常，利润表主要包含以下几方面的内容：①营业收入，由主营业务收入和其他业务收入组成。②营业利润，营业收入减去营业成本（主营业务成本和其他业务成本）、营业税金及附加、销售费用、管理费用、财务费用、资产减值损失，加上公允价值变动收益、投资收益。③利润总额，营业利润加上营业外收入，减去营业外支出。④净利润，利润总额减去所得税费。⑤每股收益，普通股或潜在普通股已公开交易的企业，以及正处于公开发行普通股或潜在普通股过程中的企业，还应当在利润表中列示每股收益信息，包括基本每股收益和稀释每股收益两项指标。⑥综合收益，包括其他综合收益和综合收益总额。其中，其他综合收益反映企业根据企业会计准则规定未在损益中确认的各项利得和损失扣除所得税影响后的净额；综合收益总额是企业净利润与其他综合收益的合计金额。

2. 利润表的结构

常见的利润表结构主要有单步式和多步式两种。单步式利润表，是将当期所有的收入列在一起，然后将所有的费用列在一起，两者相减得出当期净损益。多步式利润表，是通过对当期的收入、费用、支出项目按性质加以归类，按利润形成的主要环节列示一些中间性利润指标，分步计算当期净损益。

在我国，利润表采用多步式。为了使报表使用者通过比较不同时期利润的实际情况，判断企业经营成果的未来发展趋势，企业需要提供比较利润表，利润表还就各项目再分为“本期金额”和“上期金额”两栏分别填列。利润表具体格式如表 1-2 所示。

表 1-2　　　　利润表

编制单位：海天股份有限公司　　　　2009 年度　　　　单位：元

项　目	本期金额	上期金额（略）
一、营业收入	1 250 000	
减：营业成本	750 000	
营业税金及附加	2 000	
销售费用	20 000	
管理费用	157 100	
财务费用	41 500	
资产减值损失	30 900	
加：公允价值变动收益（损失以“—”号填列）	0	
投资收益（损失以“—”号填列）	31 500	
其中：对联营企业和合营企业的投资收益	0	
二、营业利润（亏损以“—”号填列）	280 000	
加：营业外收入	50 000	
减：营业外支出	19 700	
其中：非流动资产处置损失	（略）	

（续表）

项　目	本期金额	上期金额（略）
三、利润总额（亏损总额以"一"号填列）	310 300	
减：所得税费用	85 300	
四、净利润（净亏损以"一"号填列）	225 000	
五、每股收益	（略）	
（一）基本每股收益		
（二）稀释每股收益		
六、综合收益	（略）	
（一）其他综合收益		
（二）综合收益总额		

1.1.3　现金流量表

1. 现金流量表的内容

现金流量表是反映企业在一定会计期间现金及现金等价物流入和流出的报表。现金流量表是按照收付实现制原则编制的，从不同角度反映企业业务活动的现金流入和流出，包括经营活动产生的现金流量、投资活动产生的现金流量和筹资活动产生的现金流量三个部分。报表使用者可以了解不同来源现金流量的不同影响，评价企业的支付能力、偿债能力和周转能力，预测企业未来的现金流量，为其决策提供依据。

2. 现金流量表的结构

我国企业现金流量表采用报告式结构，分类反映经营活动产生的现金流量、投资活动产生的现金流量和筹资活动产生的现金流量，最后汇总反映企业某一期间现金及现金等价物的净增加额。为了使报表使用者通过比较不同时期现金流量情况，判断企业现金流量的未来发展趋势，企业需要提供比较现金流量表，就各项目再分为"本期金额"和"上期金额"两栏分别填列。现金流量表的具体格式如表 1-3 所示。

表 1-3　　现金流量表

编制单位：海天股份有限公司　　2009 年度　　单位：元

项　目	本期金额	上期金额（略）
一、经营活动产生的现金流量：		
销售商品、提供劳务收到的现金	1 312 500	
收到的税费返还	0	
收到其他与经营活动有关的现金	0	
经营活动现金流入小计	1 312 500	
购买商品、接受劳务支付的现金	392 266	
支付给职工以及为职工支付的现金	300 000	
支付的各项税费	174 703	
支付其他与经营活动有关的现金	80 000	
经营活动现金流出小计	946 969	
经营活动产生的现金流量净额	365 531	

（续表）

项　目	本期金额	上期金额（略）
二、投资活动产生的现金流量：		
收回投资收到的现金	16 500	
取得投资收益收到的现金	30 000	
处置固定资产、无形资产和其他长期资产收回的现金净额	300 300	
处置子公司及其他营业单位收到的现金净额	0	
收到其他与投资活动有关的现金	0	
投资活动现金流入小计	346 800	
购建固定资产、无形资产和其他长期资产支付的现金	601 000	
投资支付的现金	0	
取得子公司及其他营业单位支付的现金净额	0	
支付其他与投资活动有关的现金	0	
投资活动现金流出小计	601 000	
投资活动产生的现金流量净额	－254 200	
三、筹资活动产生的现金流量：		
吸收投资收到的现金	0	
取得借款收到的现金	560 000	
收到其他与筹资活动有关的现金	0	
筹资活动现金流入小计	560 000	
偿还债务支付的现金	1 250 000	
分配股利、利润或偿付利息支付的现金	12 500	
支付其他与筹资活动有关的现金	0	
筹资活动现金流出小计	1 262 500	
筹资活动产生的现金流量净额	－702 500	
四、汇率变动对现金及现金等价物的影响	0	
五、现金及现金等价物净增加额	－591 169	
加：期初现金及现金等价物余额	1 406 300	
六、期末现金及现金等价物余额	815 131	

1.1.4 所有者权益变动表

1.所有者权益变动表的内容

所有者权益变动表是指反映构成所有者权益各组成部分当期增减变动情况的报表。它不仅包括所有者权益总量的增减变动，还包括所有者权益增减变动的重要结构性信息和直接计入所有者权益的利得和损失。

在所有者权益变动表中，企业至少应当单独列示反映下列信息的项目：①会计政策变更和差错更正的累积影响金额；②净利润；③其他综合收益；④所有者投入资本和向所有者分配利润等；⑤提取的盈余公积；⑥实收资本或股本、资本公积、盈余公积、未分配利润的期初和期末余额及其调节情况。

案例1-1

2007年以前，企业所有者权益变动情况是以资产负债表附表形式予以体现的。财政部规定新准则体系执行时间为2007年1月1日，所有现行的暂行规定、补充规定、行业会计核算方法、问题解答等一律废止。新的会计准则体系包括基本会计准则和38项具体会计准则，实现了我国会计准则与国际财务报告准则的趋同。新会计准则体系的实施范围涵盖中国大中型企业(小型企业执行《小企业会计制度》)。中国新会计准则体系成为投资者、经营者和监督者交流的商业语言体系。

新准则要求上市公司于2007年开始正式对外呈报所有者权益变动表，所有者权益变动表成为与资产负债表、利润表和现金流量表并列披露的第四张财务报表。

2. 所有者权益变动表的结构

为了清楚地表明构成所有者权益的各组成部分当期的增减变动情况，所有者权益变动表以矩阵的形式列示：一方面，列示导致所有者权益变动的交易或事项，改变了以往仅仅按照所有者权益的各组成部分反映所有者权益变动情况，而是从所有者权益变动的来源对一定时期所有者权益变动情况进行全面反映；另一方面，按照所有者权益各组成部分(包括实收资本、资本公积、盈余公积、未分配利润和库存股)及其总额列示交易或事项对所有者权益的影响。

企业所有者权益变动表具体格式如表1-4所示。

表1-4　所有者权益变动表

编制单位:海天股份有限公司　2009年度　单位:元

项　目	股　本	资本公积	减:库存股	盈余公积	未分配利润	所有者权益合计
一、上年年末余额	5 000 000	0	0	100 000	50 000	5 150 000
加:会计政策变更						
前期差错更正						
二、本年年初余额	5 000 000	0	0	100 000	50 000	5 150 000
三、本年增减变动金额(减少以"—"号填列)						
(一)净利润					225 000	225 000
(二)其他综合收益						
上述(一)和(二)小计						
(三)股东投入和减少资本						
1. 股东投入资本						
2. 股份支付计入股东权益的金额						
3. 其他						
(四)利润分配						
1. 提取盈余公积				24 770.4	—24 770.4	0
2. 对股东的分配					—32 215.85	—32 215.85
3. 其他						
(五)股东内部结转						
1. 资本公积转增股本						

（续表）

项　目	股　本	资本公积	减:库存股	盈余公积	未分配利润	所有者权益合计
2.盈余公积转增股本						
3.盈余公积弥补亏损						
4.其他						
四、本年年末余额	5 000 000	0	0	124 770.4	218 013.75	5 342 784.15

1.1.5 附　注

附注是对在资产负债表、利润表、现金流量表和所有者权益变动表等报表中列示项目的文字描述或明细资料，以及对未能在这些报表中列示项目的说明等。

附注是财务报表的重要组成部分，一般应按照如下顺序披露相关内容：

(1)企业的基本情况

包括：①企业注册地、组织形式和总部地址；②企业的业务性质和主要经营活动；③母公司以及集团最终母公司的名称；④财务报告的批准报出者和财务报告批准报出日。

(2)财务报表的编制基础

(3)遵循企业会计准则的声明

企业应当明确说明编制的财务报表符合企业会计准则的要求，真实、公允地反映了企业的财务状况、经营成果和现金流量等有关信息，以此明确企业编制财务报表所依据的制度基础。如果企业编制的财务报表只是部分地遵循了企业会计准则，附注中不得做出这种表述。

(4)重要会计政策的说明

选择不同的会计处理方法，会对企业的财务状况和经营成果产生不同的影响，进而编制出不同的财务报表。因此，必须对这些会计政策加以披露，同时还要说明财务报表项目的计量基础、会计政策的确定依据两项内容。

(5)重要会计估计的说明

企业应当披露会计估计中所采用的关键假设和不确定因素的确定依据，这些关键假设和不确定因素在下一会计期间很可能导致资产、负债账面价值的重大调整。

(6)会计政策和会计估计变更以及差错更正的说明

(7)对已在资产负债表、利润表、现金流量表和所有者权益变动表中列示的重要项目的进一步说明，包括其构成或当期增减变动情况，且报表重要项目的明细金额合计，应当与报表项目金额相衔接。

(8)或有和承诺事项、资产负债表日后非调整事项、关联方关系及其交易等其他需要说明的重要事项。

1.2 财务报表分析的目的

财务报表能够反映企业的财务状况、经营成果和现金流量情况，但是单纯从财务报表上的数据还不能直接或全面说明企业的经营状况，特别是不能说明企业经营的好坏和经营成果的高低。财务报表分析是一个判断的过程，概括地说，其主要目的是鉴别某些趋势、数量方面的主要变化(如:转折点通常可能是一个企业将来成败中重大转变的信号)及两者之间的关系,并调查产生这些变化的原因。尽管如此,针对不同的利益相关者,财务报表分析的侧重点有所差别。

财务报表分析的主体是指与企业存在一定的现时或潜在的经济利益关系,为特定的目的对企业进行财务分析的单位、团体和个人。与企业利害攸关的各个群体都会成为企业财务报表的用户,他们站在各自的立场上,为了各自的目的,使用各种技术对企业的财务报表所给的数据信息进行分析、比较和解释,对企业的经营状况做出判断。一般而言,财务报表分析的主体包括企业所有者、企业债权人、企业经营者、供应商和客户、政府经济管理部门、职工、潜在投资者、竞争对手等企业利益相关者。

1. 企业所有者

企业所有者,即公司的股东,作为投资人,他们十分关注其资本的保值和增值情况。对于一般投资人而言,他们更关心的是企业提高股息和红利的发放水平。对于具有控制权的投资人来说,由于现代企业所有权与经营权的分离,他们作为委托代理关系的委托人,一方面要通过财务报表分析,了解企业的财务状况、经营成果及现金流量,对其投资风险和投资回报做出估计和判断,为投资决策提供依据;另一方面要通过财务信息,将影响财务状况和经营成果的主观因素与客观因素、微观因素与宏观因素区分开来,划清经济责任,合理评价经营者的工作业绩,并据此奖优罚劣,以促使经营者不断改进工作。

因此,企业所有者进行财务报表分析的目的,可以概括为以下三点:

(1)了解企业的财务分配政策和股利分配率的高低;

(2)了解企业的盈利能力、投资回报及投资风险;

(3)了解企业的财务状况与经营成果,并据此对经营业绩进行评价。

2. 企业债权人

企业债权人包括向企业提供信贷资金的银行、公司及债券持有者等。作为企业资金的提供者,他们最关心的是其债权资金的安全性。因此,企业债权人进行财务报表分析的目的,就是了解企业的信用情况,判断企业的风险情况,评估其是否具有足够的偿债能力,以保证其债务本息能够及时、足额地得以偿还。

3. 企业经营者

按照现代企业委托代理理论,企业经营者受托代理企业的经营管理,对股东投入的资本负有保值增值的责任。他们负责企业的日常经营活动,必须确保企业支付给股东与风险相适应的收益,及时偿还各种到期债务,并使企业的各种经济资源得到有效利用。因此,企业经营者要掌握企业财务状况各个方面的信息,包括营运能力、偿债能力、盈利能力及社会贡献能力等,并及时发现问题、采取有效措施,规划和调整市场目标及策略,为经济效益的持续稳定增长奠定基础。

通过财务指标的计算和分析,企业经营者可以发现企业存在的矛盾和问题,找出经营管理行为与财务数据之间的关系,充分认识未被利用的人力资源和物质资源,改进影响财务状况和财务结果的不利因素,发现进一步提高利用效率的可能性,促进经济效益的提高。

4. 供应商和客户

供应商是企业原材料等资源的提供者。在现代企业契约关系中,供应商提供赊购业务后,他们即成为债权人。因此,供应商和债权人类似,他们对企业的信用和风险情况及其偿债能力尤为关注，以判断企业能否支付商品或劳务的价款。

企业商品的消费者是客户，也是企业的经济利益相关者。企业在为客户提供商品和劳务时，同时承担着商品质量担保的义务。客户关心的是企业提供商品或劳务的能力，希望通过财务信息了解企业销售能力和企业发展能力。

5.政府经济管理部门

政府经济管理部门分析财务报表的目的是维护正常的市场秩序，杜绝虚假信息，防止欺诈行为，实现宏观经济调控的目标。同时，吸取对其宏观经济管理、制定宏观经济政策有用的信息。因此，政府经济管理部门关心企业各个方面的财务信息。

通过财务报表分析所提供的信息资料，国家经济管理部门可以检查企业对财会法规、制度的贯彻执行情况，增强其自觉性。可以了解企业的经营状况和财务状况，揭露财务报表中的虚假信息，维护正常的市场秩序。还可以根据企业的情况，制定相应的财政、税收及信贷政策等。

6.职工

企业的职工通常与企业存在着长久、持续的关系。他们关心工作岗位的稳定性、工作环境的安全性及取得报酬的持续性和增长性。因此他们关注从财务信息中了解企业的盈利能力及发展前景。

7.潜在投资者

潜在投资者的投资目的虽然不尽相同，但都是为了获得投资收益、有效利用资源。因此，为了合理判断和评估自己未来的投资收益率，他们理所当然地关注未来投资对象的财务状况和经营成果，也就需要进行财务报表分析。

通过对财务报表的分析，企业的潜在投资者可以了解企业获利能力的高低、偿债能力的强弱及营运能力的大小，预测投资后的收益水平和风险程度，为其投资决策和信贷决策提供帮助。

8.竞争对手

竞争对手希望获取关于企业财务状况的会计信息及其他信息，借以判断企业间的相对效率。同时，还可为未来可能出现的企业兼并提供信息。因此，竞争对手可能把企业作为接管目标，他们对企业财务状况的各个方面均感兴趣。

1.3 财务报表分析的内容与步骤

1.3.1 财务报表分析的内容

尽管不同利益主体进行财务会计报表分析有着各自的侧重点，但就了解企业总体情况来看，财务报表分析的内容主要包括以下几个方面：

1.资本结构分析

企业在生产经营过程中周转使用的资金，是从不同的来源取得的(包括从债权人借入和企业自有两大部分)，又以不同的形态分配和使用(包括流动资产、固定资产、无形资产、其他资产等)。资本结构的健全和合理与否，直接关系到企业经济实力是否充实和经济基础是否稳定。如果资本结构健全、合理，企业的经济基础就比较牢固，就能承担各种风险；反之，如果资本结构不合理，企业就会处于虚弱的经济基础，难以承担各种风险。分析资本结构，无论对企业的经营者、投资者或债权人，都具有十分重要的意义。

2. 偿债能力分析

企业在生产经营过程中，为了弥补自有资金的不足，经常通过举债来筹集部分生产经营资金。但是举债必须以能偿还为前提。如果企业不能按时偿还所负债务的本息，那么企业的生产经营就会陷入困境，甚至危及企业的生存。因此，对于企业经营者来说，通过财务报表分析、测定企业的偿债能力，有利于其做出正确的筹资决策和投资决策；而对于债权人来说，偿债能力的强弱是他们做出贷款决策的基本和决定性依据。

3. 获利能力分析

获利能力即赚取利润的能力。获取利润是企业生产经营的根本目的，也是投资者投资的基本目的。获利能力的大小显示着企业经营管理的成败和企业未来前景的好坏，因而是企业经营者和投资者财务报表分析的重点。

4. 资金运用效率分析

企业筹集资金的目的是为了使用。如果资金得到充分有效的使用，则企业必能获得较多的收入，而且能减少对资金供应量的需求；反之，如果筹集到的资金得不到充分有效的使用，不仅不能给企业带来利益，而且还会给企业带来负担。因此，资金运用效率的高低，直接关系到企业获利能力的大小，预示着企业未来的发展前景，因而是企业经营者和投资者财务报表分析的一项重要内容。

5. 现金流量分析

通过现金流量表的分析，为报表使用者提供企业在该会计期间内现金流入、现金流出以及现金净流量信息，估量企业现金的产生能力和使用方向，反映企业现金在流动中增减变动情况，从现金流量的角度来揭示企业的经营成果。

6. 成本费用分析

在市场经济条件下，产品的价格是由市场决定的。在市场价格不变的条件下，如果能降低成本，减少费用，企业就能获取较高的利润，从而在市场竞争中处于有利的地位；反之，则会在市场竞争中处于不利的地位，以至于被淘汰。由于有关成本、费用的报表属于企业内部使用报表，投资者、债权人一般无法取得，因而成本费用的分析是企业经营者财务报表分析的重要内容。

7. 收入、利润和利润分配分析

收入和利润高低是否与企业生产经营规模和能力相适应，反映着企业经营管理的水平和企业获利能力的大小，也预示企业未来的发展前景。而利润分配政策则直接关系到企业未来的发展和企业承担风险的能力，这些都是企业经营者和投资者财务报表分析的重要内容。

8. 综合分析

将企业营运能力、偿债能力和获利能力等方面的分析纳入到一个有机的分析系统之中，全面地对企业财务状况、经营成果进行解剖和分析，从而对企业经济效益做出较为准确的评价与判断。

1.3.2 财务报表分析的步骤

财务报表分析的关键是搜寻到足够的、与决策相关的各种财务资料,从中分析并解释相互间的关系,发现报表异常的线索,做出确切的判断和分析结论。进行财务报表分析时,一般要经过以下步骤(见图1-1)。

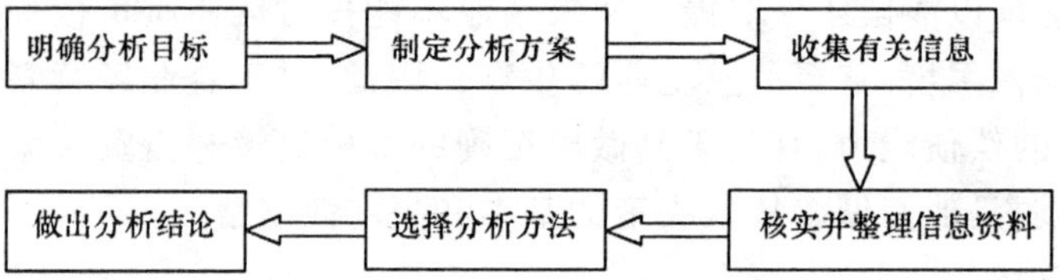

图1-1 财务报表分析的基本步骤

1.明确分析目标

财务报表分析的目标是整个财务报表分析的出发点,决定整个分析过程。财务报表分析的目标,因分析主体的不同而不同。如前所述,企业的投资者关心的是企业的经营业绩、获利能力、财务状况及其变动趋势等;企业的债权人更为关心的是企业的偿债能力和支付能力;而企业的经营者分析财务报表的目的在于及时掌握企业的财务状况及经营成果,评价其得失,及时发现问题所在,采取调整措施,使企业稳定发展;税务机关关心的是企业的收入和支出情况,核查其是否如实申报有关税收,等等。因此,报表分析者必须首先了解报表使用者的分析要求,并依次确定分析目标。

2.制定分析方案

确定分析目标后,要根据分析量的大小和分析问题的难易程度制定出分析方案。例如,是全面分析还是重点分析,是协作进行还是分工负责。要列出分析项目,安排工作进度,确定分析的内容、标准和时间。

3.收集有关信息

财务报表分析需要大量的信息资料,充分、可靠、及时的信息资料是进行财务报表分析的前提条件。因此,在确定分析方案后,应根据分析任务,收集分析所需的数据资料。

财务报表分析的基本资料应当是企业的会计信息,但由于企业的各项经济活动都与内外部环境的变化相关联,会计信息只能反映经济活动在某一时期的结果,并不能反映经济活动发生发展的全过程;财务报表也只能部分地反映产生当前结果的原因,但不能全面揭示所分析的问题。因此,需要分析者收集除会计信息以外的相关资料。

信息收集内容一般包括:宏观经济形势信息;商品市场、金融市场以及税收、物价等方面的资料和信息;行业情况信息;各类商品货源、采购、销售、储存、运输以及经济合同、客户变化等业务经营方面的资料;企业内部数据,包括企业产品市场占有率、销售政策、产品品种、有关预测数据等。

可通过企业、工会、高等院校和科研咨询机构、政府机构及新闻媒介等渠道收集相关信息资料。

4.核实并整理信息资料

收集资料后,应该对所收集的信息资料进行核实和整理,以使财务报表分析建立在正确和真实的分析资料基础上。

(1)信息资料的核实

核实资料的目的是为了保证所收集的资料反映了真实情况，是可靠和准确无误的。如果发现数据资料不真实或不全面，可进一步查对，寻求真实情况。对于不正确和不具可比性的资料要进行剔除或调整。

(2)信息资料的整理

对于具体资料的整理，主要有三个步骤：首先，将资料分为经济、产业和个别企业三大类，按时间先后顺序排列；其次，资料分类后，对于重复的、过时的、矛盾的资料予以剔除，减少不必要的负担；最后，进行企业概况的整理。习惯上报表的前言部分会对所分析企业的概况作一个介绍，诸如企业历史、业务范围、股东人数、职工人数、研究发展等。要扼要整理这些资料，更好地了解企业的背景环境，便于以后撰写分析报告。

5. 选择分析方法

财务报表的分析方法有很多，各种方法都有其特定的用途和使用范围。因此，应根据不同的分析目的，采用不同的分析方法。常用的分析方法有比较分析法、比率分析法、因素分析法、趋势分析法等。对流动性的分析，往往用到比率分析法；对计划执行情况的分析，往往用到因素分析法；对未来发展趋势的预测，往往用到趋势分析法等。在对财务报表进行局部分析时，可选择单一方法进行分析；而全面的财务报表分析，应综合运用这些方法，以便进行对比分析，得出更加客观和全面的分析结果。

6. 做出分析结论

报表分析者采用特定的分析方法对报表进行分析后，要做出分析结论，为决策提供直接依据。由于企业经济活动的复杂性和企业外部环境的多变性，在撰写财务报表分析报告时要遵守一定的原则。

(1)尽可能地收集所需资料，掌握真实情况

财务报表分析的依据是所掌握的信息资料。由于各项财务报表分析目标之间具有相关性，所以在进行分析前，既要掌握分析目标所需指标的资料，又要了解相关指标的因果关系；既要收集企业内部的报表资料，又要掌握企业环境的变化情况；既要有客观数据资料，又要有文字意见材料。只有充分地占有信息资料，才能得出正确的分析结论。

(2)指标对比，综合判断

企业的经济业务是相互制约和相互促进的，指标数值也具有相对性。同一指标数值，在不同的情况下反映不同的问题，要通过指标对比、指标综合来分析问题、揭露矛盾。比如，企业拥有大量银行存款，这可能是企业销售量剧增的结果，也可能是企业无事可做，不善于利用资金的反映。要通过指标联系，综合分析判断，得出分析结论。

(3)点面结合，抓住重点

在进行财务报表分析时，往往一两个指标不能说明问题，既要对指标本身的数值做出分析解释，又要对该指标数值对其他方面所产生的影响做出解释，要通过一个指标的变化，追溯到其他指标的变化。比如，企业资金结构的恶化，要同企业实现利润情况、企业资金增减情况结合分析，看是否会导致企业财务状况恶化，通过分析，抓住关键和本质。

(4)定性分析和定量分析相结合

任何事物都是质和量的统一，财务报表分析也是定性和定量相结合。由于现代企业面临复杂而多变的外部环境，而这些外部环境有时很难定量，但环境的变化却对企业发展、投

资目标的实现以及企业销售情况产生重要影响。因此在定量分析的同时，要做出定性判断，在定性判断的基础上，再进一步进行定量分析和判断。

(5)静态与动态相结合

企业的生产经营活动是一个动态的发展过程。我们所收集到的信息资料，一般是过去情况的反映。在新的形势下，同样的投入可能会有不同的产出。因此，要时刻注意数值的时间性，在弄清过去情况的基础上，分析在当前情况下的可能结果。要联系企业和投资者、决策者的实际情况，静态和动态相结合，对指标值的含义做出判断，以便为决策服务。不结合实际情况，就不可能提出建设性的分析意见。

最后需要说明的是，财务报表分析的内容非常广泛，财务报表的分析过程也没有一个固定的模式，以上只是对它的一般步骤做了简单的介绍。在实际的财务报表分析工作中，要把理论与实践联系起来，综合运用各种分析方法，达到报表使用者的分析目的，帮助各利益相关者做出最优决策。

1.4 财务报表分析的其他补充信息

由前所述可知，财务报表分析的基础和核心是企业的四张会计报表及其附注提供的财务信息。但若想对财务报表进行全面分析，还需要其他一些能够提供财务信息和非财务信息的补充资料，如政策与市场信息、审计报告、财务情况说明书等。

1.4.1 政策与市场信息

政策与市场信息是指除企业内部信息之外的、所有企业的外部信息。在进行财务报表分析时，无论是企业的投资者、债权人，还是经营者，要想得到全面的分析结论，单靠企业的内部信息是远远不够的，特别是在实行市场经济的今天，更不能离开政策与市场信息。

企业的投资者或所有者为保证其投资的保值和增值情况，不仅要分析企业的盈利能力和支付能力，还必须要掌握市场上的无风险投资收益率水平和其他企业的投资收益率水平；不仅要看企业目前的生产经营状况，还应根据国家的产业政策信息，预测企业未来的发展前景和产量；根据国家的产业政策与技术政策判断企业发展目标能否实现等。

企业的债权人在进行财务报表分析时，为保证其贷款的收益性与安全性，不仅要分析企业的流动性和偿债能力，还要研究企业在市场上的信誉状况、企业的发展前景以及国家的信贷政策变动等情况。

企业的经营者要不断提高企业的经济效益，保证企业经营状况和财务状况的不断改善，必须要面向市场、进入市场，时刻掌握着政策与市场信息的变动情况。

1.政策法规信息

政策法规信息主要指国家为加强宏观管理所制定的各项与企业有关的政策、法规、制度等。

(1)经济体制方面的政策

经济体制方面的政策是指涉及国家经济体制方面变化的政策，如我国从实行计划经济体制向有计划商品经济体制的转变，从有计划商品经济体制向社会主义市场经济体制转变，从封闭的经济体制向开放的经济体制转变等，都属于体制方面的政策变动。财务报表分析中若能明确企业所处的体制环境，并能预测体制的变动，对企业的投资和经营会产生一定的积极影响。

(2)宏观经济政策

宏观经济政策主要指财政政策、金融政策、货币政策等。这些政策对于企业财务报表分析是至关重要的，无论是企业的投资者、债权人，还是企业的经营者，只有在了解、掌握了这些政策及其变动趋势后，才能做出正确的决策。

(3)产业政策与技术政策

产业政策是指导国家产业发展的政策性文件，它规定了哪些产业是基础产业，哪些产业是支柱产业，并相应地对产业组织、产业技术和产业布局做出规划。技术政策则规定了国家鼓励创新和推广的技术，以及相应的鼓励措施。投资者和经营者掌握产业政策和技术政策，对于保证企业持续、健康发展有着重要作用。

(4)财务与会计法规制度

我国财务与会计法规制度框架随着会计改革而不断变化，总体说主要有以下四个层次：①全国人民代表大会及常务委员会颁布的法律，如《会计法》《公司法》《税法》等；②国务院及有关部委制定的法规，如《会计准则》《审计准则》《企业财会通则》《会计制度》以及有关证券与上市公司管理的法规等；③地方政府和主管部委制定的法规，如上海市人民政府发布的《上海市证券交易管理办法》等；④非政府机构制定与颁布的有关法规，如由注册会计师协会制定的法规、证券交易委员会制定的法规、行业协会制定的财会制度等。

2. 市场信息

市场信息包括除政策信息之外的所有企业外部信息。主要有：

(1)综合部门发布的信息

主要指国家统计局定期公布的统计报告和统计分析；国家经贸委的经济形势分析；国家计委的国民经济计划；有关部门发布的经济形势预测等。

(2)证券市场的信息

主要指各证券市场和资金市场的有关股价、债券利息等方面的信息等。如上市公司的每日股市行情；中国人民银行每日公布的人民币汇率；证券报纸杂志刊登的有关股价、利息等方面的信息；国外证券市场的信息等。

(3)其他市场的信息

指产品市场信息、物资市场信息、劳动力市场信息以及有关信息市场或信息部门提供的各种信息，包括一些中介机构提供的公证信息。

(4)企业间交流的信息

指企业与同行业其他企业或有业务往来的企业间交流的业务信息等。

(5)其他有关信息

指除以上市场信息之外的与企业财务分析有关的信息。如通过出国考察访问、购买国外经济信息，或通过报纸杂志、国际会议交流等方式从国外取得的各种经济信息资料，以及国内有关部门的评比、会议交流信息等。

1.4.2 审计报告

根据国家有关规定，企业在对外发布财务报告之前，必须经由注册会计师对其披露的财务报表进行审计，并按照《独立审计具体准则第 7 号——审计报告》的要求，以经过核实的审计证据为依据，形成审计意见，出具审计报告。

按照我国独立审计准则的规定，注册会计师在完成其报表审计任务后，可以视情况形成不同的审计意见，出具四种不同的审计报告：无保留意见审计报告、保留意见审计报告、否定意见审计报告、拒绝表示意见审计报告。会计报表使用者可以通过仔细阅读注册会计师审计意见的措辞，发现会计信息的质量问题。

1. 无保留意见审计报告

无保留意见是指注册会计师对被审计单位的会计报表，依照《中国注册会计师独立审计准则》的要求，确认被审计单位采用的会计处理方法遵循了会计准则及有关规定；会计报表反映的内容符合被审计单位的实际情况；会计报表内容完整，表达清楚，无重大遗漏；报表项目的分类和编制方法符合规定要求，因而对被审计单位的会计报表无保留地表示满意。无保留意见意味着注册会计师认为会计报表的反映是恰当的，能满足非特定多数利害关系人的共同需要，并对发表的意见负责。无保留意见是委托人最希望获得的审计意见，表明被审计单位的会计控制制度较为完善，可以使审计报告的使用者对被审计单位的财务状况、经营成果和现金流量具有较高水平的信赖。

(1)标准无保留意见审计报告

注册会计师经过审计后，认为被审计单位会计报表的编制同时符合下述情况时，应出具标准无保留意见的审计报告：

①会计报表的编制符合《企业会计准则》及国家其他有关财务会计法规的规定；

②会计报表在所有重大方面公允反映了被审计单位的财务状况、经营成果和资金变动情况；

③会计处理方法的选用符合一贯性原则；

④注册会计师已按照独立审计准则的要求，实施了必要的审计程序，在审计过程中未受阻碍和限制；

⑤不存在应调整而被审计单位未予调整的重要事项。

在格式方面，标准无保留意见审计报告包括范围段和意见段，没有说明段。一般以“我们认为”的术语作为意见段的开头，以表明本段内容为注册会计师提出的意见，并表示承担对该审计意见的责任。在对会计报表的反映内容是否公允提出审计意见时，应使用“在所有重大方面公允地反映了”等表述方式，因为人们已普遍认识到会计报表不可能做到完全正确和绝对公允，所以审计报告中不应使用“完全正确”“绝对公允”等词汇，但也不能使用“大致反映”“基本反映”等模糊不清、态度暧昧的词语。

案例1-2

审计报告

立信大华审字[2010]1839 号

深圳市飞马国际供应链股份有限公司全体股东：

我们审计了后附的深圳市飞马国际供应链股份有限公司(以下简称飞马国际)的财务报

表,包括2009年12月31日合并资产负债表和资产负债表,2009年度的合并利润表和利润表、合并现金流量表和现金流量表、合并股东权益变动表和股东权益变动表以及财务报表附注。

一、管理层对财务报表的责任

按照企业会计准则的规定,编制财务报表是飞马国际管理层的责任。这种责任包括:(1)设计、实施和维护与财务报表编制相关的内部控制,以使财务报表不存在由于舞弊或错误而导致的重大错报;(2)选择和运用恰当的会计政策;(3)做出合理的会计估计。

二、注册会计师的责任

我们的责任是在实施审计工作的基础上对财务报表发表审计意见。我们按照中国注册会计师审计准则的规定执行了审计工作。中国注册会计师审计准则要求我们遵守职业道德规范,计划和实施审计工作以对财务报表是否不存在重大错报获取合理保证。

审计工作涉及实施审计程序,以获取有关财务报表金额和披露的审计证据。选择的审计程序取决于注册会计师的判断,包括对由于舞弊或错误导致的财务报表重大错报风险的评估。在进行风险评估时,我们考虑编制与财务报表相关的内部控制,以设计恰当的审计程序,但目的并非对内部控制的有效性发表意见。审计工作还包括评价管理层选用会计政策的恰当性和做出会计估计的合理性,以及评价财务报表的总体列报。

我们相信,我们获取的审计证据是充分、适当的,为发表审计意见提供了基础。

三、审计意见

我们认为,飞马国际财务报表已经按照企业会计准则的规定编制,在所有重大方面公允反映了飞马国际2009年12月31日的财务状况以及2009年度的经营成果和现金流量。

立信大华会计师事务所　　　　中国注册会计师:方建新
有限公司　　　　中国注册会计师:康跃华
中国·北京　　　　二〇一〇年四月二十六日

(2)带说明段的无保留意见审计报告

当注册会计师出具无保留意见的审计报告时,如果认为必要,可以在意见段之后增加说明段,增加对重要事项的说明。审计人员出具带说明段的无保留意见审计报告的情形主要有:重大不确定事项;一贯性的例外事项;注册会计师同意偏离已颁布的会计准则;强调某一事项;涉及其他注册会计师的工作和被审计单位对外披露信息的重大差异等。

①重大不确定事项

注册会计师对某一事项的结果无法做出合理估计,也无法预知其对会计报表反映的影响程度,这些事项就称为不确定事项,如递延费用的不可能收回、所得税纠纷或诉讼案的或有事项、所需融资款是否能继续利用、连续出现巨额营业亏损或营运资本减少、公司无力支付到期债务、出现未保险的自然灾害损失等。在发生重大不确定事项时,注册会计师应查明被审计单位在会计报表及其附注中,对有关事实是否作了披露,且披露是否合规、充分。即使这些事项在会计报表中已被披露,注册会计师亦应该在审计报告中增加说明段,说明该不确定事项。虽然这些不确定事项在会计报表中已经做了披露,或通过对会计报表的仔细阅读能够了解到,但注册会计师仍在审计报告中予以说明是为了提醒会计报表的使用者,在阅读会计报表时不应忽视这些不确定事项。

②一贯性的例外事项

如果被审计单位会计报表的反映就其整体而言是公允的,但存在个别重要的会计处理方法选用不符合一贯性原则时，应该出具表示意见的审计报告。假如会计政策及其会计处理方法要改变，应当对这种改变的性质和影响做出充分说明。当被审计单位出现上述变动，且注册会计师认为这种变动是合理、合法的，就应在审计报告中增加说明段，说明这种改变的性质，向审计报告使用者说明这一变更。

③注册会计师同意偏离已颁布的会计准则

在一些特殊情况下，被审计单位的会计处理对会计准则会存在某些偏离，这些偏离是为了更公允地反映经济业务的性质，避免使会计报表使用者产生误解。如被审计单位在可预知其债务人将要破产，无法偿还其债务时，应增加坏账准备数额。在这种情况下，注册会计师应要求被审计单位在会计报表附注中进行披露，并在审计报告的意见段之后增加说明段，对这一偏离予以揭示。

④强调某一事项

在某些特定情况下，尽管注册会计师打算发表无保留意见，但仍想强调某个有关会计报表的具体事项。如与关联企业有重要交易、影响会计报表可比性的会计事项等。类似这种说明性信息就应在审计报告的意见段之后增加说明段，单独进行说明。

⑤涉及其他注册会计师的工作

注册会计师有时要依赖别的会计师事务所的注册会计师代为完成部分审计工作。若对其他注册会计师的工作无法进行复查，或由其他注册会计师代为审核的部分在整个会计报表中很重要，应在审计报告的意见段之后增加说明段，说明其他注册会计师的工作。

⑥被审计单位对外披露信息的重大差异

被审计单位除公布已审计会计报表和审计报告之外，还可能向公众公布总经理陈述书等信息资料。一般情况下，注册会计师没有责任证实会计报表及其附注之外的信息是否可靠。但为了保护企业投资者及其他利害关系人的利益，避免卷入不必要的诉讼纠纷之中，注册会计师通常会阅读这些信息资料，并考虑其与会计报表中的信息有无重大差异。如存在重大差异，且该差异不是已审计会计报表所造成的，注册会计师的意见仍然可以是无保留的，但应在审计报告的意见段之后增加说明段，说明出现的差异。

案例1-3

审计报告

天职湘审字[2010]200 号

紫光古汉集团股份有限公司全体股东：

我们审计了后附的紫光古汉集团股份有限公司（以下简称“贵公司”）财务报表，包括2009 年 12 月 31 日合并及母公司的资产负债表，2009 年度合并及母公司的利润表、所有者权益变动表、现金流量表以及财务报表附注。

一、管理层对财务报表的责任

按照《企业会计准则》（2006 年 2 月 15 日颁布）的规定编制财务报表是贵公司管理层的责任。这种责任包括：(1)设计、实施和维护与财务报表编制相关的内部控制，以使财务报表不存在由于舞弊或错误而导致的重大错报；(2)选择和运用恰当的会计政策；(3)做出合理的会计估计。

二、注册会计师的责任

我们的责任是在实施审计工作的基础上对财务报表发表审计意见。除本报“三、导致保留意见的事项”所述事项外，我们按照中国注册会计师审计准则的规定执行了审计工作。中国注册会计师审计准则要求我们遵守职业道德规范，计划和实施审计工作以对财务报表是否不存在重大错报获取合理保证。

审计工作涉及实施审计程序，以获取有关财务报表金额和披露的审计证据。选择的审计程序取决于注册会计师的判断，包括对由于舞弊或错误导致的财务报表重大错报风险的评估。在进行风险评估时，我们考虑与财务报表编制相关的内部控制，以设计恰当的审计程序，但目的并非对内部控制的有效性发表意见。审计工作还包括评价管理层选用会计政策的恰当性和做出会计估计的合理性，以及评价财务报表的总体列报。

我们相信，我们获取的审计证据是充分、适当的，为发表审计意见提供了基础。

三、导致保留意见的事项

1.在审计过程中，我们按照《中国注册会计师其他鉴证业务准则第3101号—历史财务信息审计或审阅以外的鉴证业务》的规定，对贵公司管理层根据财政部颁发的《企业内部控制基本规范》做出的与2009年12月31日财务报表相关的内部控制有效性的评价报告进行了鉴证。我们认为，贵公司在付款授权审批控制制度的执行过程中存在缺陷，导致往来款项的确认存在如贵公司“2009年度财务报表附注七、3项”所述重大会计差错，我们无法评估其影响。截至2009年12月31日，贵公司应收北京紫光军创药业有限公司关联方款项1 517万元并仅根据风险组合计提了坏账准备，至财务报告批准报出日止该款项尚未收回，我们无法判断其可收回性。

2.如贵公司“2009年度财务报表附注十四、其他重大事项第(1)项”所述，由于该事项正在立案稽查与诉讼中，截止到本财务报告批准报出日，我们无法获取相关外部证据预计该事项对贵公司财务状况、经营成果和现金流量的影响。

四、审计意见

我们认为，除了以上所述事项可能产生的影响外，贵公司财务报表已经按照《企业会计准则》(2006年2月15日颁布)的规定编制，在所有重大方面公允反映了贵公司合并及母公司2009年12月31日的财务状况、2009年度的经营成果和现金流量。

五、强调事项

我们提请财务报表使用人关注，截至2009年12月31日，贵公司合并财务报表中流动负债高于流动资产6 859万元；银行借款余额11 514万元，其中逾期借款4 250万元。贵公司已在财务报表附注十三中披露了拟采取的改善措施，但其持续经营能力仍然存在重大不确定性，本段内容不影响已发表的审计意见。

中国注册会计师：刘宇科

中国·北京

二〇一〇年四月二十七日　　中国注册会计师：陈志红

2.保留意见审计报告

保留意见是指注册会计师对会计报表的反映有所保留的审计意见，一般是由于某些事项的存在，使无保留意见的条件不完全具备，影响了被审计单位会计报表的表达，因而注册会计师对无保留意见加以修正，对影响事项提出保留意见，并表示对该意见负责。

注册会计师经过审计后，认为被审计单位会计报表的反映就其整体而言是恰当的，但还存在着下述情况之一时，应出具保留意见的审计报告：

(1)个别重要会计事项的处理或个别重要会计报表项目的编制不符合《企业会计准则》及国家其他有关财务会计法规的规定，被审计单位拒绝进行调整。

(2)因审计范围受到重要的局部限制，无法按照独立审计准则的要求取得应有的审计证据。

(3)个别重要会计处理方法的选用不符合一贯性原则。

注册会计师出具保留意见的审计报告时，应于意见段之前另设说明段，以说明所持保留意见的理由，并在意见段中使用"除存在上述问题以外""除上述问题造成的影响之外"或"除上述问题待定以外"等表达方式。除使用保留意见的特定表述方式之外，其余应该使用无保留意见的特定表达方式，表示其他事项已做了公允的反映。

案例1-4

审计报告

深鹏所股审字[2010]119 号

深圳市华新股份有限公司全体股东：

我们审计了后附的深圳市华新股份有限公司(以下简称"深华新")财务报表，包括 2009 年 12 月 31 日的合并与公司的资产负债表，2009 年度合并与公司的利润表、股东权益变动表和现金流量表以及财务报表附注。

一、管理层对财务报表的责任

按照企业会计准则规定编制财务报表是深华新管理层的责任。这种责任包括：(1)设计、实施和维护与财务报表编制相关的内部控制，以使财务报表不存在由于舞弊或错误而导致的重大错报；(2)选择和运用恰当的会计政策；(3)做出合理的会计估计。

二、注册会计师的责任

我们的责任是在实施审计工作的基础上对财务报表发表审计意见。我们按照中国注册会计师审计准则的规定执行了审计工作。中国注册会计师审计准则要求我们遵守职业道德规范，计划和实施审计工作以对财务报表是否不存在重大错报获取合理保证。

审计工作涉及实施审计程序，以获取有关财务报表金额和披露的审计证据。选择的审计程序取决于注册会计师的判断，包括对由于舞弊或错误导致的财务报表重大错报风险的评估。在进行风险评估时，我们考虑与财务报表编制相关的内部控制，以设计恰当的审计程序，但目的并非对内部控制的有效性发表意见。审计工作还包括评价管理层选用会计政策的恰当性和做出会计估计的合理性，以及评价财务报表的总体列报。

我们相信，我们获取的审计证据是充分、适当的，为发表审计意见提供了基础。

三、导致保留意见的事项

深华新原实际控制人是曹永红先生和宋廉先生共同控制，鉴于成都金博宏科贸有限公司(原名北京金博宏科贸有限公司)持有深圳市华润丰实业发展有限公司 23%的股权，宋廉先生持有成都金博宏科贸有限公司 56.49%的股权，为成都金博宏科贸有限公司的第一大股东；曹永红先生持有深圳市华润丰实业发展有限公司 14%的股权，为深圳市华润丰实业发展有限公司最大的自然人股东；深圳市中经信达信息咨询有限公司持有深圳市华润丰实业发展有限公司16%的股权，2005年12月12日深圳市中经信达信息咨询有限公司签署了授权委托书，委托曹永红行使其持有的深圳市华润丰实业发展有限公司股权，深圳市华润丰实业发展有限公司持有深华新24.07%股权为深华新第一大股东，故曹永红和宋廉共同为深华新的原实际控制人。

2009年12月4日，宋廉先生将其持有成都金博宏科贸有限公司56.49%的股权全部转让给刘德明先生并已办理工商变更手续，此事项截至审计报告日深华新未能公告披露，此事项导致我们无法确认深华新的现实际控制人，以及对确认关联方关系的影响。

四、审计意见

我们认为，除上述事项的影响外，深华新财务报表已经按照企业会计准则规定编制，在所有重大方面公允反映了深华新2009年12月31日的财务状况以及2009年度的经营成果和现金流量。

五、强调事项

如附注十、其他重要事项8、(2)所述，2009年8月14日，深华新接到中国证券监督管理委员会深圳监管局通知(中国证券监督管理委员会立案调查通知书2009深稽立通字002号)：深华新因涉嫌违反证券法律法规一案，深圳证监局已决定对深华新立案调查，截至现在稽查仍在进行中。此事项不影响已发表的审计意见。

深圳市鹏城会计师事务所有限公司　　　　中国注册会计师：杨平高

中国·深圳

2010年4月19日　　　　中国注册会计师：杨盛巧

3. 否定意见审计报告

否定意见是审计人员对被审计单位的会计报表完全不真实而表示的与无保留意见相反的意见。当未调整事项、未确定事项、违反一贯性原则及其重要程度不确定等，这些事项对会计报表的影响程度超出一定的范围，以致会计报表无法被接受，被审计单位的会计报表已经失去其价值时，注册会计师就不能再出具保留意见的审计报告，而只能如实出具否定意见的审计报告。

在审计实务中，无保留意见的审计报告和保留意见的审计报告经常见到，但发表否定意见的审计报告则一般不会遇到，这也是审计人员和被审计单位所不愿意见到的。

注册会计师经过审计后，认为被审计单位会计报表存在下述情况之一时，应出具否定意见的审计报告：

(1)会计处理方法的选用严重违反《企业会计准则》及国家其他有关财务会计法规的规定，被审计单位拒绝进行调整；

(2)会计报表严重歪曲了被审计单位的财务状况、经营成果和现金流量，被审计单位拒绝进行调整；

(3)公司的持续经营能力已受到重大影响。

在否定意见的审计报告中，应于意见段之前另设说明段，说明所持否定意见的理由，并在意见段中使用“由于上述问题造成的重大影响”“由于受到前段所述事项的影响”等专业术语，并指出会计报表“不能公允地反映”“不符合……规定”等问题。

案例1-5

审计报告

智能有限责任公司全体股东：

我们接受委托，审计了贵公司2009年12月31日的资产负债和2009年度的损益表和现金流量表。这些会计报表由贵公司负责，我们的责任是对这些会计报表发表审计意见。我们的审计是根据中国注册会计师独立审计准则进行的，在审计过程中我们结合贵公司的实际情况，实施了包括抽查会计记录等我们认为必要的审计程序。

经审计，我们发现贵公司在本年度的资产负债表中未反映长期投资项目，而将长期投资项目列作其他应收账款，我们认为这种会计处理方法违反了《企业会计准则》的规定。对我们提出的调整意见，贵公司拒绝采纳。

贵公司账面净利润650万元，但在会计报表附注中注明贵公司因经济纠纷，于2009年12月5日被北京市中级人民法院判决，赔偿对方经济损失200万元，贵公司没有提出上诉，也未作相应的会计处理，违反了《企业会计准则》和有关财务合计法规的规定。我们对此也提出了调整意见，贵公司拒绝采纳。

我们认为，由于上述问题造成的重大影响，上述会计报表不符合《企业会计准则》和《企业会计制度》的有关规定，未能公允地反映贵公司2009年12月31日的财务状况和2009年度的经营成果及资金变动情况，会计处理方法的选用遵循了一贯性原则。

××会计师事务所　　　　　　　　　　　　　　　　中国注册会计师

××××

报告日期：2010年2月21日

4. 拒绝表示意见审计报告

注册会计师在审计过程中，由于审计范围受到委托人、被审计单位或客观环境的严重限制，不能获取足够的审计证据，以致无法对被审计单位的会计报表发表确切意见时，应当出具拒绝表示意见的审计报告。

注册会计师出具拒绝表示意见的审计报告，并不是拒绝接受委托，而是实施了必要的审计程序后发表审计意见的一种方式。如果注册会计师已经能够确定应当出具保留意见或否定意见的审计报告，就不得用拒绝表示意见的审计报告来代替。保留意见或否定意见是审计人员在取得充分、适当的审计证据后形成的，而拒绝表示意见则是由于某些限制而未能对一些重要事项取得证据，审计范围受到严重限制，无法判断问题的归属。

在拒绝表示意见的审计报告中，意见段之前往往另设说明段，以说明所持拒绝表示意见的理由，并在意见段中使用“由于审计范围受到严重限制”“由于无法实施必要的审计程序”“由于无法获取必要的审计证据”“我们无法对上述会计报表整体反映发表意见”等术语。

案例1-6

审计报告

康达有限责任公司全体股东：

我们接受委托，审计了贵公司2009年12月31日的资产负债表和2009年度的利润表和现金流量表。这些会计报表由贵公司负责,我们的责任是对这些会计报表发表审计意见。我们的审计是根据中国注册会计师独立审计准则进行的。

由于贵公司的收入中很大一部分为现金销售收入,约占总收入的35%,但公司中缺乏我们可以信赖的内部控制制度,而我们又没有适当的审计程序、方法来证明现金收入的完整性,因此我们实际上无法获得公司收入真实性的证据。

另外,贵公司在年末没有对存货进行盘点,由于时间的关系我们也未能用其他程序取得有关存货的满意证据。

我们认为,由于上述原因,不能确定收入与存货对会计报表整体反映的影响程度,我们无法确认上述会计报表是否符合《企业会计准则》和《企业会计制度》的有关规定,也无法确认在所有重大方面是否公允地反映了贵公司2009年12月31日的财务状况和2009年度的经营成果及资金变动情况。

××会计师事务所

中国注册会计师

××××

报告日期:2010年3月18日

1.5 上市公司的信息披露制度

1.5.1 信息披露制度的概念及内容

1.信息披露制度的概念

信息披露制度,也称公示制度或公开披露制度,是指公开发行证券的公司在证券发行与交易诸环节中,依法将其自身的财务变化、经营状况等信息和资料,真实、准确、完整、及时地披露,以使证券投资者充分了解情况的法律制度。

上市公司信息披露制度是证券市场发展到一定阶段,相互联系、相互作用的证券市场特性与上市公司特性在证券法律制度上的反映。

2.信息披露制度的内容

我国的企业信息披露制度主要由证券发行信息披露制度和持续信息披露制度(定期报告制度、临时报告制度等)两个方面组成,具体包括招股说明书、上市公告书、年度报告、中期报告和临时报告,前两者为首次披露,后三者为持续披露。

(1)招股说明书

招股说明书是上市公司在其股票进入一级市场(证券发行的场所)之前,按照有关法规披露信息的书面文件。为保护认股人的权益,防止发起人或公司欺诈,发起人或公司在申请公开发行股票时,必须编制招股说明书。在招股说明书中,发行人应将一切对投资者进行投资判断有重大影响的信息予以充分披露,以利于投资者更好地做出投资决定。

招股说明书的主要内容包括:

①发行人的基本情况

②本次发行概况

发行人应披露本次发行的基本情况。主要包括:股票种类、每股面值、发行股数占发行后总股本的比例、每股发行价、标明计算基础和口径的市盈率、预测净利润及发行后每股收益、发行前和发行后的每股净资产、标明计算基础和口径的市净率、发行方式与发行对象，承销方式、预测募集资金总额和净额；发行费用概算；机关机构名称；与本次发行有关的中介机构及其负责人、高级管理人员、经办人员之间存在的直接或间接的股权关系或其他权益关系以及预计发行上市的重要日期等。

③风险因素

发行人应遵循重要性原则，按顺序披露可能直接或间接对发行人生产经营情况、财务状况和持续盈利能力产生重大影响的所有因素。发行人应针对自身的实际情况，充分、准确、具体地描述相关风险因素并对所披露的风险因素做定量分析，无法进行定量分析的，应有针对性地做出定性描述。有关风险因素可能对发行人生产经营状况、财务状况和持续盈利能力有严重不利影响的，应作“重大事项提示”。

④财务会计信息

⑤募集资金的运用

⑥股利分配政策

发行人应披露最近三年的股利分配政策、实际股利分配情况以及发行后的股利分配政策；发行人应披露本次发行完成前滚存利润的安排和已履行的决策程序。若发行前的滚存利润归发行前的股东所有，应披露滚存利润的审计和实际派发情况，同时在招股说明首页对滚存利润中由发行前股东单独享有的金额以及是否派发完毕作“重大事项提示”；发行人已发行境外上市外资股的，应披露股利分配的上限为按中国会计准则和制度与上市地会计准则确定的未分配利润数字中较低者。

⑦公司发展规划

⑧其他重要事项

(2)上市公告书

上市公告书是指上市公司按照证券法规和证券交易所业务规则的要求，于其证券上市前，就其公司自身情况及证券上市的有关事宜，通过证券上市管理机构指定的报刊向社会公众公布的宣传和说明材料。

上市公告书的内容应包括下列事项：①证券获准在交易所交易的日期和批准文号；②证券发行情况；③公司创立大会或股东大会同意公司证券在证交所交易的决议；④公司董事、监事和高级管理人员简历及其持有本公司证券情况；⑤公司近三年或成立以来的经营业绩和财务状况以及下一年的盈利预测文件；⑥证券交易所要求载明的其他事项。

上市公告书的编制和披露依发行人招股说明书的效力情况不同分为简要上市公告书和上市公告书。根据《公开发行股票公司信息披露实施细则》的规定，自发行结束日到挂牌交易的首日不超过 90 日，或者招股说明书尚未失效的，发行人可以仅编制简要上市公告书；自发行结束日到挂牌交易的首日超过 90 日，并且招股说明书已经失效的，发行人应当编制完整内容的上市公告书。

(3)年度报告

上市公司在每会计年度结束时，向国务院证券监管机构和证券交易所提交的反映公司基本经营情况及与证券交易有关的重大信息的法律文件。包括：公司概况，公司财务会计报告和经营情况，董事、监事、经理及高级管理人员简介及其持股情况，已发行的股票、股份变动情况包括持有公司股份最多的前10名股东名单和持股数额，国务院证券监管机构规定的其他事项。

(4)中期报告

上市公司向国务院证券监管机构和证券交易所提交的反映公司基本经营情况及与证券交易有关的重大信息的法律文件，包括半年度报告和季度报告。内容包括：公司财务会计报告和经营情况，涉及公司的重大诉讼事项，已发行的股票、股份变动情况，提交股东大会审议的重要事项，国务院证券监管机构规定的其他事项。

(5)临时报告

临时报告指上市公司在发生重大事件后，立即将该信息向社会公众披露，说明事件的实质，并报告证券监管机构和证券交易所的法定信息披露文件。临时报告包括以下三种：

①重大事件报告

上市公司的重大事件，是指可能对公司的股票价格产生重大影响的事件。包括以下情况：

• 公司订立重要合同，该合同可能对公司的资产、负债、股东权益和经营成果中的一项或多项产生显著影响；
• 公司的经营政策或经营项目发生重大变化；
• 公司发生重大的投资行为或者购置金额较大的长期资产；
• 公司发生重大的债务；
• 公司可能归还到期重大债务的违约情况；
• 公司发生重大经营性或者非经营性亏损；
• 公司资产遭受重大损失；公司生产经营环境发生重大变化；
• 新颁布的法律、法规、政策等可能对公司的经营有显著影响；
• 董事会、30%以上的董事或者总经理发生变动；
• 持有公司5%以上的发行在外的普通股的股东，其持有该种股票的增减变化每达到该种股票发行在外总额的2%以上的事实；
• 涉及公司的重大诉讼事项；
• 公司进入清算、破产状态；
• 公司章程的变更、注册资金和注册地址的变更；
• 发生大额银行退票；
• 公司更换为其审计的会计师事务所；
• 公司公开发行的债券或者已发行债券的数额的变更或增减；
• 公司增资发行股票或者其可转换公司债券依规定转为股份；
• 公司营业用主要资产的抵押、出售或者报废一次超过其资产的30%；
• 发起人或者董事的行为可能依法负有重大损害赔偿责任；
• 股东大会或监事会议的决定被法院依法撤销；
• 法院做出裁定禁止对公司有控股权的大股东转让其股份；
• 公司发生合并或分立事件等。

按照《公开发行股票公司信息披露实施细则》规定，公司在发生无法事先预测的重大事件后一个工作日内，应当向证监会做出报告；同时应当按其挂牌的证券交易所的规定及时报告该交易所。公司在重大事件通告书编制完成后，应当立即报送证监会 10 份备案，并备置于公司所在地、挂牌交易的证券交易所、有关证券经营机构及其网点，供公众查询。

②收购报告书

收购报告书是投资者公开要约收购、协议收购或者在证券交易所集中竞价收购上市公司的过程中，依法披露有关收购信息的文件。在上市公司收购过程中，由于收购人为控制上市公司的股权必然通过证券集中市场大规模收购股权，由此势必会对上市公司的股票交易及其价格产生重大的影响，为了使广大中小投资者能够及时了解这种大规模股权收购的信息，防止虚假陈述、操纵市场等违法行为，必须确立在上市公司收购过程中的信息披露制度。披露的文件主要包括：上市公司收购报告书、要约收购报告书、被收购公司董事会报告书。

③公司合并公告

根据《公司法》第 184 条，公司合并，应由合并各方签订合并协议，并编制资产负债表及财产清单。合并报告必须披露。

1.5.2 信息披露制度的特征及基本要求

1. 信息披露制度的特征

(1)主体的特定性

从主体上看，信息披露制度是以发行人为主线、由多方主体共同参加的制度。从各个主体在信息披露制度中所起的作用和地位看，他们大体分为四类：①信息披露的重要主体，包括证券市场的监管机构和政府有关部门，他们所发布的信息往往是有关证券市场的大政方针，是较为重要的信息。②信息披露的一般主体，即证券发行人，他们依法承担披露义务，所披露的主要是关于自己的及与自己有关的信息，是证券市场信息的主要披露人。③信息披露的特定主体，即证券市场的投资者，一般没有信息披露的义务，而是在特定情况下，他们才履行披露义务。④其他机构，如股票交易场所等自律组织、各类证券中介机构，他们制定了一些市场交易规则，有时也发布极为重要的信息，如交易制度的改革等，因此也应按照有关规定履行相应职责。

(2)时间上的持续性

信息披露制度在信息公开的时间上是个永远持续的过程，是定期与不定期的结合。各国企业股份化的经验证明，证券市场是股份制发展的必然结果，只有给股份持有人创设一个可以随时变现其股份的制度，股份制改造才能获得更为广泛的群众基础，才能更快地推广，从而实现资金规模化所产生的效益。

(3)内容和形式的法定性

有关市场主体在一定的条件下披露信息是一项法定义务，披露者没有丝毫变更的余地。无论是在证券发行阶段，还是在交易阶段，法律对发行人的披露义务均做出了详尽的规定，且必须要按照法律规定的格式和内容进行编制。在此基础上，发行人的自主权是极为有限的，只有在提供所有法律要求披露的信息之后，才有少许自由发挥的余地。且这些信息不是发行人与投资者协商的结果，而是在征得各方同意的基础上，从切实保护投资者权益的基础上所作的强制性规定。并且，它必须对其中的所有信息的真实性、准确性和完整性承担责任。

(4)权利义务的单向性

信息披露制度权利义务的单向性，是指信息披露人只承担信息披露的义务和责任，投资者只享有获得信息的权利。无论在证券发行阶段还是在交易阶段,发行人或特定条件下的其他披露主体均只承担披露义务,而不得要求对价。而无论是现实投资者或是潜在投资者均可依法要求有关披露主体提供必须披露的信息材料。

2. 信息披露制度的基本要求

(1)真实性。要求披露的信息内容必须符合上市公司的实际经营状况,不得有任何虚假存在。

(2)准确性。要求公司在披露信息时必须确切表明其含义,其内容不能使人产生误解,更不得有误导性陈述。

(3)完整性。要求必须将能够影响证券市场价格的重大信息都予以公开,不能有重大遗漏。

(4)及时性。要求公司及时公开重大信息,并确保信息的最新性。

(5)易解性。要求公司在公开信息时,对其所使用的专业术语或行业术语进行必要的解释,以便一般投资者理解。

(6)易得性。要求公司以便于投资者获得信息的方式和载体披露信息。

(7)可利用性。要求公司披露的信息对于投资者的投资决策有参考价值。

1.5.3 上市公司信息披露实施规范

上市公司在公开发行股票,进入二级市场(又称流通市场)交易等过程中,都必须按照一定的规范要求,披露有关的信息。值得一提的是,会计信息的披露往往不是单独进行的,而是与其他非会计信息一起,在公司入市、入市以后的适当时机公开披露。纵观公开发行股票公司信息披露的文件,虽然在招股说明书、上市公告书、定期报告、临时报告中,会计信息都是其主要内容,但是出于用户与市场管理的需要,同时披露非会计信息也是必要的。由于会计准则尚未规范或规范不全面,或者只是用来规范上市公司会计信息的披露,而对其他企业不适用的内容,有关证券管理部门则可以通过发布专门的规则,作为会计信息披露的专业性规范文件。

近年来,我国上市公司数量不断增加,为了规范股份有限公司和上市交易活动,我国上市公司的信息披露制度逐渐走向规范化。中国证监会先后发布了《公开发行股票公司信息披露实施细则》《公开发行股票公司信息披露的内容与格式准则》《招股说明书的内容与格式》《年度报告的内容与格式》《中期报告的内容与格式》《配股说明书的内容与格式》《公司股份变动报告的内容与格式》《法律意见书和律师工作报告的内容》和《上市公司配股法律意见书的内容与格式》等。从 1999 年底开始,证监会又陆续出台了《公开发行股票公司信息披露的内容与格式准则第 2 号〈年度报告的内容与格式〉(1999 年修订稿)》《公开发行股票公司信息披露的内容与格式准则第 3 号〈中期报告的内容与格式〉(2000 年修订稿)》《公开发行证券的公司信息披露内容与格式准则第 7 号——股票上市公告书》《公开发行证券的公司信息披露编报规则第 13 号——季度报告的内容与格式特别规定》《公开发行证券的公司信息披露内容与格式第 1 号——招股说明书(2003 年修订稿)》《公开发行证券的公司信息披露内容与格式准则第 2 号〈年度报告的内容与格式〉(2003 年修订稿)》《公开发行证券的公司信息披露内容与格式准则第 3 号〈半年度报告的内容与格式〉(2003 年修订稿)》等。另外,《公开发行证券的公司信息披露内容与格式准则第 15 号—权益变动报告书》《公开发行证券的公司信息披露内容与格式准则第16号——上市公司收购报告书》《公开发行证券的公司信息披露内容与格式准则第17号——要约收购报告书》《公开发行证券的公司信息披露内容与格式准则第18号——被收购公司董事会报告书》《公开发行证券的公司信息披露内容与格式准则第19号——豁免要约收购申请文件》,自2006年9月1日起施行。原2002年发布的公开发行证券的公司信息披露内容与格式准则第15号、第16号、第17号、第18号、第19号同时废止,从而逐渐形成了一套规范上市公司信息披露的制度体系。

1.5.4 上市公司信息披露质量的评价

2001年,深圳证券交易所发布《深圳证券交易所上市公司信息披露工作考核办法》,对所内的上市公司从信息披露的完整性、准确性、及时性、合法性四个方面进行一年一次的考核,在考核时结合每个上市公司当年所受奖惩情况等重大事项,第二年将考核结果在其网站上对社会公众公布。深交所的信息披露考评结果通过优秀、良好、合格、不合格四个考评等级,对上市公司各类信息披露做出总体评价,能够较全面地衡量信息披露质量。

2008年12月5日,深交所修订并发布了《深圳证券交易所上市公司信息披露工作考核办法》。新发布的《考核办法》对信息披露考核的细节问题给了更为明确的标准,对深交所上市公司的信息披露工作也提出了更高的要求,进一步规范了上市公司的信息披露行为。

这种权威机构的评价结果对于财务报表的分析者来讲,像审计报告一样,具有重大的参考价值。由于深交所评价方法未公开,目前还只限于深交所的上市公司,不能应用在其他分析对象的评价上。

知识要点

• 财务报表分析,就是通过收集、整理企业财务会计报告中的有关数据,并结合其他有关补充信息,对企业的财务状况、经营成果和现金流量情况进行系统分析和评价,从而将大量的报表数据转换成对报表使用者特定决策有用信息的一项管理工作。

• 财务报表分析至少应包括下列组成部分:①资产负债表;②利润表;③现金流量表;④所有者权益(或股东权益,下同)变动表;⑤附注。

• 财务报表分析的主体包括企业所有者、企业债权人、企业经营者、供应商和客户、政府经济管理部门、职工、潜在投资者、竞争对手等。分析主体不同,其分析财务报表的目的也不同。

• 财务报表的分析内容主要包括:资本结构分析,偿债能力分析,获利能力分析,资金运用效率分析,现金流量分析,成本费用分析,收入、利润和利润分配分析。

• 财务报表的分析步骤为:明确分析目标;制定分析方案;收集有关信息;核实并整理信息资料;选择分析方法;做出分析结论。

• 财务报表进行分析还需要其他一些能够提供财务信息和非财务信息的补充资料,如市场与政策信息、财务情况说明书、审计报告等。

• 注册会计师在完成其报表审计任务后,可以出具四种不同的审计报告:无保留意见审计报告、保留意见审计报告、否定意见审计报告、拒绝表示意见审计报告。

• 信息披露制度,是指公开发行证券的公司在证券发行与交易诸环节中,依法将其自身的财务变化、经营状况等信息和资料，真实、准确、完整、及时地披露，以使证券投资者充分了解情况的法律制度。

• 我国的企业信息披露制度主要由证券发行信息披露制度和持续信息披露制度（定期报告制度和临时报告制度等）两个方面组成，具体包括招股说明书、上市公告书、年度报告、中期报告和临时报告，前两者为首次披露，后三者为持续披露。

复习思考题

1. 选择题

（1）反映企业在某一特定日期的财务状况的会计报表是（　　）。

A. 资产负债表　　B. 利润表

C. 现金流量表　　D. 所有者权益变动表

（2）根据资产定义，下列不属于资产特征的是（　　）。

A. 资产是企业拥有或控制的经济资源

B. 资产预期会给企业带来未来经济利益

C. 资产是由企业过去交易或事项形成的

D. 资产是投资者投入的

（3）企业的供应商以赊销的方式向企业提供商品或劳务，在企业付清价款前，他们也是企业的债权人，他们最关注企业的（　　）。

A. 盈利能力　　B. 短期偿债能力　　C. 长期偿债能力　　D. 经营能力

（4）下列不属于会计报表附注的内容的是（　　）。

A. 企业基本情况　　B. 会计政策的说明

C. 会计估计的说明　　D. 财务情况说明

（5）下列不属于投资活动产生的现金流量的是（　　）。

A. 取得投资收益收到的现金

B. 处置固定资产、无形资产和其他长期资产收回的现金净额

C. 投资支付的现金

D. 吸收投资收到的现金

（6）当审计人员遇到下列情形时：重大不确定事项；一贯性的例外事项；注册会计师同意偏离已颁布的会计准则；强调某一事项；涉及其他注册会计师工作和被审计单位对外披露信息的重大差异等，应出具的审计报告类型为（　　）。

A. 标准无保留意见审计报告　　B. 带说明段的无保留意见审计报告

C. 保留意见审计报告　　D. 否定意见审计报告

（7）下列不属于定期报告的是（　　）。

A. 月度报告　　B. 季度报告　　C. 中期报告　　D. 年度报告

（8）下列不属于持续信息披露制度的是（　　）。

A. 上市公告书　　B. 中期报告　　C. 年度报告　　D. 临时报告

2. 判断题

（1）现金流量表是按照权责发生制原则编制的。　　（　　）

(2)会计政策和会计估计变更以及差错更正的说明属于会计报表附注的内容。（　　）

(3)利润表可以反映企业一定会计期间的收入实现情况、费用耗费情况和企业生产经营活动的成果。（　　）

(4)会计报表信息能够反映收益信息，是可信赖、低成本和有效力的信息来源，因此可以取代其他信息来源而成为了解企业的唯一信息来源。（　　）

3. 简答题

(1)资产负债表的作用是什么？

(2)请结合财务报表分析的主体简述财务报表分析的目的。

(3)简述财务报表分析的步骤。

第2章　财务报表分析的技术方法

引导案例

沃伦·巴菲特，伯克希尔·哈撒韦集团董事长。巴菲特以他独特的投资策略、投资技巧成为金融界的传奇人物，也许是整个人类历史上最伟大的投资者之一。2006年，巴菲特以450多亿美元的财富居《福布斯》全球富豪榜第二名。2008年，77岁的巴菲特以620多亿美元的财富居《福布斯》全球富豪榜第一名。

巴菲特的经典语录包括：对于看不懂财报的公司，我不会投资，因为表示经营者不想让投资人知道公司的真实情形！

可见，财务报表分析对于投资决策的重要性。干任何事情，都需要一些方法和技巧，看懂财务报表也不例外。那么，如何看懂公司的财务报表？

本章我们会比较全面地学习财务报表分析的各种方法。

尽管投资者、债权人、企业管理者等各个不同的财务报表使用者进行财务分析的侧重点有所不同，但基本的分析技术对于所有的使用者都是适用的，主要包括：比较分析法、趋势分析法、比率分析法、因素分析法和综合分析法。经验与各种分析工具的运用可以改善我们利用报表对企业的判断过程。

2.1　比较分析法

比较分析法又称横向对比分析法或水平分析法，是对同类财务指标在不同时期或不同情况下进行比较，借以确定差异、分析原因和寻求潜力的一种方法。有比较，才有鉴别。比较分析法是财务报表分析最常用的基本方法，比较的项目可以是企业报告期的财务状况、经营成果和现金流量的信息与反映企业前期或历史某一时期财务状况、经营成果和现金流量的信息。当然，这种比较不仅局限于单一指标，可以进行多个指标的全面、综合的对比分析。

比较分析法可以分为绝对数比较分析和相对数比较分析，即分别比较变动额和变动率。通常，无论是比较绝对数还是比较相对数，都需要确定一个比较标准，即我们要选择一个比较的参照物，对于一个孤立的指标我们是无法做出判断的。这个比较的标准，可以是前期完成指标、本期计划指标、同行业平均水平指标、资本市场平均水平或国内外同行业先进企业指标。按照比较分析法，可以得到企业的本期实际指标与本期计划指标、同行业平均水平指标或国内外同行业先进企业指标的差异，反映出本期完成计划、达到标准或者距离先进的程度，从而反映企业经营情况的发展趋势以及同行业中的竞争地位，有利于企业改善经营管理，努力赶超先进水平。

应用比较分析法的关键是保证指标间的可比性，即相互比较的指标在内容、计价基础、计算口径、时间长度等方面要保持一致性。如果是企业之间进行同类指标比较，还要注意企业之间的可比性，否则就不能正确地说明问题，甚至得出错误的结论。

2.1.1 绝对数比较分析法

绝对数比较分析法是将报表资料中同一对象的不同时期、不同对象的相同期间同项数据进行对比。不同时期，既可以是不同的会计期间，也可以是实际与计划。不同对象，包括国内外同行业先进企业或同行业其他企业。

例如，我们可以利用绝对数比较分析法，来探查 ABC 公司不同时期净利润的变化情况（见表 2-1），大致了解净利润好坏的年度分布以及趋势走向。

表 2-1　　2005～2009 年度的净利润　　单位：千元

年　度	2005	2006	2007	2008	2009
ABC 公司	705	678	600	525	337
DEF 公司	900	970	898	915	938

从表 2-1 可见，ABC 公司在 2005～2009 年间净利润逐年下降，净利润最好的表现在 2005 年，2009 年的表现最差。同时，也可以找出 ABC 公司同行业内的类似规模的 DEF 公司相同时期的净利润，比较两家企业在净利润方面表现得孰优孰劣。或者，还可以找出同行业内类似规模的表现最好的公司其相同时期的净利润，计算两家企业在净利润方面的差距，确定企业努力的方向。从表 2-1 可见，ABC 公司在五年间利润波动很大，但 DEF 公司的净利润在五年间变化平稳，经营情况波动不大。假设 DEF 公司是行业内表现最好的公司，那么，两者的净利润表现之间的差距非常明显，在 2009 年，就绝对数的比较结果，DEF 公司的净利润比 ABC 公司的净利润多了 938－337＝601 千元，ABC 公司可以 DEF 公司为标杆，确定努力的目标。

系统的绝对数比较分析可以进行不同时期、不同对象的多项数据的对比，通过编制比较财务报表进行，包括比较资产负债表、比较利润表和比较现金流量表等。比较资产负债表是将同一家公司两期或两期以上，两家或两家以上公司同期的资产负债表项目，予以并列，以直接观察资产、负债及所有者权益每一项目绝对数的变化情况。同理，比较利润表、比较现金流量表等的编制也类似于比较资产负债表。为了使比较进一步明晰化，可以在比较会计报表内，增添绝对数字“比较结果”一栏，以便计算比较各有关项目之间的差额，借以帮助会计报表使用者获得比较明确的增减变动数字。在实际应用中，系统的绝对数比较分析可以挖掘各项数据变化情况之间的联系，揭示某一关键指标发生变化的主要原因。相互联系的指标间的比较会得到比单项指标比较更加丰富、真实的结论，从而取得更好的分析效果。

例如：利用 ABC 公司和同行业内的类似规模的 DEF 公司两者同一年度的比较利润表，我们可以直接评价两者净利润的优劣。同时，比较利润表揭示出了形成净利润的各项目之间的对比情况。在 2009 年 ABC 公司和 DEF 公司的比较利润表见表 2-2。

表 2-2　　2009 年度比较利润表　　单位:千元

项　目	ABC 公司	DEF 公司	比较结果
一、营业收入	6 800	6 000	800
减:营业成本	5 530	4 000	1 530
营业税金及附加	54	42	12
销售费用	550	400	150
管理费用	195	190	5
财务费用	61	60	1
加:公允价值变动收益			
投资收益(损失以"一"号填列)	42	50	−8
二、营业利润(亏损以"一"号填列)	452	1 358	−906
加:营业外收入	70	0	70
减:营业外支出	39	18	21
其中:非流动资产处置损失			
三、利润总额(亏损以"一"号填列)	483	1 340	−857
减:所得税费用	146	402	−256
四、净利润(净亏损以"一"号填列)	337	938	−601

从表 2-2 比较结果可见,ABC 公司的净利润相对于 DEF 公司而言,大大低于对方的表现。ABC 公司在营业收入等方面的表现优于 DEF 公司,而在营业成本、销售费用等方面的表现差于 DEF 公司。两者净利润的差距主要由于 ABC 公司的营业成本大大高于 DEF 公司的营业成本,尽管 ABC 公司的营业收入高于 DEF 公司的营业收入。同时,ABC 公司的销售费用高于 DEF 公司的销售费用也是一个值得关注的净利润表现差的影响因素。

2.1.2　相对数比较分析法

相对数比较分析法包括百分比增减变动分析及比率增减变动分析。也就是计算"比较结果"与某一指标基数的比例关系,以比率或者百分比的形式来表达变动结果的大小。这样,可以更加明显地反映每一指标数据的变化幅度。同时,百分比或者比率避免了比较基数不同的问题,从变化率的角度了解指标实际完成情况,能更真实地表明努力的程度以及产生的结果,为改进工作指出方向。

计算相关指标变动百分比能在一定程度上反映企业相关财务指标的增长率,但也有局限性,这主要是因为变动百分比的计算受基数的影响,具体表现在以下几个方面:

①如果基数的金额为负数,将出现变动百分比与绝对增减金额的符号相反的结果。

②如果基数的金额为零,不管实际金额是多少,变动百分比永远为无穷大。

③如果基数的金额太小,则绝对金额较小的变动可能会引起较大的变动百分比,容易引起误解。

④如果基期没有数据,则不能计算变动百分比。

解决上述问题的办法是:如果基数为负数,一个正数与一个负数不能得出一个有意义的百分比变化数据;或者基数为零、太小、没有数据,则放弃使用百分比增减变动分析法,可分析其绝对金额变动情况。

对于比率增减变动分析,我们将在比率分析法中介绍。

2.1.3 比较分析法的应用要点

(1)运用比较分析法时应注意相关指标的可比性，计算口径、计价基础和时间单位等都应保持一致。具体来说：

①会计计量标准、会计政策和会计处理方法的一致性。会计报表中的数据来自账簿记录，而在会计核算中，会计计量标准、会计政策和会计处理方法都有可能变动或者不同。若有变动或不同，则必然要影响到数据的可比性。因此，在运用比较分析法时，对由于会计计量标准、会计政策和会计处理方法的变动而不具有可比性的会计数据，就必须进行调整，使之具有可比性才可以进行比较。

案例2-1

秋天公司由于发出存货的计价方法由原来的加权平均法改为先进先出法，公司的销售毛利率由17.6%上升到18.9%。由于销售毛利率的变化，使得公司主营业务利润增加了2 474万元。

会计计量标准、会计政策和会计处理方法的变化，使得同一对象不同时期的会计数据不可比。因此，在新会计准则实施后与实施前的数据进行比较时，一定要注意准则变化给计量标准、会计政策和会计处理方法带来的影响。

②指标内容、范围和计算方法的一致性。比较的指标内容应来自行业类型、经营规模和财务规模大体一致的企业，比较的结果才具有实用性。同时，比较的指标范围应相同，车间级别、部门级别和企业级别混在一起的比较，可能会得出相互矛盾的结果。另外，比较的指标可能来自资产负债表、利润表、现金流量表等会计报表项目数据计算后的结果，此时要注意计算方法的一致性，否则不同计算方法的选择可能会扭曲数据间的真实比较关系。

案例2-2

不同行业的报表差异性很大，比如说，商业企业、服务企业和制造企业等无论在资产的组成还是在经营的成本费用等方面都存在显著不同，财务报表分析一定要注意行业差异。

商业企业销售从其他企业买来的商品，其主要资产是存货，包括产成品。对于某些商业企业而言，其大部分的销售收入可能是现金，在这种情况下，其应收账款余额会相对低一些；有些企业则有大量的赊销，也接受信用卡销售，则其应收账款余额相对较高；有些企业，扩大信用限度，其应收账款余额相对更高。销售成本和销售费用是商业企业费用的主要项目。因为行业竞争，商业企业利润率常常很低。

制造企业通常存在大量的存货，包括原材料、在产品、产成品。由于厂房、设备等方面的大量投资，固定资产也较多。应收票据和应收账款也可能很多，这取决于其销售方式。生产成本是其最主要的费用。

服务企业靠提供服务获得收入。因为服务是不可存储的，因此，服务企业的存货量很低，甚至根本不存在，不同于上述另外两个行业的企业往往有很高的存货水平。在人员密集型的服务企业中，比如广告公司，设备的投资和制造企业相比也是微不足道的。一般来说，销售费用是其费用的主要项目。

一些企业由于经营涉及多种行业而无法归入某个行业，我们可以依据如《国民经济行业分类》进行行业类别的判断。

③时间单位和长度的一致性。在采用比较分析法时，不管是实际与实际的对比，还是基于预定目标或计划的对比，或是本企业与先进企业的对比，必须保证相同年度的月、季、年度以及不同年度的同期或多期对比，注意所使用数据的时间及其长度的一致，特别是本企业的数期对比或本企业与先进企业的对比，所选择的时间长度和选择的年份都需具有可比性，这样才能大致抵消宏观环境对企业的影响，以保证通过比较分析所做出的判断和评价具有可靠性和准确性。

(2)计划指标的科学选择。要使本期实际指标与计划指标有实际意义，一般来讲，计划指标要来自一个完整的计划预算体系，即在制定包括物资采购、生产进程、产品销售等生产经营过程各个环节计划的基础上，编制出以货币表示的、反映整个计划的全面预算。

(3)绝对数比较分析和相对数比较分析，即变动额和变动率分析应结合使用。仅用其中之一可能得出片面的、甚至是错误的结论。比如，一个相当大的百分率的变化可能因为一个不重要的绝对数变化而变得决策不相关。在绝对数的比较分析中，如果相对于基期，变动额很大，不能简单说明企业的业绩改善，从增减变动分析中的变动率来看，可能变动率高得离谱，大大超过行业平均甚至是国内外领先水平，从而发现疑点，将其视为异常。

案例2-3

海南民源现代农业发展股份有限公司 1988 年 7 月在海口注册成立，并于 1993 年 4 月 30 日以琼民源 A 股在深圳上市。上市后，琼民源经营业绩不佳，其股票无人问津，在 1995 年公布的年报中，其每股收益不足 0.001 元。

1997 年 1 月 22 日和 2 月 1 日，琼民源在《证券时报》上刊登的 1996 年度报告和补充公告称，1996 年该公司实现利润总额 5.71 亿余元，本年度资本公积金增加 6.57 亿元。年报赫然显示：每股收益 0.867 元，净利润 4.85 亿元，较去年 38 万元的净利润同比增长 1 200 多倍。年报一公布，琼民源股价便赫然飙升至 26.18 元。

1 200 多倍，多么让人难以置信的数字，显然属于异常的增长。事实也如此。1998 年 4 月 29 日，中国证监会公布了对琼民源的调查结果。调查发现，琼民源 1996 年年报中所称 5.71 亿元利润中，有 5.66 亿元是虚构的，并虚增了 6.57 亿元资本公积金。

可是只看到净利润绝对额增长的投资者，没有进行变动率的分析，被虚假年报严重误导，造成高位套牢。

2.2 趋势分析法

趋势分析法是指用若干个连续期间的财务报告的资料进行相关指标的比较或者比率分析，比较金额、增减方向和幅度，分析变动的性质及引起变化的主要原因，以说明企业经营活动和财务状况的变化过程及发展趋向的分析方法，趋势分析法也叫动态分析法、垂直分析法、共同基准分析法、结构分析法、纵向分析法等。同样，趋势分析法可以对财务报表整体综合分析，也可以对报表上某些主要指标的发展趋势进行重点分析。趋势分析通常可用文字表述，用图解、表格或比较报告说明。下面介绍趋势分析法的操作步骤。

1. 计算趋势比率

一般的，趋势分析法将财务报表中某一关键项目的金额作为100%，作为共同基准，将其他项目的金额换算成对共同基准的百分比，通过各项目的比重分析其在企业经营中的重要性，从它们之间的比率关系的变化反映变动趋势。常用的共同基准有资产总额、营业收入、现金流入总额和现金流出总额。报表的使用者也可以根据自己的需要选择总成本、流动资产总额、存货总额、负债或者流动负债总额等作为共同基准进行结构分析。例如，两个或两个以上会计期间的各类资产占资产总额的比率，各类成本费用占总成本的比率，利润、成本、税金占销售收入的比率，等等，都可以揭示各项目结构上的相对变化趋势。同时，随着报表使用者分析目的的不同，结构分析的角度也可以不同。同样是资产总额的结构变化趋势分析，既可以从资产的流动性角度进行结构分析，也可以从资产的有形或无形角度进行结构分析。

例如：ABC公司2007、2008和2009年度以营业收入为共同基准的利润表，见表2-3。

表2-3　　ABC公司2007～2009年度共同基准利润表　　单位：千元

项　目	2007	2008	2009
一、营业收入	100%	100%	100%
减：营业成本	77.75%	79.62%	81.32%
营业税金及附加	2.74%	2.15%	0.79%
销售费用	19.51%	14.23%	8.09%
管理费用	0.19%	0.11%	2.87%
财务费用	3.30%	2.84%	0.90%
加：公允价值变动收益	0.73%	0.66%	—
投资收益(损失以“－”号填列)	1.08%	0.80%	0.62%
二、营业利润(亏损以“－”号填列)	10.66%	7.11%	6.65%
加：营业外收入	—	1.18%	1.03%
减：营业外支出	0.11%	0.05%	0.57%
其中：非流动资产处置损失	1.89%	0.75%	—
三、利润总额(亏损以“－”号填列)	9.06%	7.69%	7.10%
减：所得税费用	2.72%	2.37%	2.15%
四、净利润(净亏损以“－”号填列)	5.46%	4.95%	4.96%

表2-3显示了ABC公司2007年至2009年利润表中各主要项目占营业收入的比率，可见营业成本占比越来越大，管理费用占比也有增大趋势，而营业税金及附加、销售费用、财务费用有降低的趋势。

2. 根据计算的比率判断企业各项指标的变动趋势和合理性

各项指标的不同比率说明了其重要程度的不同，比重越高，说明重要程度越大，对企业的影响也越大。营业成本、营业利润、利润总额、净利润、销售费用都是较为重要的分析指标。通过三年的比较分析，可以发现，ABC公司的营业成本比率逐渐增加近4个百分点，营业利润也逐渐减少了约4个百分点，利润总额逐渐减少了约2个百分点，净利润逐渐减少了约0.5个百分点。ABC公司的销售费用、财务费用逐渐减少，但管理费用有增加的趋势。

趋势分析法揭示了重要的或者投资者关心的财务指标的变化情况，据此，可以进一步研究，看看企业在哪些方面有进步，在哪些方面还需要进一步改进。例如，本例中营业成本的大幅度攀升，需要进一步查明原因，可以同行业比较，看其增加是否合理。如果营业成本的增加是由于提升技术、购置设备的费用加大所致，对企业来说可能是好事情，因为它会在未来的会计期间给企业带来效益。管理费用不合理的开支，抵消了一部分利润，由此可以揭示公司管理不完善的方面，应有针对性地加以改进。

在上述的趋势分析中我们使用的是表格比较，并用文字表述的方法，也可以用图形更加明晰、直观地表示上述主要指标的变化趋势（见图 2-1）。数据源自表 2-3。

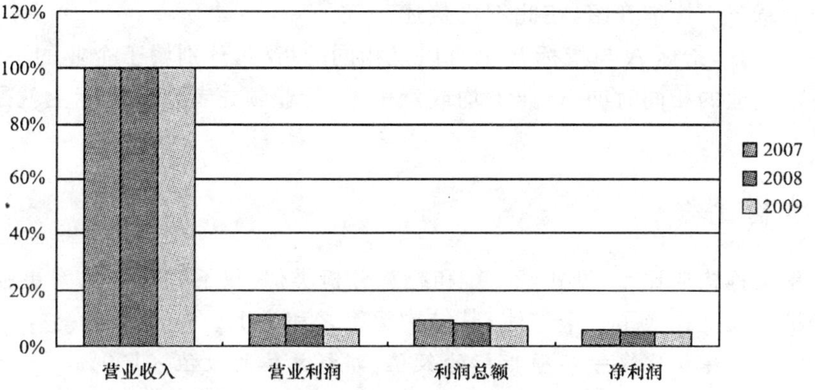

图 2-1　共同基准分析利润表主要指标的柱形图

柱形图是我们表示趋势或指标比较情况的常用方法。当然，折线图也能很好地表达指标的趋势变化。

3. 预测未来的发展趋势

从图 2-1 中可见，公司利润在营业利润的层次就不高，因此，公司的利润总额以及净利润也必然不能实现高水平。公司的营业外收支活动对公司影响不大，营业利润与利润总额相差不大。所以，如何合理有效地降低营业成本成为公司未来改进的重点。如果公司在此方面没有采取任何的改进活动，可能未来的利润会受到更大的影响。

2.3　比率分析法

比率分析法是报表分析最基本、最重要的方法，它将影响财务状况的两个因素联系起来，通过计算它们之间的比率关系据以分析和评价企业的财务状况和经营成果。比率分析简单明了、可比性强，对于企业的管理者还可以通过比率分析找出经营管理中存在的问题，实现改进。比率分析最大的贡献是提供了不同规模企业间的比较，有助于解决由于使用绝对数比较产生的问题。

一般来说，不存在标准的比率指标体系，可以从大量财务数据中任意选择有意义的比率计算得到。常用的比率有关系比率和结构比率两种。

2.3.1　关系比率

关系比率又称相关比率，是典型的财务比率，是将两个相互联系的财务指标的数额相除后得出比率，见式(2-1)，并根据比率对企业经营效率、财务状况和经营成果进行分析。采用这种方法将分析对比的数值变成相对数，可将某些不同条件下不可比指标变为可比指标。

关系比率＝指标 A/指标 B×100%　　(2-1)

例如流动比率，它就是资产负债表中的流动资产与流动负债两者的关系比率，从两者的比较关系中判断企业偿还短期债务的能力，即流动资产能否足以偿还流动负债。我们同样可以类推到总资产和总负债，判断和评价企业的长期偿债能力。到期偿债只是对企业经营的最低要求，因此，偿债能力还不足以说明和评价企业的竞争实力。我们通常要借助其他的关系比率进一步分析企业的营运能力、盈利能力和成长能力等。相关比率的具体说明和分析将在下面的章节中详细介绍，在此不再赘述。

值得一提的是，指标 A 与指标 B 也可以是相同的指标，分别属于企业的不同时期（前期或基期）、不同企业的相同时期（行业平均或竞争者，行业领先者），这实际上就是增减变动比率分析。

2.3.2　结构比率

结构比率又称构成比率，见式(2-2)，和趋势分析类似，只不过结构比率更强调所有的分析指标在经济意义上构成了一个整体，其结构比率之和为 1。

结构比率＝某项指标的数值/指标总体的数值×100%　　(2-2)

例如，可以把资产总额作为总体指标，分析各项资产的结构比率。

以 DEF 公司为例，其资产结构比率如表 2-4 所示。

表 2-4　　DEF 公司的资产结构比率

项　目	2007 年 12 月 31 日/万元	结构比率 2007	结构比率 2008	结构比率 2009
流动资产	50	25%	25.44%	27.26%
长期投资	5.1	2.55%	2.91%	3.81%
固定资产	130	65%	68.80%	67.09%
无形及其他资产	14.9	7.45%	2.85%	1.84%
资产总计	200	100%	100%	100%

表 2-4 的第二列显示了 2007 年 12 月 31 日的资产构成情况，依据式(2-2)计算各结构比率，见表 2-4 第三列，这些结构比率总和为 1，其中占比最大的是固定资产，流动资产次之，长期投资占比最少。从这些比率上，可以了解企业的投资结果和资源配置情况。将几个年度的比率变化情况综合分析，可以得到更加丰富的信息。比如，增加 DEF 公司 2008 年、2009 各结构比率计算见表 2-4 第四、五列，纵观 2007～2009 年，流动资产比率和长期投资比率逐年提高，无形及其他资产逐年减少，可见，企业投资更加保守。

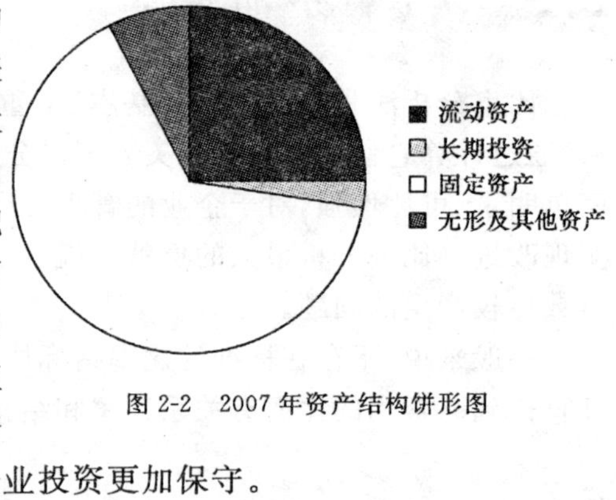

图 2-2　2007 年资产结构饼形图

结构比率可用饼形图清晰地表达出来，比如 2007 年的资产结构饼形图如图 2-2 所示，把其他年份的资产结构同理做出，也可用于直观的比较。

2.3.3 注意事项

需注意的是，比率分析有一定的局限性。

第一，比率分析采用财务报表上的数据都属于历史数据，属于静态分析，使用的数据多为账面数值，难以反映物价水平的影响，对于未来的预测只有一定的参考价值。

第二，在不同企业之间进行比率分析时，由于每个企业采用的会计方法不同（如折旧有直线折旧法、加速折旧法等，存货计价有先进先出法、加权平均法等；费用分配标准也有多种方式，如分配制造费用的实际工时比例法、计划成本分配法、直接工资分配法等），往往缺乏可比性，使得求出的比率不一定能说明问题。同时，一些比率可以有多种计算公式，甚至行业比率计算公式会不断变化，而对行业比率计算方法往往缺少详细的披露。在比较年度之间、企业之间或企业与行业之间的状况时，采用相同的公式计算比率才有意义。

因此，在运用这一方法时，一是要注意将各种比率有机地联系起来进行全面分析，不可孤立地看某种或某类比率；二是要注意考察公司的经营状况，不能只着眼于财务状况的分析；三是结合各种分析方法。这样才能对公司的历史、现状以及将来有一个比较详尽的分析了解。

案例2-4

在《公司法》《证券法》和中国证监会的一些管理办法中，对于上市公司的上市、配股、增发等除了其他的一些规定外，都有一些明确的比率要求。如公司上市的要求之一就是最近一期期末无形资产占净资产比率不高于20%；公司配股的要求之一就是最近三年以现金或股票方式累计分配的利润不少于最近三年内年均可分配利润的20%；公司增发的要求之一就是最近三年加权平均净资产收益率平均不低于6%。

不夸张地说，很多比率实际上就是公司财务状况的直接反映，那么这些比率的比较标准是如何确定的呢？

财务比率分析中经常采用的标准是经验值。如，流动比率的经验值为2，速动比率的经验值为1，资产负债率应小于50%等。但这些经验值并没有充分的科学依据，并不适用于所有的公司、所有的行业、所有的时期、所有的环境，只是一种一般情况下的参考标准。

一些企业选择历史标准，认为超过自身的历史水平即为进步。但这种标准没有关注外界的环境变化以及先进企业的做法。有时候，宏观经济的繁荣，也会使业绩平平的企业有很好的表现。

一个被大家公认的标准是行业标准，可以是行业平均或者是行业领军者的财务比率数据。但实际上，行业内部有时候也存在不可比性，如，行业相同的跨国公司和民营企业，由于企业经营规模和范围不同，显然不可比。因此，以行业为标准时，要在可比的其他限制条件之内，采用算术平均、中位数法等计算得出行业标准比率。

2.4 因素分析法

因素分析法是依据分析指标与其影响因素之间的关系，按照一定的程序，确定各因素对分析指标不同影响程度的一种方法。一般来说，分析指标都是综合性的财务指标，其变动难以直接分析原因，需要进行分解，找到其变动的所有影响因素。其中，有些因素起积极作用，有些因素起消极作用;因影响程度的不同,影响因素有主次之分。因素分析便于查明综合性指标变化原因,明确责任,提出改进的措施。因此,因素分析法也是财务报表分析的重要方法之一,特别是在成本分析中。

因素分析法有连环替代法和差额计算法两种。

2.4.1 连环替代法

连环替代法是在通过比较分析确定差异的基础上,利用各个因素的顺序“替代”,从数值上测定各个相关因素对综合性财务指标差异的影响程度的一种方法。常见的综合性指标,有成本、利润、资产周转率等指标。

1. 确定综合性指标与其影响因素之间的关系

通常用指标分解法,即在计算公式的基础上分解或扩展,用数学公式表示因素和分析指标之间关系。同时,列出综合性指标实际数和基数的两个关系式,确定分析对象。一个综合性指标通常是由两个或两个以上的因素构成的,例如,计件工资是由职工完成合格品的数量与规定的计件单价两个因素构成;产品销售成本是由产品销售数量与单位产品成本两个因素构成;产品销售税金是由产品销售数量、销售单价和销售税率三个因素构成。

例如:

设 0 为比较基数,1 为实际数,指标 W 受 a、b 两个因素影响,则

比较基数为 $$W_0=a_0\times b_0 \quad (1)$$

实际数值为 $$W_1=a_1\times b_1 \quad (2)$$

分析对象为 $$W_1-W_0 \quad (3)$$

但是,数学关系并不是指标分解的唯一标准,还要注意实际经济意义的相关。比如,将原材料费用分解成工人人数与每人消耗原材料的积,就无法判断两者的增加到底是有利差异还是无利差异,难以找出原材料费用变动的真正原因,这种分解没有任何经济意义。

2. 连环顺序替代并计算结果

连环顺序替代,就是以基期指标为计算基础,用每一因素的实际数依次替代其相应的基期数,每次替代一个因素,替代后的因素被保留下来。有几个因素就替代几次,并相应确定计算结果。

第一次替换: $$a_1\times b_0 \quad (4)$$

第二次替换: $$a_1\times b_1 \quad (5)$$

则 $$a\text{ 的影响}=(4)-(1)=(a_1-a_0)\times b_0$$

$$b\text{ 的影响}=(5)-(4)=a_1\times(b_1-b_0)$$

在分析每一个因素影响时,暗含了一个假设前提,其他的影响因素是不变的,如果在影响因素共同作用时,分析结果的准确性就会降低。

特别要注意的是,因素替换中排列顺序不能交换,不遵循乘法上的交换律,体现一环套一环的思想。排列顺序一般遵循主要因素在前、基本因素在前、数量指标在前、独立作用的指标在前,次要因素在后、从属因素在后、质量或价值指标在后、相互作用指标在后的原则。

3. 比较各因素的替代结果并分析

各因素影响结果的代数和应该等于综合性指标这一分析对象的差异。否则,就说明分析结果错误。同时,从各因素影响结果的数量比较上,可以找到重要的影响因素。

下面举例说明这种方法的应用。

例如：ABC公司本月生产某产品，该产品所需的材料计划消耗量100千克，材料计划采购价格是20元/千克；生产之后发现，材料实际的价格22元/千克，实际消耗量96千克。通过分析可知：计划成本2 000元，实际成本2 112元，产生了成本不利差异112元。要求分析成本差异产生的原因是什么？

分析如下：

比较基数：　$a_0 \times b_0 = 100 \times 20 = 2\ 000$(元)　(1)

第一次替换：　$a_1 \times b_0 = 96 \times 20 = 1\ 920$(元)　(2)

第二次替换：　$a_1 \times b_1 = 96 \times 22 = 2\ 112$(元)　(3)

分析对象：　(3)－(1)＝2 112－2 000＝112(元)

其中：　材料消耗量影响＝(2)－(1)＝1 920－2 000＝ －80(元)

材料价格的影响＝(3)－(2)＝2 112－1 920＝192(元)

材料消耗量与价格的共同影响＝－80＋192＝112(元)

可见，ABC公司的材料成本之所以超支112元，是材料的消耗量和材料采购价格两个因素共同作用的结果。其中：节约材料消耗4千克，节约成本80元，即每节约材料消耗1千克，相当于节约成本20元，这属于有利差异；材料的价格提高2元，使材料成本提高192元，即材料的价格每提高1元，会使材料成本提高96元，这属于不利差异。至于什么原因引起材料价格上涨，还需要进一步到采购部门调查分析。

2.4.2　差额计算法

差额计算法实际上是连环替代法的一种简化形式，其分析原理与连环替代法相同，只是在分析程序上，差额计算法更加简化，它在其他因素不变的条件下，直接利用各影响因素的实际数与基期数的差额，反映各因素对分析指标的影响程度。也就是说，在计算某一因素的影响结果时，乘以排在其前的所有因素的实际值和排在其后的所有因素的基期值。

应用差额计算法时，要注意与连环替代法应用时的相同问题。同时，并不是所有的连环替代法都可以简化为差额计算法，特别是各因素之间不是连乘的情况下，即影响因素分解式中存在加、减、除时，必须慎重应用，否则可能会得出错误的结果。

案例2-5

李达是秋天公司新来的一名管理会计。财务经理布置给李达一项需要独立完成的任务，即分析公司主打产品w成本的影响因素及各自的影响程度。财务经理提供给李达一份资料表，见表2-5。

表2-5　秋天公司w产品的成本资料表

项　目	2008年	2009年
产品产量/件	1 200	1 000
单位变动成本/元	11	12
固定成本/元	10 000	9 000
产品总成本/元	23 200	21 000

李达记得在学校时，老师讲过此方面的例子，实际上就是用因素分析法的连环替代求出

总成本的各因素影响程度，没什么难的，就是步骤太繁琐。他还记得老师说过差额计算法在有些情况下是比连环替代法更简单的因素分析。但这有些情况是指哪些情况李达可不清楚，李达为观看一场足球比赛逃了那次课。事后，一些同学因上课而错过了那场精彩的比赛遗憾不已，李达还曾得意跟同学炫耀自己的明智呢。开心的往事总是让人记忆犹新，还是回到现实吧！

李达想以更简单的方法把工作的第一项任务干得漂亮。他决定采用差额计算法。

因为：产品总成本＝产品产量×单位变动成本＋固定成本

所以：

产品产量变动影响＝(1 200－1 000)×12＋9 000 ＝ 11 400(元)

单位变动成本的影响＝1 200×(11－12)＋9 000 ＝7 800(元)

固定成本变动影响＝1 200×11＋(10 000－9 000)＝ 14 200(元)

各因素的影响之和： 11 400＋7 800＋14 200＝33 400(元)

李达没有忘记验算一下：

分析对象＝23 200－21 000＝2 200(元)

这也太离谱了！2 200和33 400，李达重新检查了计算步骤，觉得没有问题，可到底差在哪里了？这就是老师说的“有些情况”吗？

请你帮助李达分析上述计算结果，并告诉他正确的结果。

2.5 综合的财务分析技术

在对企业进行综合财务分析时，常常用到一些综合的财务分析技术。综合的财务分析技术将来自于财务报表的诸多指标纳入一个有机的整体中，运用适当的标准，系统、全面地进行相互关联的综合分析，以全面评价企业的财务状况和经营成果。具体来说，综合的财务分析技术包括财务指标综合评价方法和综合财务指标评价方法，前者强调财务指标体系的全面性评价，后者则强调以一个综合性的财务指标概括性评价。其中财务指标综合评价方法涵盖企业负债能力、营运能力及盈利能力等诸方面总体分析的要求，根据信息需要者的不同要求，指标的选择也会不同。雷达图法是以图形方式表达财务指标综合评价的方法。

综合的财务分析技术相比于前面的单项的财务指标或者多项独立财务指标的四种基本分析方法，反映的内容更加综合、概括、相对更加准确。典型的综合财务指标评价方法包括杜邦分析法。

2.5.1 财务指标综合分析法

财务指标综合分析法通常是以线性关系把若干财务比率联系起来，采用指数法计算一个综合指标，以评价企业的综合财务状况，因此也叫财务比率综合分析法。财务比率综合分析法的先驱者之一是亚历山大·沃尔，因此，这种方法也叫沃尔比重评分法。沃尔选择了净资产收益率、总资产报酬率、总资产周转率、流动资产周转率、资产负债率、已获利息倍数、销售(营业)增长率、资本积累率八个财务比率并确定了标准比率，通过实际比率与标准比率对比，评出每项指标的得分，分别按照给定的总评价中所占的权重，加权汇总求出总评分。

原始意义上的沃尔评分法有两个缺陷：一是为何选择这八个财务比率和相应的比重缺乏说服力；二是如果某个指标严重异常，会对总体评分产生不合逻辑的重大影响。因此，财务指标综合分析法进一步扩大了沃尔比重的条件，给出了更为一般化的步骤，逐渐发展为综合评价指数法，见图 2-3。

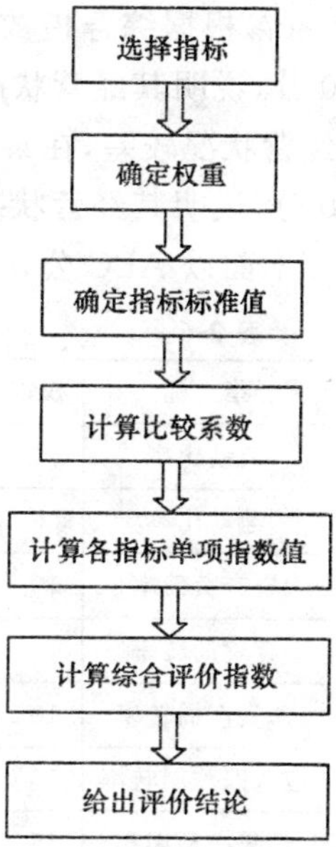

图 2-3　财务指标综合分析法的步骤

1. 财务指标综合分析法的步骤

(1)选定具有代表性的财务比率或财务指标，确定评价指标体系。选定的财务比率或者指标要具有全面性、代表性，一般要从盈利能力、偿债能力、营运能力、成长能力四个方面中选出具有代表性的若干项指标；选定的财务比率或指标与企业的财务状况具有一致性、同向性，即财务比率或指标越大的企业财务状况越好，否则视为反向指标处理。

(2)根据选中的各指标的重要程度设定权重系数。全部指标的权重系数之和为 100。一般做法是根据各指标在体系中的重要程度，由经验丰富的专家打分或统计计算各指标分配权重，以此保证评价结果的客观、真实。

对于国家政府部门颁布的评价指标体系，一般都会明确各指标的权重以备评价主体采用。另外也可参考权威的评价咨询机构公布的评价指标体系的权重值。如：将财务评价的盈利能力、偿债能力和成长能力按照 5∶3∶2 来分配比重。

如果综合评价结果将作为同行业企业或集团下属公司间的横向比较，应在评价指标选定后就确定各指标对应的权重，且不能随意调整权重。随着行业整体经营状况的发展变化或公司的成长，即使评价指标不变，权重也是可以调整的，但必须是在评价之前就明确各指标的权重。如一家新设立的公司，由于资金限制，对其评价时，偿债指标的权重可能会大于收益指标的权重；随着公司的成长与发展，对其评价时，收益指标的权重可能会大于偿债指标的权重。

(3)确定各选定指标的具有代表性和可比性的标准值。评价指标标准值可根据分析的目的和要求确定，可以用某企业某年的实际数，也可用同类企业、同行业或部门平均数，还可用国际标准数。当评价企业经营计划完成情况时，可以企业计划水平为标准值；当评价企业经营业绩水平变动情况时，可以企业前期水平为标准值；当评价企业与同行业或全国、国际上先进企业比较时，可用行业标准值、国家标准值或国际标准值，如：流动比率为 2、速动比率为 1 就是参照了国际上通用标准。标准值是本企业在现有条件下的理想值。如果尚不存在这样的标准值，一般以修正后的近三年的行业平均数来确定。

(4)根据会计报表中的相关数据计算各项指标的实际值，并计算各项指标的实际值与标准值的比较系数或称相对比率。一般通过指标的实际值与标准值之比确定。

(5)将各项指标的比较系数与其权重系数相乘，得出各项指标的单项指数值。其实质既反映了实际值与标准值的偏差，又体现了该项指标在综合评价指数中所占的比重。

(6)各项指标的单项指数值相加，得出企业的综合指数，该指数一般可作为企业评价的主要参考值。

(7)根据综合指数的大小评价企业财务状况的优劣。如果最后综合指数等于或接近100分,说明其经营状况良好,达到了预先确定的标准;如果最后指数大大低于100分,说明其经营状况较差,在某些方面还存在问题,应该采取措施加以改善;如果最后综合指数超过100分,说明其经营状况很理想。

下面以ABC公司为例,说明财务指标综合分析法的运用,如表2-6所示。

表2-6　　ABC公司财务指标综合分析

指　标	权重	标准值	实际值	比较系数=指标实际值/行业标准值	单项指数值=比较系数×权重
流动比率	5	2.00	0.85	0.43	2.15
速动比率	5	1.00	0.32	0.32	1.60
资产负债率	10	0.40	0.53	1.33	13.30
存货周转率	10	6.00	4.37	0.73	7.30
总资产周转率	10	1.80	0.81	0.45	4.50
应收账款周转率	10	20.00	40.72	2.04	20.40
销售净利润率	15	8%	4.95%	0.62	9.30
总资产报酬率	15	10%	13.61%	1.36	20.42
净资产报酬率	20	15%	4.92%	0.33	6.60
合　计	100				85.57

表2-6中第一列为选择的指标,这里的指标并不是固定不变的,使用者可以根据需要增加、减少或者替换某个指标;第二列的权重和第三列的标准值常常来自于经验值;第四列的计算值就是利用报表数据直接计算得到,后续的课程内容中会逐渐说明各指标的计算方法;第五列是通过比较系数的计算公式,即实际值和标准值之比求得的;最后一列是每个财务比率的实际得分,即用其比较系数与权重的乘积确定,并将每一项的得分相加,获得得分的合计数85.57,即综合指数,小于100,说明该公司的财务状况欠佳。

2. 财务指标综合分析法的优化

①选择的各项指标在性质上应尽量保持方向的一致性

按照指标方向性质,可以将指标分为正向指标、负向指标和适度指标。正向指标即实际值越大,情况越好;负向指标即实际值越小,情况越好;适度指标则存在一个最佳值,实际值偏离越小,情况越好。上述的分析,并未对指标的正向、负向或者适度做讨论。为使评价更加准确,指标体系最好全部选择正向指标或全部选择负向指标。如全部为正向指标,则综合评价指数越高越好;如全部为负向指标,则综合评价指数越低越好。如果既有正向指标又有负向指标,则应将负向指标转变为正向指标,或将正向指标转变为负向指标,如周转期和周转率就是同一衡量内容的负向和正向指标。

②综合指数的修正

综合指数计算中,往往会使单项指数得分高的指标弥补状况差的指标,可能会得到企业各项经济指标都达到了标准值要求的假象,从而掩盖企业在某方面存在的问题。由于各项财务比率或指标是有一定的内在联系,为了减少重复影响以及某一指标严重异常时引起对总评分的不合逻辑的重大影响,应在评分时规定上限与下限(上限可以定为正常评分值的1.5倍,下限定为正常评分值的0.5倍)。在一些评价中,为了避免综合指数超过100分,将企业做得较好的指标，即实际值大于标准值的正向指标的比较系数直接确定为 1，将企业做得不好的指标，即实际值小于标准值的正向指标按照比值计算比较系数，得到的综合指数就不会超过 100 分。

如果考虑上述两点优化，那么财务指标综合分析得到的评价结果就会更加合理。

2.5.2 雷达图法

“雷达图”即“判断企业财务状况图”，是将主要财务分析指标汇总并绘制成一张直观的雷达图，以综合反映企业总体财务状况的一种方法。为了充分发挥雷达图的分析功能和作用，通常将被分析的各项财务指标与行业平均水平或企业自身希望达到的水平或历史最好水平比较，反映企业的财务状况优劣势，找出原因，并有针对性地提出改进措施。

1. 雷达图法的指标选择

雷达图中的财务分析指标分为收益性、安全性、流动性、成长性及生产性这五类。通常选择的收益性指标包括资产报酬率、普通股权益报酬率、市盈率、毛利率、净利润率、成本费用利润率等，分析这些指标的目的在于观察企业一定时期的收益及获利能力。通常选择的安全性指标包括流动比率、速动比率、资产负债率、利息保障倍数等，分析这些指标的目的在于观察企业在一定时期内的偿债能力，分析企业经营的安全程度，也可以说是资金调度的安全性。通常选择的流动性指标包括总资产周转率、固定资产周转率、流动资产周转率、应收账款周转率、存货周转率等，分析流动性指标的目的在于观察企业在一定时期内资金周转状况，掌握企业资金的运用效率。通常选择的成长性指标包括销售收入增长率、税前利润增长率、固定资产增长率、产品成本降低率等，分析成长性指标的目的在于观察企业在一定时期内经营能力的发展变化趋势，一个企业即使收益性高，但成长性不好，其未来盈利能力也可能下降。通常选择的生产性指标包括人均销售收入、人均净利润、人均资产总额、人均工资等，分析生产性指标，目的在于了解在一定时期内企业的生产经营能力、水平和成果的分配。

2. 雷达图的绘制步骤

首先，画出三个同心圆，同心圆的最小圆代表同行业平均水平的 1/2 值或最低水平，中间圆代表同行业平均水平，又称标准线，最大圆代表同行业先进水平或平均水平的 1.5 倍；然后，把这三个圆的 360 度平均分成 5 个扇形区，分别代表收益性、安全性、流动性、成长性和生产性指标区域。

其次，从 5 个扇形区的圆心开始以射线的形式分别画出相应的财务指标线，并标明指标名称及标度，财务指标线的比例尺及同心圆的大小由该经营比率的量纲与同行业的水平决定。

最后，把被评价企业同期的相应指标值用点标在图上，以线段依次连接相邻点，形成多边形折线闭环，就代表了被评价对象的现实财务状况。当指标值处于标准线以内时，说明该指标低于同行业水平，需要加以改进；若指标值接近最小圆或处于其内，说明该指标处于极差状态，是企业经营危险的标志；若指标值处于标准线外侧，说明该指标处于较理想状态，是企业优势所在。雷达图可直观地看出评价对象的状况，因而可直接用雷达图进行定性评价。一般的，评价对象雷达图图形的面积反映了评价对象财务状况的好坏，可进行评价对象的诊断和控制。

案例2-6

当一家企业的五性指标都处于标准线(或同行业平均值)外侧,并接近最大圆时,则企业经营状况应视为稳定理想型。处于该阶段的企业,可以加强研究开发、广告宣传等,增加投资,扩大企业规模,开发新产品,开展多种经营等措施,积极向前发展。

当一家企业的收益性、流动性、安全性指标处于标准线外侧,而生产性、成长性指标处于标准线内侧时,则企业应视为保守型。一般老企业容易处于这种状态。处于该阶段的企业,应注意市场动向、改进销售政策,开发新产品等,向经营的稳定理想型转变。

当一家企业的安全性指标处于标准线内侧,而其他指标处于标准线外侧时,则企业应视为成长型。处于该阶段的企业,可能是新建企业或正处于业绩上升期,应注意资金筹措、投放与调度,保证资金安全,争取向稳定理想型的方向发展。

当一家企业的安全性、成长性指标处于标准线以内,而其他指标处于标准线外侧时,则企业应视为特殊型。这往往是具有特种技术的企业常常呈现的特殊经营状态。处于该阶段的企业,应注意增加销售,积累资金,并适当研发,增强技术优势,争取向成长型或理想型发展,避免衰退。

当一家企业的收益性、流动性指标处于标准线内侧,而其他指标处于标准线外侧时,则企业应视为积极扩大型。这往往是企业开始扩大经营范围或开发新产品时常出现的状态。处于该阶段的企业,应扩大销售,并根据市场需求尽量投产高利润产品,同时还应注意成本节约,减少各项费用开支。

当一家企业的安全性指标处于标准线外侧,而其他指标处于标准线内侧时,则企业应视为消极安全型。处于该阶段的企业,应充分利用资源,加强研发,努力开发新产品,扩大销售,提高发展速度,使经营尽快适应市场变化。

当一家企业的生产性、成长性指标处于标准线外侧,而其他指标处于标准线内侧时,则企业应视为活动型。处于该阶段的企业,处于销售积极增长,业绩回升期,应加强资金管理,充实资金,增加收益性、流动性和安全性。

当一家企业的所有指标处于标准线内侧时,则企业应视为均衡缩小型。处于该阶段的企业,面对着各方面难以改善的困境,岌岌可危。此时,企业应全面分析企业内外部环境,重新评价和制定企业的各方面政策。处于这种状态的企业应探讨有无改善的余地,研究企业未来前途,设法使企业向成长型发展。否则,应考虑关停并转。

绘出雷达图形后,即可用其分析企业的经营状况。一般来说,当图形大且呈稳定的圆形时则为良好,表明各项经营指标均高;图形小且为圆形则为不好,表明各项经营指标均低;图形若呈现为难看的、不规则的扁圆形,可以判断凹陷地方的经营指标有问题。

3. 简单示例

DEF 公司 2009 年的财务分析的五性共计选择了 10 个指标,其中收益性指标依次为:资产报酬率、净资产收益率;安全性指标依次为:流动比率、资产负债率;流动性指标依次为:流动资产周转率、固定资产周转率;成长性指标依次为:利润增长率、平均净资产增长率;生产性指标依次为:人均工资、人均销售收入。各指标代入计算公式得到指标的实际数值,分析结果表示在表 2-7 中。

表 2-7　　DEF 公司 2009 年度财务状况与行业比较

序号	指标名称	行业平均水平	指标实际值	比率＝指标实际值/行业平均水平
1	资产报酬率	5.65%	8.04%	142.30%
2	净资产收益率	5.74%	7.65%	133.27%
3	流动比率	2.2	2.4	109.09%
4	资产负债率	62%	54%	87.09%
5	流动资产周转率	1.22 次	1.44 次	118.03%
6	固定资产周转率	1.02 次	1.43 次	140.19%
7	利润增长率	3.67%	2.11%	57.49%
8	平均净资产增长率	3.55%	3.54%	99.71%
9	人均工资	1.4 万元	1.7 万元	121.42%
10	人均销售收入	5.4 万元	6.8 万元	125.92%

依据表 2-7，绘制图 2-4 所示 DEF 公司 2009 年的雷达图。

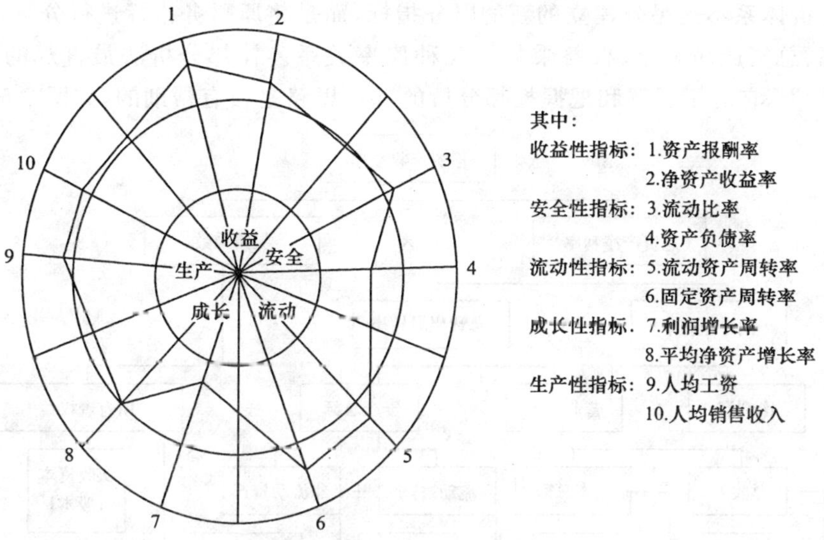

图 2-4　DEF 公司 2009 年的雷达图

依据绘制的雷达图我们可以看出，该公司 10 个指标中的三个位于行业平均值以内，该公司的资产负债率、利润增长率、平均净资产增长率低于行业平均水平，有待提高，其他七个指标位于标准线外侧，总体而言，该公司的财务状况处于较理想状态。

当然，雷达图法虽然具有直观明了的特点，但它存在各个指标的重要性没有加以区分的不足之处。同时，使用雷达图进行分析时应注意，雷达图表示企业只是在某一时点上的经营状况，分析时要联系企业历史情况、同行业发展情况，尤其要把一定时期国家政策要求与市场特殊情况结合起来，进行综合评价，才能得出较为正确的判断。因此，可以把历年的资料都标注在同一张雷达图上，并将同一年各指标资料连接起来，就会形成多个雷达图形。比较这些雷达图形，通过图形的起伏变化，可以发现企业经营的症结与弊端，判断企业的发展趋势，分析其经营变化的方向。

2.5.2 杜邦分析法

杜邦分析法又称为杜邦财务分析体系，它是利用各个主要财务比率间的内在联系来综合分析评价企业财务状况的一种方法。该方法由美国杜邦公司最先采用，故此得名。后来这一体系迅速在全球传播，从最初用于企业内部考核，发展到投资者和债权人用于分析企业。杜邦分析法从评价企业绩效最综合的指标——净资产收益率出发，将偿债能力、营运能力、盈利能力有机地结合起来，层层分解为表征意义简单的单个项目，全面、系统、直观地反映企业的财务状况。之所以选择净资产收益率为核心指标，是因为企业财务目标是资本增值最大化，资本增值的核心在于资本收益能力的提高。杜邦分析法从影响资本收益能力的各个方面、各环节出发，找出企业经营各环节对其影响关系与程度，从而综合评价企业各环节及各方面的经营业绩。

1. 杜邦分析图

杜邦分析体系不是另外建立的新的财务指标，而是将原财务指标进行分解，主要反映净资产收益率、总资产净利率、权益乘数等几种比率关系。杜邦分析法最直观的方式是采用“杜邦分析图”，它对于了解和把握杜邦分析的基本思路是很有帮助的，如图 2-5 所示。

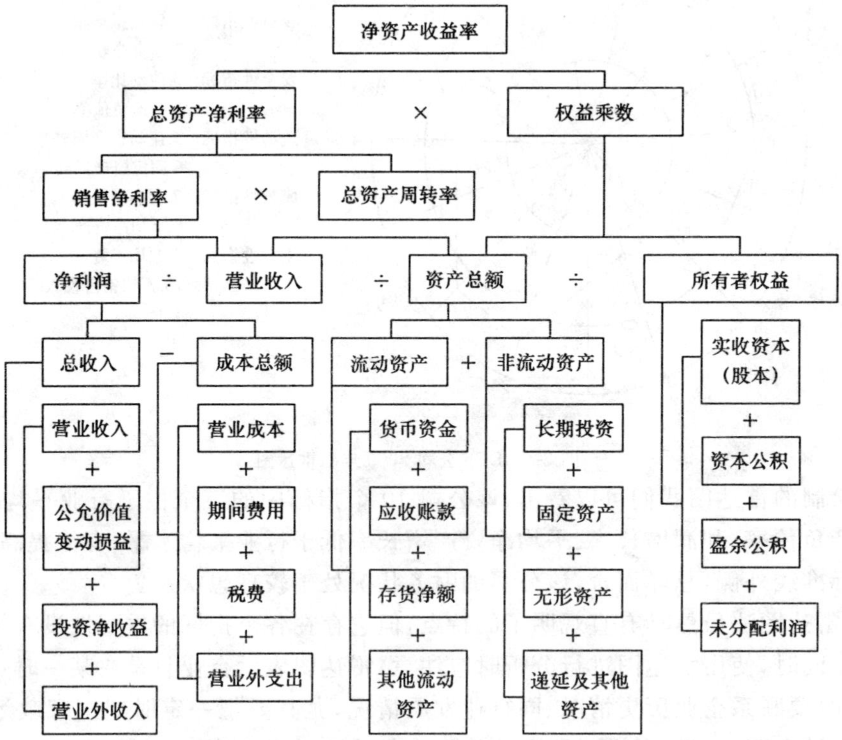

图 2-5 杜邦分析图

图 2-5 体现了如下的关系

$$净资产收益率=总资产净利率\times权益乘数$$

$$总资产净利率=销售净利率\times总资产周转率$$

$$权益乘数=资产总额/所有者权益=1/(1-资产负债率)$$

从以上公式中可以看出，决定净资产收益率高低的因素有三个：销售净利率、总资产周转率和资产负债率。其中，销售净利率是利润表的概括，营业收入在利润表的第一行，净利润在利润表的最后一行，两者相除概括全部经营成果；权益乘数是资产负债表的概括，表明资产、负债和所有者权益的比例关系，可以反映最基本的财务状况；总资产周转率是把利润表和资产负债表联系起来，使净资产收益率可以综合反映整个企业的经营活动和财务活动的业绩。这三个指标由图 2-5 中的指标关系进一步分解，最后是财务报表上的一些基本项目。这样，杜邦分析图不但方便人们了解如何将净资产收益率提高，也可以方便人们判断影响企业资产周转的主要问题在哪里，并提示如何提高薄弱的因素。

案例2-7

杜邦公司创建于 1802 年，目前已经是世界上最大的化工跨国公司之一。杜邦公司的成功与其坚定保证预定的净资产收益率不无关系。杜邦公司规定其下属所有企业必须达到 10%的净资产收益率。不论其他方面的优势如何，只要净资产收益率达不到预定的 10%，企业最终只有关闭。在实践中，企业也如此执行。企业在全面考核后，达不到预定 10%的企业当即关闭。

当然，净资产收益率也有一些局限性。比如，在横向比较时，如某些企业的负债率很高，导致某些微利企业净资产收益率偏高，而有些企业尽管效益不错，但是由于财务结构中负债较低，导致净资产收益率偏低，这在比较时应对企业负债率的差别予以注意。

2. 杜邦分析的作用

净资产收益率、总资产净利率、资产负债率这三个指标在各企业之间可能存在显著差异。通过比较差异，可以观察本企业与其他企业的经营战略和财务政策的不同。资产负债率反映了企业的财务政策。在总资产净利率不变的情况下，提高资产负债率可以提高净资产收益率，但同时也会增加财务风险。一般的，总资产净利率较高的企业，资产负债率较低，反之亦然。可以设想，为了提高净资产收益率，企业倾向于尽可能提高资产负债率。但是，贷款提供者不分享超过利息的收益，更倾向于给预期未来经营现金流量比较稳定的企业提供贷款。为了稳定现金流量，企业的一种选择是降低价格以减少竞争，另一种选择是增加净营运资本以防止现金流中断，这都会导致总资产净利率的下降。这就是说，为了提高流动性，只能降低盈利性。因此，实际上，经营风险低的企业可以得到较多的贷款，其资产负债率较高；经营风险高的企业，只能得到较少的贷款，其资产负债率较低。总资产净利率与资产负债率负相关，共同决定了企业的净资产收益率。

在企业资产负债率没有显著差别时，净资产收益率取决于总资产净利率，即销售净利率和总资产周转率。销售净利率和总资产周转率，可以反映企业的经营战略。一些企业销售净利率较高，而总资产周转率较低；另一些企业与之相反，总资产周转率较高，而销售净利率较低。如：销售净利率较高的制造业，其总资产周转率都较低；而总资产周转率很高的零售业，销售净利率很低。两者经常呈反方向变化。这种现象不是偶然的。为了提高销售净利率，就是要增加产品的附加值，往往需要增加新的投资，引起总资产周转率的下降。与此相反，为了加快周转，就要降低价格，引起销售净利率下降。采取“高盈利、低周转”还是“低盈利、高周转”的策略，是企业根据外部环境和自身资源的战略选择。正因如此，仅从销售净利率的高低并不能看出业绩好坏，应把它与总资产周转率联系起来考察企业经营战略。真正重要的是两者共同作用得到的总资产净利率。总资产净利率可以反映管理者运用资产赚取利润的业绩，是盈利能力的最重要考核指标之一。

杜邦体系实际上是企业经营战略和财务政策匹配情况的反映。

案例2-8

台湾宏基电脑董事长施振荣在少年时代，曾经帮着母亲卖鸭蛋和文具。

鸭蛋3元1斤，能赚3角，有10%的利润，但容易变质，没及时卖出会坏掉，造成损失；文具10元的生意至少可以赚4元，利润超过40%，而且摆着不坏。

看起来卖文具比卖鸭蛋赚钱。

但事实上，施振荣后来说，卖鸭蛋远比卖文具赚得多。鸭蛋虽利润薄，但最多两天就周转一次；文具虽然利润高，但有时半年甚至一年都卖不掉，不但积压成本，利润更早被利息腐蚀一空。鸭蛋利薄多销，所以利润远远大于周转慢的文具。

后来，施振荣将卖鸭蛋的经验运用到宏基，建立了"薄利多销模式"，即"低盈利、高周转"，产品售价定得比同行低，虽然利润低，但客户量增加，资金周转快，库存少，经营成本大为降低，实际获利大于同行。

少年施振荣的商业才智就体现在，他能够同时考虑利润率和周转率。

总之，杜邦分析体系将销售规模、成本费用、资产营运、资本结构方面结合起来，分析净资产收益率增减变动的原因，协调企业经营政策和财务政策之间的关系，促使企业净资产收益率最大，进而实现股东价值最大化目标。

3. 杜邦分析法的应用

一般可以利用净资产收益率与上年的比较识别变动趋势，与同业比较识别存在的差距，找到引起变动或产生差距的原因，并衡量其重要性，为后续分析指明方向。

案例2-9

李达在秋天公司工作两个月后，经理又交给他一项新的任务，利用公司的杜邦分析图，找出公司存在的问题，并给出改进途径。李达庆幸自己对于杜邦分析体系还比较熟，再上网查查资料应该没问题。

他仔细研究了公司2009年的杜邦图，见图2-6。

其中，上一年的销售净利率为5.61%，总资产周转率为1.71，权益乘数为1.91，按照公式：净资产收益率＝销售净利率×总资产周转率×权益乘数，即上一年的净资产收益率为18.32%。

经过分析，得出了如下的一些结论：

第一，2009年净资产收益率为19.84%，反映企业净资产获利能力较强。与上一年相比，提高了1.52%，公司整体业绩超过去年。通过与同行业的比较，公司总资产净利率指标相对同行较高，说明了企业的获利能力较强。权益乘数基本等于行业平均，资产负债率42.5%，说明企业在利用财务杠杆经营与控制财务风险之间达到了较好的平衡。

第二，净资产收益率的提高主要得益于在权益乘数下降基础上的总资产净利率的提高。利用连环替代法可以定量分析销售净利率、总资产周转率、权益乘数对净资产收益率变动的影响程度。

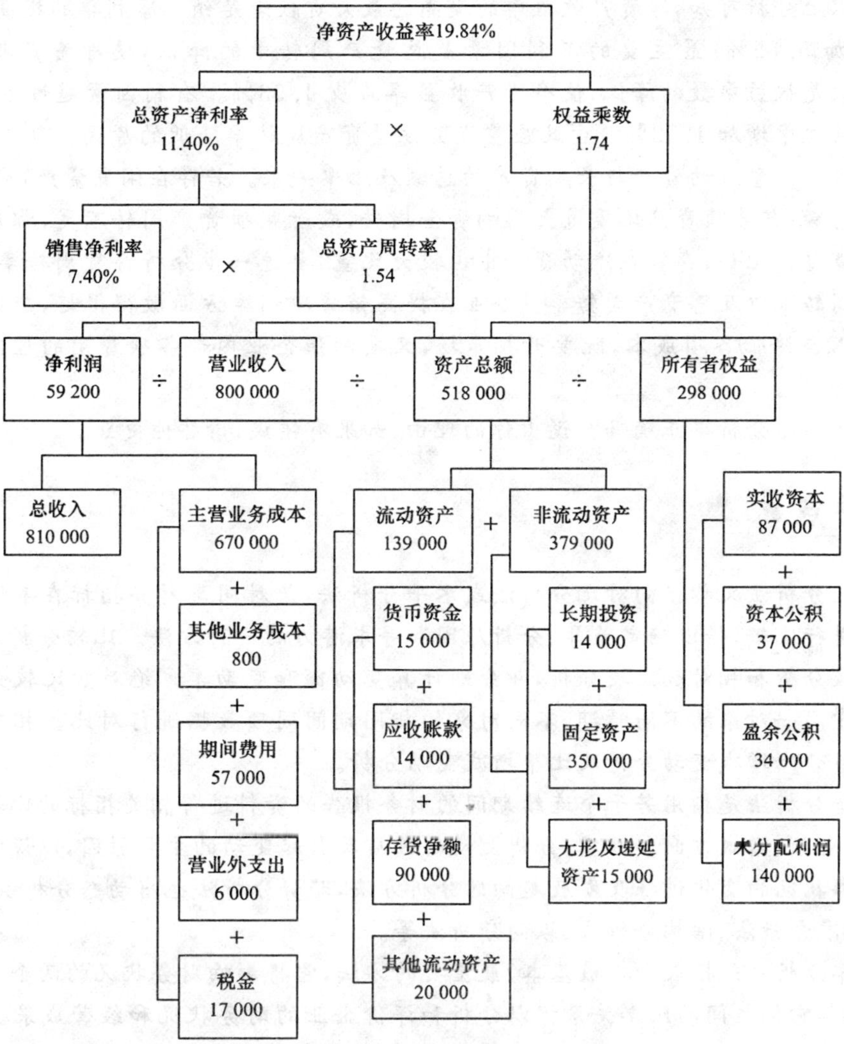

图 2-6 秋天公司 2009 年的杜邦图

(1)销售净利率变动的影响

用本年销售净利率数据替换上年的，计算：

净资产收益率＝7.40％×1.71×1.91＝24.17％

销售净利率变动的影响＝24.17％－18.32％＝5.85％

(2)总资产周转率变动的影响

用本年销售净利率、总资产周转率替换上年的，计算：

净资产收益率＝7.40％×1.54×1.91＝21.77％

总资产周转率变动的影响＝21.77％－24.17％＝－2.4％

(3)权益乘数变动的影响

全部用本年的数据，计算：

净资产收益率＝7.40％×1.54×1.74＝19.84％

权益乘数变动的影响＝19.84％－21.77％＝－1.93％

通过以上分析可知，净资产收益率的提高的最大贡献者是销售净利率的提高，使净资产收益率增加5.85%；最主要的不利因素是总资产周转率的降低，使净资产收益率减少2.4%；其次是权益乘数的降低，使净资产收益率减少1.93%。有利因素超过不利因素，所以净资产收益率增加1.52%。由此应重点关注总资产周转率降低的原因。其中：提高总资产周转率可以调整流动资产与长期资产的总额及比率关系。若存在闲置资产，应及时处理，减少资产总额；若某项资产比重过大影响资金周转，或者某项资产周转不灵，都应该分析原因并加以调整。比如，存货在流动资产中占较大比重，要进一步分析存货周转率，从而提高流动资产周转率以及总资产周转率。企业在提高销售净利率方面做得很好，应继续保持增加销售收入与降低各项成本，既要开拓市场，又要加强企业内部各项费用的控制以减少支出。

你认为李达分析得正确吗？说出你的理由，如果有错误，请替他更正。

知识要点

• 比较分析法又称横向对比分析法或水平分析法，是对同类财务指标在不同时期或不同情况下进行比较，借以确定差异、分析原因和寻求潜力的一种方法。比较分析法可以分为绝对数比较分析和相对数比较分析，即分别计算变动额和变动率。绝对数比较分析法是将报表资料中同一对象的不同时期、不同对象的相同期间同项数据进行对比。相对数比较分析法包括百分比增减变动分析及比率增减变动分析。

• 趋势分析法是指用若干个连续期间的财务报告的资料进行相关指标的比较或者比率分析，比较金额、增减方向和幅度，分析变动的性质及引起变动的主要原因，以说明企业经营活动和财务状况的变化过程及发展趋向的分析方法，趋势分析法也叫动态分析法、垂直分析法、共同基准分析法、结构分析法、纵向分析法等。

• 比率分析法是报表分析最基本、最重要的方法，它将影响财务状况的两个因素联系起来，通过计算它们之间的比率关系据以分析和评价企业的财务状况和经营成果。常用的比率有关系比率和结构比率两种。

• 因素分析法是依据分析指标与其影响因素之间的关系，按照一定的程序，确定各因素对分析指标不同影响程度的一种方法。因素分析法有连环替代法和差额计算法两种。

• 连环替代法是在通过比较分析确定差异的基础上，利用各个因素的顺序“替代”，从数值上测定各个相关因素对综合性财务指标差异的影响程度的一种方法。常用的综合性指标有成本、利润、资产周转率等指标。差额计算法实际上是连环替代法的一种简化形式，其分析原理与连环替代法相同，只是在分析程序上，差额计算法更加简化，它在其他因素不变的条件下，直接利用各影响因素的实际数与基期数的差额，反映各因素对分析指标的影响程度。

• 综合的财务分析技术将来自于财务报表的诸多指标纳入一个有机的整体中，运用适当的标准，系统、全面地进行相互关联的综合分析，以全面评价企业的财务状况和经营成果。具体来说，综合的财务分析技术包括财务指标综合评价方法和综合财务指标评价方法，前者强调财务指标体系的全面性评价，后者则强调以一个综合性的财务指标概括性评价。

• 财务指标综合分析法通常是以线性关系把若干财务比率联系起来，采用指数法计算一个综合指标，以评价企业的综合财务状况，因此也叫财务比率综合分析法。“雷达图”即

"判断企业财务状况图",是将主要财务分析指标汇总并绘制成一张直观的雷达图,达到综合反映企业总体财务状况目的的一种方法。杜邦分析法又称为杜邦财务分析体系,它是利用各个主要财务比率间的内在联系来综合分析评价企业财务状况的一种方法。

复习思考题

1. 选择题

(1)根据企业连续若干会计期间的分析资料,运用指数或动态比率计算,比较研究不同会计期间相关项目的变动情况和发展趋势的财务分析方法是(　　)。

A. 比较分析法　　B. 趋势分析法
C. 因素分析法　　D. 比率分析法

(2)杜邦财务分析体系的核心指标是(　　)。

A. 权益乘数　　B. 销售净利率
C. 净资产收益率　　D. 总资产收益率

(3)某公司 2008 年 12 月 31 日的资产结构为:流动资产 50 万元,长期投资 5 万元,固定资产 130 万元,无形及其他资产 15 万元。则流动资产的结构比率为(　　)。

A. 25%　　B. 33.33%　　C. 65%　　D. 10%

(4)在连环替代法中,因素替换的排列顺序一般遵循的原则不包括下列哪一项(　　)。

A. 主要因素在前　　B. 基本因素在前
C. 数量指标在前　　D. 从属因素在前

(5)下列不属于净资产收益率高低的决定因素的是(　　)。

A. 销售净利率　　B. 权益乘数
C. 总资产周转率　　D. 流动比率

(6)下列不属于雷达图法安全性指标的是(　　)。

A. 流动比率　　B. 速动比率
C. 总资产周转率　　D. 资产负债率

2. 判断题

(1)运用比较分析法时应注意相关指标的可比性,计算口径、计价基础和时间单位等都应保持一致。　(　　)

(2)在不同企业之间进行比率分析时,由于每个企业采用的会计方法不同,往往缺乏可比性,使得求出的比率不一定能说明问题。　(　　)

(3)总资产周转率是利润表的概括,表明资产、负债和所有者权益的比例关系,可以反映最基本的财务状况。　(　　)

(4)资产负债率反映了企业的财务政策。在总资产净利率不变的情况下,提高资产负债率可以提高净资产收益率,但同时也会减少财务风险。　(　　)

3. 简答题

(1)什么是综合的财务分析技术?一般都包括哪些方法?

(2)简述财务指标分析法的步骤。

(3)简述雷达图的绘制步骤。

第二篇

财务报表的分析内容

第3章 资产负债表项目分析

引导案例

安然公司(Enron Corporation)曾经是全世界最大的能源交易商,掌控美国20%的电力和天然气交易,经营业务覆盖全球40多个国家和地区,2000年营业收入高达1 008亿美元,名列《财富》杂志"美国五百强"第七位、"世界五百强"第十六位,连续四年获得《财富》杂志授予的"美国最具创新精神的公司"称号。

但是在2001年12月2日,安然公司突然向美国纽约破产法院申请破产保护。并在其向美国证券交易委员会提交的8—K报告中承认1997~2001年第一季度的利润被高估、负债被隐瞒的事实。安然公司的财务丑闻立即引起了世界性的轰动。

安然公司与其资本管理公司LJM合作成立了四家特殊目的实体SPE(Special Purpose Entity,是一种金融工具,企业可借此在不增加资产负债表中负债的情况下融入资金),为了解决其资本金问题,于2000年4月向"鹰爪"出售了价值1.72亿美元的安然股票,"鹰爪"向安然公司出具了1.72亿美元的应付本票。在没有收到任何认股款的情况下,安然公司仍将其记录为股本增加,并相应增加了应收票据。安然公司就是以这种方式,在其创建并实质控制的包含3 000多个SPE在内的复杂的运作体系内进行关联交易,以达成其资产负债表外融资、夸大收入和利润以及获取税收优惠的目的。

在第1章的介绍中,我们已经知道,资产负债表是反映企业在某一特定日期资产、负债、所有者权益及其相互关系的报表。本章我们将讨论资产负债表中的各具体项目分析。

3.1 流动资产项目分析

流动资产是指企业可以在一年或者超过一年的一个营业周期内变现或者运用的各项资产。在我国的资产负债表上,按照流动性程度的高低即变现能力的强弱,依次为货币资金、交易性金融资产、应收票据、应收账款、预付账款、应收利息、应收股利、其他应收款、存货、一年内到期的非流动资产和其他流动资产等。由于这些资产的流动性大，可供企业偿还到期债务，因此往往成为短期债权人衡量企业短期偿债能力的重要数据。

1. 货币资金

货币资金是指在企业生产经营过程中处于货币形态的那部分资金，反映企业库存现金、银行结算户存款、外埠存款、银行汇票存款、银行本票存款、信用证保证金存款、信用卡存款、存出投资款等货币资金的数额。它是企业中最活跃的资金，流动性强，是企业的重要支付手段和流通手段，因而是流动资产分析的重点。

(1)货币资金规模分析

为维持企业经营活动的正常运转，企业必须保有一定的货币资金余额。一个企业的货币资金越多，说明该企业的支付能力、财务弹性和财务适应能力越强，但也说明货币资金的盈利性较差；如果货币资金过多，也会导致资金的闲置，影响货币资金的使用效率。因此，企业应根据自身实际情况确定和保持一个合理的货币资金持有数量，一般来说，决定企业资金规模的因素有以下几个方面：

①企业的资产规模、业务规模。一般而言，企业资产总额越大，相应的货币资金规模也越大；业务越频繁，处于货币资金形态的资产也会越多。

②企业筹集资金的能力。企业信誉好，向银行借款或发行股票、债券都会比较顺利，企业就可以适当减少持有的货币资金数量。

③企业对货币资金的运用能力。货币资金的运用也存在“效率”与“效益”的问题。企业运用货币资金的能力越强，即善于利用货币资金从事其他经营或投资活动，资金在公司内部周转越快，企业的获利水平也有可能提高。因此，企业没有必要保留过多的货币资金。

④企业的行业特点。企业的行业特点也制约着货币资金规模，对于不同行业的企业，合理的货币资金规模会有所差异。

案例3-1

东方电子的银行存款

东方电子于1997年1月21日发行1 720万股社会公众股在深交所挂牌上市。上市伊始就开始了业绩造假。1997年上市前夕，董事长兼总经理隋元柏、董事兼副总经理高峰等就认为它盘子小，流动性强，具有较大的升值空间，炒作自己公司的股票稳赚不赔。

1997年1月20日上市前一天，隋元柏指示财务人员将东方电子自有资金5 000多万元转入了该公司掌控的44个账户中，1月24日，即上市流通的第二个交易日，买入200多万股，耗资近5 000万元，该股票于当年11月底抛出，获利5 000多万元，全部计入了主营业务收入，为当年大比例分红送股打下基础。上市后，为提高经营业绩和企业形象，东方电子利用该公司掌控的大量内部职工股，将内部职工股出售，再将出售后的收入包装成主营业务利润，利润上市和股本的扩张会刺激股价的上涨和股票数量的增加，又为公司业绩的增长提供了基础，形成所谓的“良性循环”。

东方电子先后利用卖出本公司一部分个人原始股所套现的资金和投入公司资金来买卖本公司股票，总计违法交易金额高达50多亿元。同时，他们把炒股的收益通过虚开销售发票、伪造销售合同等手段，伪装成“主营业务收入”，后经证监会核查金额为10.39亿元。

东方电子舞弊案和其他上市公司舞弊案的不同之处在于它有真实的现金流入，而不是凭空的画饼充饥。其实，1999年和2000年，东方电子期末巨额的货币资金余额已经给投资者发出了警示。这两年货币资金的余额分别是6.92亿元和8.94亿元，占资产总额的比重分别是53.56%和48.99%。对于一个主营电子及通信设备的上市公司来说，持有如此高额、高比例的货币资金是不正常的，这些货币资金很可能已经被质押或被占用。

(2)货币资金最佳持有量分析

企业的货币资金不是越多越好，应该根据自身实际情况的变化，保持合理的资金持有量。

判断一个企业的货币资金持有量是否合理，首先要看它是否满足交易性动机，即是否能够满足企业正常生产经营活动的支出。其次看它是否能满足预防性动机，即应付市场变化的能力。在满足了上述两个需求后，若仍有多余货币，则可考虑进行短期投资，购买证券进行增值。

货币资金中的现金，主要是用于日常零星开支，根据现金管理条例规定，现金实行限额管理，其限额一般不超过3～5天的日常零星开支。货币资金中其他货币资金部分是为当前必须交易结算而准备的，故无需制定其额度。货币资金中的银行存款占用的数额较大，是确定货币资金持有量的重点。银行存款结存多少比较适宜，主要取决于近期需支付货币资金的需要量与结存量是否相近。如果相近，则说明货币资金的持有量就是最佳持有量。

更加精确的货币资金持有量的定量分析，可以利用现金周转期方法、因素模式方法、存货模式方法、随机模式方法等来确定。

(3)货币资金变动原因分析

企业货币资金的增减变动，可能受以下因素影响：

①销售规模的变动。企业销售规模发生变动，货币资金规模也会随之发生变动，二者之间具有一定的相关性。

② 信用政策的变动。如果企业采用严格的信用政策，提高现销比例，可能会导致货币资金规模提高；反之，企业若采用宽松的信用政策，可能会导致货币资金规模降低。

③ 为支出大笔现金做准备。企业若准备派发现金股利，偿还将要到期的巨额银行借款，或集中购货等，都会增加企业的货币资金规模。但是这种需要是暂时的，货币资金规模会随着企业现金的支出而降低。

案例3-2

货币资金比重变化的信号

1999年12月24日，申能股份发布公告，宣布成功回购其大股东——申能(集团)有限公司的国有法人股10亿股。这是我国证券市场中第二起回购交易。需要支付的25.1亿元现金不是一个小数目，但申能股份早有准备，全部使用公司自有资金并采取分期付款的方式以现金支付，2000年6月30日前分三笔付清。看一看1994～2001年的资产负债表，1994、1995、1996、1997年12月31日的货币资金分别是1.5亿元、2.3亿元、2.6亿元、5.7亿元，到了1998年12月31日的货币资金达到14.7亿元，随后1999、2000、2001年12月31日的货币资金分别是9.2亿元、5亿元、8.3亿元。1994～2001各年12月31日的总资产分别是71.4亿元、85.6亿元、99.1亿元、98.7亿元、107亿元、124亿元、99.2亿元、99.1亿元。从

1994 年到 1997 年末货币资金占总资产的比例为 2.2%～5.8%之间，1998 年末此比例为 13.8%，后 1999～2003 年降为 5.1%～9.0%。也就是说，在 1998 年底的货币资金绝对数额及其占总资产比重显著超过满足正常交易的比例，申能股份的超额储备现金正是为了股份回购。

因此，通过分析企业货币资金占总资产的比重及其变化趋势，可以在一定程度上预测企业未来的财务行为。

看一看其他企业的财务报表，找出货币资金发生巨大变化的时点，预测一下企业可能的变化，再看看后来您的预测是否真的发生了。

(4)货币资金周转速度分析

货币资金周转速度分析是通过计算货币资金周转率指标来进行的。货币资金周转率是每期实际收到的销售款与期初和期末的平均货币资金持有量的比率，反映货币资金的使用效率。其计算公式为

$$\text{货币资金周转率}=\frac{\text{每期实际收到的销售款}}{\text{平均货币资金持有量}} \tag{3-1}$$

从公式可以看出，企业要提高货币资金使用效率，有两个途径：一是扩大销售，加快收取货款；二是充分利用闲置资金，降低货币资金持有量。

2. 交易性金融资产

交易性金融资产是新会计准则新设的报表项目，指企业为交易的目的所持有的公允价值记账的债券投资、股票投资、基金投资等金融资产。按照我国有关规定，交易性金融资产应当符合两个条件：能够在公开市场交易并且有明确市价；作为剩余资金的存放形式，应保持其流动性和获利性。在进行交易性金融资产分析时，应从以下几个方面进行：

(1)关注交易性金融资产的目的性与报表金额的特点。因为交易性金融资产具有易变现、持有时间短、盈利与亏损难以把握等特点，因此，交易性金融资产在报表中的表现具有金额经常波动、投资收益与亏损易变等特点。

(2)分析交易性金融资产报表中的计价。交易性金融资产期末的计价采用公允价值计量，应分析其真实性。

(3)分析是否利用长期投资与交易性金融资产的划分来改善其流动比率。主要从交易性金融资产的数量和投资收益情况两方面来看。交易性金融资产具有数额经常波动的特点，跨年度不变且金额较为整齐的交易性金融资产极有可能是长期投资；交易性金融资产收益具有盈亏不定、笔数较多的特点，而长期投资收益一般具有固定性、业务笔数较少的特点。如果在应收投资收益的构成中出现异常情况，则有可能是企业将长期投资划为交易性金融资产以改善其流动比率。

(4)注意交易性金融资产的构成。企业的交易性金融资产包括从二级市场购入的股票、债券和基金等。债券和基金风险较小，股票风险较大。在资产的风险分析中应该注意交易性金融资产的构成，及时发现风险，予以防范。

3. 应收票据

应收票据是企业因销售商品、产品或提供劳务等所收到的商业汇票，包括银行承兑汇票和商业承兑汇票。在应收票据到期前，企业若出现资金短缺，可以持未到期的应收票据背书(持票人在票据的背面签字)后向银行或其他金融机构办理贴现，即扣除一定的利息后换成

现金。如果在应收票据到期后,承兑方无法偿还,则银行将把商业汇票退回申请贴现的企业,同时从其账户中将票款划回。对企业而言,应收票据贴现存在着潜在的债务。

资产负债表中的“应收票据”项目是扣除了已经贴现的定额应收票据后的金额,这种可能发生的负债也要在财务报表的附注中反映,并注明应收票据是否已经贴现等具体情况。因此,对应收票据的分析主要是将其和会计报表附注联系起来,了解企业是否存在已贴现的商业汇票,是否会因此而影响企业将来的偿债情况。

4. 应收账款

应收账款是企业因销售商品、产品或提供劳务等,应向购货单位或接受劳务单位收取的款项。就其性质来讲,应收账款是企业的一项资金垫支,是为了扩大销售和增加盈利而发生的。它不会给企业带来直接利益,占用数额过大,不仅会造成机会成本、坏账损失和收账费用的增加,又会使存货及其他资产可用资金减少,使企业失去取得收益的机会。因此,应收账款在流动资产中所占比重不能过大,应保持一个合理的水平,使之既要保证企业扩大销售的需要,又要减少占用数额。对应收账款的分析,应从以下几个方面进行:

(1)应收账款规模分析

影响企业应收账款规模的因素主要有:

① 企业的经营方式及所处的行业特点

对大多数企业来说,可以采用预收、现销或赊销等方式营销自己的产品或劳务。因此,应收账款的债权规模与企业的经营方式和所处行业有直接联系。处于商业行业的零售企业,相当一部分业务是现金销售,因而其应收账款较少;而相当一部分工业企业,则往往采用赊销方式,应收账款就较多。

② 企业的信用政策

企业赊销商品,就是向购买方提供了商业信用。企业的信用政策对应收账款规模有直接影响。企业放松信用政策,将会刺激销售,增加应收账款;紧缩信用政策,将会制约销售,减少应收账款。

(2)应收账款质量分析

对于应收账款应从四个方面进行质量分析:

①应收账款的账龄分析,即对客户所欠款项的时间长短及发生坏账的可能性进行分析。为企业制定和调整信用政策、组织和催收应收账款提供依据。

②应收账款的债务人构成分析。应收账款作为企业的一项债权,赊销的各购货方就是企业应收账款的债务人。其构成从三方面分析:一是从债务人的区域构成来看。经济发展水平较高、法制条件较好的地区,债务人具有较好的债务偿还心态和能力,债权可收回性强;反之,债务人的还款能力较差。二是从债权人与债务人的关联关系来看。债权人对非关联方债务人的债务求偿的主动性较强,回收的可能性大;由于关联方彼此之间在债权、债务方面可能存在人为的操纵,债权人对关联方债务人的债务偿还性较差,分析时应予以足够的重视。三是从债务人的稳定程度来分析。具有稳定往来关系的债务人的偿债能力一般较好把握,而临时性或不稳定的债务人的偿债能力一般较难把握。

③密切关注长期挂账的应收账款。应收账款作为流动资产的一个主要项目,一般应于一年内收回。但在实际业务中,许多企业将已无望收回的应收账款长期挂账,甚至个别企业将一些违规行为(如抽逃注册资金等)隐蔽于应收账款之中。分析时一定要注意是否有此类

现象发生，以防止潜在亏损风险的发生。

④注意企业是否有利用应收账款调节利润的行为。首先应特别注意企业会计期末突发性产生的与应收账款相对应的营业收入。如果一个企业全年的营业收入1～11月各月份都较为平均，而唯独12月份营业收入猛增，且大部分是通过应收账款产生的，则对此应进行深入分析。如果企业确实有操纵利润的行为，应将通过应收账款产生的营业收入剔除，同时调整应收账款账面余额；其次，要特别关注关联企业之间的业务来往，观察是否存在通过关联企业的交易操纵利润的现象。如果有，则应予以调整。

(3)坏账准备分析

①分析坏账准备的计提范围、提取方法、提取比例的合理性，这是分析坏账准备项目的关键。因为新的《企业会计制度》规定，企业可以自行确定计提坏账准备的方法，这样就会导致一些企业出于某种动机，随意选择坏账准备的计提范围、提取方法、提取比例，其结果不是少提就是多提坏账准备，从而虚增或虚减应收账款净额，进而影响利润。

②注意比较企业前后会计期间坏账准备的计提方法是否改变。因为新的《企业会计制度》规定，企业坏账准备的计提方法一经确定，不得随意变更。企业随意变更坏账准备计提方法，往往隐藏着一些不可告人的目的。因此，财务分析人员遇到这种情形，首先应查明企业在会计报表附注中是否对坏账准备计提方法的变更予以说明；其次分析企业的这种变更是否具有合理因素，是正常的会计政策变更，还是为了调节利润而变更；最后对不合理因素所引起的会计信息失真问题进行调整与更正。

5. 预付账款

预付账款是指企业按照购货合同的规定，预先支付给供货单位的款项，是企业的一项特殊的流动资产，体现的是一种普通的商业信用和资金的无偿占用。因此，预付账款越少越好。预付账款与应收账款一样，也是企业的一种债权，二者的区别在于：应收账款通过收回货币资金实现其债权；预付账款通过收回货物实现其债权。

一般来说，在买方市场环境中，多数商品、材料供不应求，企业为了保证生产经营活动的顺利开展，预付账款发生的可能性大；反之，预付账款发生的可能性小。因此，在进行预付账款分析时，应结合市场环境分析。另外，还要分析对方单位的性质、商业信誉和实力等方面，以防止货款虽付，却长期收不到货物的现象，使企业风险增大。

6. 应收利息

本项目反映企业因债权投资而应收取的利息，主要是债券投资。对于企业购入分期付息、到期还本的债券，以及应取得的分期付息的其他长期债权投资计提的利息，都在本项目反映。而对于购入的到期还本付息的债权性投资的利息，不在本项目反映。对于应收利息的分析，信息使用者应从数额大小、账龄长短来分析判断其收回的可能性。

7. 应收股利

应收股利是反映企业因股权投资而应收取的现金股利，企业应收其他单位的利润分配，也在本项目反映。由于此项目是在被投资企业宣告发放股利和应分得利润后形成的债权，因此应收股利的变现能力也很强。

8. 其他应收款

其他应收款是指企业除应收票据、应收账款、预付账款以外的其他各种应收、暂付款项，是企业发生的非购销活动的应收债权，包括企业应收的各种赔款、罚款、应收出租包装物租金、存出保证金(如租入包装物的支付押金)、备用金(向企业各职能科室、车间等拨出的备用金)以及应向职工收取的各种垫付款项等。

一般地,如果企业生产经营活动正常,其他应收款数额不应过大。另外,其他应收款也有可能隐含企业的违规行为,如非法拆借资金、给个人的销售回扣、抽逃注册资金等。因而分析其他应收款时,最主要的是观察其他应收款的增减变动趋势。如果企业的其他应收款余额过大,甚至超过应收账款,就应注意分析是否存在操纵利润的现象。若其他应收款过大,长期挂账,属于不正常的现象,容易产生一些不明原因的占用。

9. 存货

存货是指企业日常生产经营活动中持有以备出售,或者仍然处在生产过程,或者在生产或提供劳务过程中将消耗的材料或物料等,包括各类材料、商品、在产品、半成品、产成品等。存货是企业收益形成的直接基础或直接来源,占流动资产比重较大。加强对存货的分析,对加速存货资金周转、减少存货资金占用、提高收益率有着十分重要的意义。对存货的分析,应从以下几个方面进行:

(1)存货计价分析

在资产负债表中,存货的账面价值是以实际成本反映的。这样,在日常核算中,由于物价变动,同类存货的进价成本就有可能不同。在计算耗用成本或销售成本时,就要采用一定的计价方法进行核算。按现行制度规定,企业发出存货,可以采用先进先出法、加权平均法、移动平均法、个别计价法等确定成本。存货发出采用不同的计价方法,对企业财务状况、盈亏情况会产生不同的影响,主要表现在以下三个方面:

①存货计价对企业损益的影响。期末存货如果计价过低,减少当期的收益;期末存货如果计价过高,增加当期收益。因此,分析存货时,应分析企业是否有利用改变存货计价方法,调节利润的现象。

②存货计价对于资产负债表有关项目的影响。存货计价方法直接影响流动资产总额、所有者权益等项目,分析时应引起重视。

③存货计价方法对所得税的影响。不同的计价方法,结转的当期销售成本不同,影响当期应纳税所得额,从而影响当期应纳所得税。因此,在进行存货项目分析时,要对企业会计报表附注中揭示的会计政策特别关注。

案例3-3

南洋实业的存货计价方法

南洋实业的1997年报显示,由于发出存货的计价方法由原来的加权平均法改为先进先出法,公司的销售毛利率由1996年的17.6%上升到1997年的18.9%。由于销售毛利率的变化,使得公司1997年的主业利润增加了2 474万元。

(2)存货结构分析

存货结构是指材料、在产品、产成品占存货的比例。正常情况下,存货结构应保持相对稳定。一般在制造业中,材料存货、在产品存货所占的比重应大些,而产成品存货的比重则尽可能小些。分析时,如发现存货比重变化较大,则应进一步查明原因。

(3)存货规模分析

存货是企业生产经营的前提和条件，存货量不足，就无法满足企业的正常生产经营需要，影响企业的经济效益；而且如果存货过少，虽然存货的储存成本减少，但为了保证正常的生产经营需要，企业要增加订购次数，就增加了相应的订购成本。

与其他流动资产项目相比，存货的流动性较差，影响企业的资金周转。存货过多将导致存货在流动资产中所占的比重过大，使流动资产总体的流动性下降，从而影响企业的短期偿债能力；存货过多还会增加存货的储存成本，包括保险费用、仓库租赁费、变质损失费和处置费等。

因此，企业应从生产经营的实际需要出发，采用科学的方法，确定合理的存货规模。可以采用经济订货量模型进行存货管理，即在保证生产需要的前提下，使存货总成本达到最低的订购数量。其计算公式为

$$Q=\sqrt{\frac{2DK}{C}} \tag{3-2}$$

$$T=\sqrt{2DKC} \tag{3-3}$$

其中，Q 为经济订货量，T 为最低年存货总成本，D 为存货年总需要量，K 为每次订货成本，C 为单位储存成本。

(4)存货的库存周期分析

存货库存周期的长短也会影响存货的流动性和质量，存货周期长的商品自然会使存货的变现能力降低。因此，在对存货进行分析时，必须考核存货的周转速度，并结合企业的行业特点、企业的生产经营情况进行。

3.2 非流动资产项目分析

非流动资产，指变现速度慢、价值分多次转移的资产，具体是指流动资产以外的所有资产，主要包括可供出售金融资产、持有至到期投资、长期股权投资、投资性房地产、固定资产、在建工程、无形资产和长期待摊费用等。

1. 可供出售金融资产

可供出售金融资产，是指初始确认时即被认定为可供出售的非衍生金融资产，以及除下列各类资产以外的金融资产：贷款和应收账款；持有至到期投资；以公允价值计量且其变动计入当期损益的金融资产。因此，企业购入的在活跃市场上有报价的股票、债权和基金等，如果不打算随时变现，而是意欲长期持有，则可以划分为可供出售金融资产。

可供出售金融资产是以公允价值计价的，公允价值与账面的差额，计入“资本公积”账户，而不计入当期损益（这与交易性金融资产的会计处理是不同的）。因此，在对可供出售金融资产进行分析时，首先要判断其分类是否正确，是否符合有关金融资产的确认标准，然后再看其会计处理是否正确。特别要注意是否存在为了粉饰业绩将持有的可供出售金融资产的公允价值变动损益直接确认为损益，计入利润表的行为。

2. 持有至到期投资

持有至到期投资是指到期日固定，回收金额固定，且企业有明确意图和能力持有至到期的非衍生金融资产。包括企业持有的在活跃市场上有公开报价的国债、企业债券、金融债券等。与可供出售金融资产相比，持有至到期投资风险较小，稳定性较高。对持有至到期投资

的分析，主要从以下几个方面进行：

(1)持有至到期投资的债务人构成分析

对持有至到期投资而言，虽然投资者按照约定，将定期收取利息、到期收回本金，但是债务人能否定期支付利息、到期偿还本金，取决于债务人在需要偿还的时点是否有足够的现金。因此，要对持有至到期投资债务人的构成进行分析。然后，在此基础上，对债务人的具体偿债能力做进一步分析。

(2)持有至到期投资的收益分析

首先，根据当时的金融市场情况，判断投资的回报水平，即投资收益率的高低。一般而言，持有至到期投资的收益率应高于同期银行存款利率。其次，要对利润表中持有至到期投资的收益与现金流量表中因利息收入而收到的现金之间的差异进行分析。持有至到期投资的投资收益是按照权责发生制原则确定的，并不与现金流量相对应。债权投资收益产生的现金流入量将在现金流量表中以取得利息收入产生的现金流量相对应的项目出现。大多数情况下，投资收益的确认都先于利息的收取，由此会导致投资收益与现金流入的不一致。

(3)持有至到期投资的减值准备分析

持有至到期投资可能会发生减值，应当计提减值准备。计提持有至到期投资减值准备，不仅会导致持有至到期投资账面价值的减少，而且会影响当期的利润总额。因此，一些企业可能出于某种不良动机，通过少提或多提减值准备来达到虚增或虚减持有至到期投资账面价值和利润的目的。对已计提减值准备的持有至到期投资在以后的会计期间价值又得以恢复的，原确认的减值损失应当予以转回，增加当期利润。对此，要特别警惕企业是否存在利用持有至到期投资减值准备的计提和转回人为操纵利润的情形。

3. 长期股权投资

长期股权投资是指企业持有的不能或不准备在一年内变现的股权投资。企业进行长期股权投资的目的多种多样，有的是为了保持被投资企业的控制权，有的是为了通过多元化经营来降低经营风险、稳定经营收益，有的是为了建立和维持与被投资企业之间稳定的业务关系，有的是为将来某些特定目的积累资金。

长期股权投资一般占用的资金时间长，数额大，对企业资金结构和经济效益影响较大。因此，对长期股权投资的分析重点在于长期股权投资的合理性和效益性。对长期股权投资的分析，一般从以下几个方面进行：

(1)长期股权投资方案合理性分析

长期股权投资对象多选择盈利能力较强并有发展前景的投资项目。长期股权投资方案合理与否，关键要看项目是否有较高的收益，是否可以分散风险，安全性如何。另外，还要看企业的投资行为是否符合法律要求。我国现行法律规定，除投资公司外，其他企业对外投资不得超过其净资产的50%。企业当年更新改造任务较重时，不得对外投资。

(2)长期股权投资会计核算方法分析

长期股权投资的核算方法有权益法和成本法，选择标准在于投资企业对被投资单位是否能够实施控制、是否具有共同控制或重大影响。下列长期股权投资的核算采用成本法：投资企业能够对被投资单位实施控制的长期股权投资；投资企业对被投资单位不具有共同控制或重大影响，且在活跃市场中没有报价、公允价值不能可靠计量的权益性投资。而投资企业对被投资单位具有共同控制或重大影响的长期股权投资，应采用权益法。

在成本法下，长期股权投资始终保持原始投资金额，实际收到被投资单位分配的股利时，要作为投资收益；在权益法下，长期股权投资的金额随着被投资单位的盈利或亏损的变化而变化，而实际收到的股利将用来冲减长期股权投资，这样，投资企业在被投资单位的长期股权投资比例就会始终保持不变。

因此，采用不同的核算方法，对利润的影响是不同的。有些企业就利用这一点，任意改变长期股权的核算方法，以调节利润。在对长期股权进行分析时，要确认长期股权投资的核算方法选择是否恰当。

(3)长期股权投资减值准备分析

对长期股权投资减值准备的分析，主要是审核长期股权投资减值准备是否计提以及计提是否合理。新会计准则规定，长期股权投资减值损失一经确认，在以后的会计期间不得转回。计提长期股权投资减值准备，不但会导致长期股权投资账面价值的减少，而且会影响当期的利润总额。因此，一些企业往往通过少提或者不提长期股权投资减值准备，来达到虚增长期股权投资账面价值和虚增利润的目的。分析时，应对这种现象提高警惕。

4. 投资性房地产

新会计准则规定，投资性房地产是指为了赚取租金或资本增值，或两者兼有，而持有的房地产(这里强调的是持有目的)。投资性房地产采用成本模式或公允模式计量，但以成本模式为主导，只有满足特定情况下才能采用公允价值模式进行计量，如企业有确凿证据表明其投资性房地产的公允价值能够持续可靠取得。此处需要注意的是，对已采用公允价值模式计量的投资性房地产，不得再从公允价值模式转为成本模式。同一企业通常只能采用一种模式对所有的投资性房地产进行后续计量，不能同时采用两种模式。报表使用者要对企业投资性房地产的公允价值认定多加注意，防止企业利用公允价值操纵利润。

5. 固定资产

固定资产是指使用寿命超过一年，为生产商品、提供劳务、出租或经营管理而持有的有形资产。企业的固定资产占用资金数额大，资金周转时间长，是资产管理的重点。对固定资产的分析，可从以下几个方面进行：

(1)固定资产规模分析

固定资产的规模必须和企业生产经营的总体规模相适应，企业应根据生产经营的计划任务，核定固定资产需用量，添置新设备及扩大固定资产规模。同时，在此基础上合理配置固定资产和流动资产，和流动资产保持一定的比例关系。并还应将本企业固定资产规模与同类企业相比，看是否存在较大的差距。如果企业固定资产规模小于同类企业的规模，则表明企业生产能力较弱。另外，企业的固定资产规模还与当前所处经济发展的时期相关，不同的经济发展时期，企业固定资产具有不同的规模特征。

(2)固定资产结构分析

合理配置固定资产，可以在不增加固定资金占用量的同时提高企业生产能力，还可以使固定资产得到充分利用。按固定资产经济用途情况，可分为生产用固定资产、非生产用固定资产、未使用和不需用固定资产等。生产用固定资产，特别是其中的机器设备，同企业生产经营直接相关，在全部资产中占较大的比重；非生产用固定资产与生产经营间接相关。通常生产用固定资产所占比重越大，说明企业固定资产的质量越高。因此，固定资产增长应遵循优先增长生产用固定资产的原则。未使用和不需用固定资产会降低资产的使用效率，对这类固定资产的数量应该降到最低的限度。

(3)固定资产折旧分析

影响固定资产折旧的因素有固定资产预计使用年限、预计净残值和固定资产折旧方法。分析时，首先，应注意固定资产预计使用年限和预计净残值的估计是否符合国家有关规定，是否符合企业的实际情况。因为固定资产预计使用年限的长短和预计净残值的大小，会影响折旧费用的高低，从而影响企业损益。若固定资产预计使用年限和预计净残值不符合企业的实际情况和制度规定，将导致会计信息失真。因此，报表使用者在分析时应持谨慎态度，并予以调整。其次，分析企业固定资产折旧方法的合理性。企业会计准则规定，企业应当根据科技发展、环境及其他因素，选择合理的折旧方法，且折旧方法一经确定不能随意改动，除非企业的经营环境发生变化。分析时应观察企业的固定资产折旧政策前后是否一致，注意企业是否存在利用改变折旧方法来达到调整固定资产净值和利润的现象。固定资产预计使用年限和预计净残值、折旧方法等一经确定，不得随意变更，企业变更固定资产折旧方法，可能隐藏一些不可告人的动机。

(4)固定资产减值分析

分析者在分析企业的固定资产减值时，要注意：企业对固定资产的使用目的，不是为了将其出售收回，而是在长期的使用过程中逐渐收回。因此，必须考虑固定资产在企业被利用的状态如何，如果固定资产能够按照既定的用途被企业利用，即使其市场价格已经低于账面价值，也不能认为企业的固定资产质量低劣。

新会计准则规定固定资产减值损失一经确认，在以后的会计期间不得转回。首次执行新准则的企业中，有些企业会大额转销资产减值准备，这些资产减值准备都是之前年度为了“蓄水”而计提的，由于新会计准则而不得不转回。这样，大量转回的资产减值准备就会使企业的当年利润大幅增加，但这并不是当期企业的实际经营成果，分析时一定要注意到这一点。

6. 在建工程

在建工程是指企业进行基建工程、安装工程、技术改造工程、大修理工程等所发生的实际支出，包括需要安装设备的价值。它反映了企业期末未完成工程的实际支出和尚未使用的工程物资的实际成本。在建工程占用的资金属于长期资金，会使大量资金沉淀，甚至造成企业资金周转困难。因此，分析该项目时，应结合工程的工期分析其占用的合理性。还应关注借款费用资本化问题，分析企业有无通过借款费用资本化来操纵利润的现象。

7. 无形资产

无形资产是指企业所控制的，能给企业带来经济利益的无实物形态的资产，包括工业产权(专利权、商标权等)、非专利技术、著作权、土地使用权等，不包括不能单独辨认的资产，如商誉。在分析无形资产时，应该从以下几个方面进行：

(1)无形资产规模分析

无形资产尽管没有实物形态，但随着科技进步特别是知识经济时代的到来，无形资产对企业生产经营活动的影响越来越大。企业拥有的无形资产越多，表明企业可持续发展能力和竞争能力就越强。但是需要注意的是，无形资产的贬值风险也是最高的。与有形资产相比，无形资产能够给企业带来经济利益的大小具有不确定性。一项取得成本很低的无形资产可能给企业带来很大的利益，而取得成本较高的无形资产则可能带来较小的利益。比如，一旦一项很高价值的专利技术被其他竞争企业掌握，那么这项专利可能瞬间就没有什么价值了。所以，企业中无形资产所占比重较大，企业资产“缩水”的风险就会增大。因此，应从技术变革、销售增长、利润增长与无形资产的相互关系上分析无形资产的适当规模，同时还要注意无形资产贬值的风险性。

(2)无形资产的确认分析

资产负债表中无形资产项目主要是企业从外部取得的无形资产，不能全面反映企业无形资产真实的价值和潜力。因此，分析时应阅读报表附注及其他有助于了解企业无形资产来源、性质等情况的说明，分析无形资产的确认是否符合新会计准则的确认条件，注意一些表外的无形资产。如果企业有不正常的无形资产增加，应关注是否是企业为了减少研究和开发支出对利润表的冲击而进行的一种会计处理。

(3)无形资产会计政策分析

无形资产会计政策分析主要指无形资产摊销和无形资产减值准备的分析。

无形资产摊销金额计算的正确与否，会影响无形资产价值的真实性。在分析无形资产时，应仔细审核无形资产摊销是否符合会计制度的有关规定，如无形资产摊销年限是否合理。此外，还应注意企业是否存在利用无形资产摊销调整利润的行为。

如果无形资产发生减值，需要计提减值准备，一旦提取无形资产减值准备就不允许冲回。因此，分析时一方面要注意企业是否按照企业会计制度规定计提了无形资产减值准备，另一方面还要注意无形资产减值准备计提的合理性。

8. 长期待摊费用

长期待摊费用是指企业已经支出，摊销期限在一年以上(不含一年)的各项费用，如开办费、经营租赁固定资产发生的改良支出等。长期待摊费用本质上是一种费用，并不是真正的资产，其核算的内容也是企业的一项已经支出的费用。它既不能变为现金，又不能用来偿债，其数额越大，表明企业的资产质量越差。因此，这类资产数额应当越少越好，占资产总额比重越低越好。

应该注意一些企业把本来不应该归属到长期待摊费用的费用也放进来，还应注意企业是否存在用长期待摊费用调节利润的现象。

3.3 负债项目分析

我国新颁布的《企业会计准则—基本准则》对负债的定义是：“负债是指企业过去的交易或事项形成的、预期会导致经济利益流出企业的现时义务。”这里的现时义务，是指企业在现行条件下已承担的义务。未来发生的交易或事项形成的义务不属于现时义务，不应当确认为负债。企业的负债按其偿还期的长短分为流动负债和非流动负债。

对负债项目的分析应注重两个方面：一是负债性质的分析，向外单位借入的款项，有明确的偿还期，到期必须偿还，具有法律上的强制性；而应付账款，大都没有明确的支付期，何时支付，支付多少，并不具有强制性。因此，企业应根据负债的性质及自身的支付能力，妥善安排好负债的支付，保护好企业自身的信用和形象。二是负债利息的分析，按照借款费用准则规定，企业负债利息费用有不同的处理，企业应根据规定合理核算，正确分析。

3.3.1 流动负债项目分析

流动负债是指将在一年内或超过一年的营业周期内偿还的债务。主要包括短期借款、交易性金融负债、应付票据、应付账款、预收账款、应付职工薪酬、应交税费、应付股利、应付利息、其他应付款、一年内到期的非流动负债和其他流动负债等项目。除短期借款和交易性金融负债以外,流动负债主要是在企业日常经营过程中自然产生的。流动负债在全部负债中的比重越高,说明企业当前还债的压力越大,理财和经营的风险就越大。

1. 短期借款

短期借款是指企业从银行或其他单位借入的期限在一年以内的各种借款。短期借款是为了满足日常生产经营的短期资金需要而举借的,其利息费用作为企业的财务费用,计入当期损益。一定数量的短期借款是经营所必需的,但如果数量太大,超出企业的偿债能力,就会对企业的持续发展带来不利影响。短期借款数量的多少往往取决于企业生产经营和业务活动对流动资金的需要量、现有流动资金的沉淀和短缺情况等。短期借款适度与否,可以根据流动负债的总量、目前的现金流量状况和对未来一年内的现金流量预期来确定。分析者应结合短期借款的使用情况以及使用效果进行分析。在一个现金流量情况较差的企业里,过高的短期借款将会增加企业的财务风险。

2. 交易性金融负债

金融负债是负债的组成部分,主要包括短期借款、应付票据、应付债权、长期借款等。当金融负债符合以下条件之一时,企业应将其划分为交易性金融负债:承担金融负债的目的,主要是为了近期内出售或回购;属于进行集中管理的可辨认金融工具组合的一部分,且有客观证据表明企业近期采用短期获利方式对该组合进行管理;属于衍生金融工具。

企业公允价值能够可靠计量的金融负债符合以下条件之一的,可以在初始确认时将其直接指定为交易性金融负债:该指定可以消除或明显减少该金融负债在计量方面存在较大不一致的情况;企业风险管理或投资策略的书面文件已载明,该金融负债以公允价值为基础进行管理和评价并向关键管理人员报告。

3. 应付票据

应付票据是由出票人出票,委托付款人在指定日期无条件支付特定的金额给收款人或者持票人的票据。它是企业因赊销交易而签发的允许在不超过一年的期限内按票据上规定的日期支付一定金额的银行承兑汇票或商业承兑汇票。

商业承兑汇票如果不能如期支付,应在票据到期时,将应付票据账面价值转入应付账款,待协商后再行处理。如果重新签发新的票据以清偿原来的应付票据,应再从应付账款转入应付票据。

银行承兑汇票如果不能如期支付,承兑银行除凭票向持票人无条件付款外,对出票人尚未支付的汇票金额转作为短期贷款处理。企业无力支付到期银行承兑汇票,在接到银行转来的“××号汇票无款支付转入逾期贷款户”等有关凭证时,应将此应付票据转作短期借款。

4. 应付账款

应付账款是指企业因赊购原材料等物资或接受劳务供应等而发生的债务。它是购进商品或接受劳务等业务发生时间与支付货款在时间上不一致造成的。一般来说,应付账款入账时间的确定,以所购买物资所有权已经转移到企业或企业已经接受劳务为标志。且应付账款一般按应付金额入账，而不按到期应付金额的现值入账。如果在形成一笔应付账款时是带有现金折扣的，享有的现金折扣则冲减当期的财务费用。在市场经济条件下，应付账款的发生是正常的，但如果超过信用期的数额太大且时间太长，则体现企业的信用观念较差，存在严重拖欠情况。

5. 预收账款

预收账款是指企业商品销售尚未发生或劳务尚未提供，而向购货方收取的货款或定金。例如，收到销货订单时同时收取的保证金、预收报纸杂志的订费、预收商品包装物上的押金、长期建筑合同开出发票超过成本部分的金额等。它需要在收款后一年或长于一年的一个营业周期内用约定的商品、劳务或出租资产来抵偿。

在实际工作中，一些企业违反会计制度，往往利用预收账款项目调整企业的当期损益，逃避税收。如，企业在完成销售或收到货款后，为逃税而不做收入处理，将其挂入预收账款之中，对此，应严加关注和防范。

6. 应付职工薪酬

应付职工薪酬，是指企业一年内为获得职工提供的服务而应支付给职工的各种形式的报酬以及其他相关支出。具体包括：职工工资、奖金、津贴和补贴，职工福利费，医疗保险费、养老保险费、失业保险费、工商保险费和剩余保险费等社会保险，住房公积金，工会经费和职工教育经费，非货币性福利，因解除与职工的劳动关系给予的补偿，等等。

在分析应付职工薪酬时，应注意企业是否通过该项目来调节利润，要警惕企业利用不合理的预提方式提前确认费用和负债，从而达到隐瞒利润、少缴税款的目的。如果企业应付职工薪酬余额过大，尤其是期末数比期初数增加过大，则可能意味着企业存在拖欠职工薪酬的情况，就表明企业的信誉不良或者是资金周转出现了困难。

7. 应交税费

企业在一定时期内取得的营业收入和实现的利润或发生特定经营行为，要按照规定向国家交纳各种税金，且这些税金应按照权责发生制的原则确认。这些应交的税金在尚未交纳之前，形成企业的一项负债，包括增值税、消费税、营业税、资源税、土地增值税、房产税、城镇土地使用税、印花税、城市维护建设税、所得税、耕地占用税等。应交税费是企业应向国家和社会承担的义务，具有较强的约束力。

应交税费所涉及的税种和费用项目较多，因此，在分析此项目时，要首先了解欠税的内容，有针对性地分析企业欠税的原因。如果该项目的金额过多，说明该企业可能存在拖欠国家税款的现象；如果该项目为负数，则表示为企业多交的应当退回给企业或由以后年度抵交的税金。

8. 应付股利

应付股利，是指企业经股东大会或类似机构审议批准分配的现金股利或利润。这些现金股利或利润，在实际支付前，形成企业的负债。一般情况下，现金股利的发放、支付应在下一会计年度内进行。因此，这部分已宣布用现金支付的股利在支付到股东手里之前，就构成了流动负债的一部分。需要注意的是，企业董事会或类似机构通过的利润分配方案中拟分配的现金股利或利润，不应确认为负债，但应在附注中披露。

企业能否向投资者分配利润，取决于企业拥有的可供分配利润的规模以及企业的现金支付能力。因此，应付股利的存在一定程度上说明企业的经营情况良好。

9. 应付利息

应付利息，是指企业按照合同约定支付的利息，包括分期付息到期还本的长期借款、企业债券等应支付的利息。如果企业的应付利息过多，并且期限过长，说明企业有拖欠利息的情况，这会影响企业的再贷款能力。

10. 其他应付款

其他应付款，是指企业除应付票据、应付账款、预收账款、应付职工薪酬、应付股利、应付利息、应交税费等以外的其他各项应付、暂收的款项，如包装物的租金、应付保险费、应付统筹退休金等。

总之，对流动负债进行分析时，应从以下几个方面进行：①分析流动负债项目的性质和数额，判断企业流动负债的来源渠道及其偿还的紧迫程度；②对流动负债的分析，要同企业的经营形式相联系，结合企业的采购政策、付款政策、股利分配政策等分析流动负债占用的合理性；③流动资产是一年内可变现为货币的资产项目，流动负债为一年内应清偿的负债责任。在任一时点上，两者的数量对比关系对企业的短期经营活动均产生十分重要的影响。因此，分析流动负债时，要同企业的流动资产构成相联系。

3.3.2 非流动负债项目分析

非流动负债是指偿还期在一年或超过一年的一个营业周期以上的债务。包括长期借款、应付债券、长期应付款、专项应付款、预计负债、递延所得税负债和其他非流动负债等项目。非流动负债的偿还期较长，受货币时间价值影响较大。与流动负债相比，非流动负债一样可以为企业提供日常经营活动所需的资金，暂时又没有还款的压力，对企业形成的财务风险相对较小。

1. 长期借款

长期借款，是指企业向银行或其他金融机构借入的期限在一年以上（不含一年）的借款。长期借款在使用上有较多的限制，长期借款一般用于企业的固定资产购建、固定资产改扩建工程、固定资产大修理工程以及流动资产的正常需要等方面。长期借款按其偿还方式不同，可分为定期偿还的长期借款和分期偿还的长期借款。前者是指在规定的借款到期日一次还清借款；后者是指在借款期限内，分期偿还本息，至到期日全部还清。

会计核算上，长期借款的应计未付的利息，也记入长期借款。因此，资产负债表中长期借款项目反映的是企业尚未归还的长期借款本金和利息。分析时，应关注长期借款的数额、增减变动，以及长期借款是否按借款协议规定的用途使用、归还等问题。

2. 应付债券

应付债券，是指企业为筹集长期资金而发行的偿还期在一年以上的债券。不论企业债券是溢价还是折价发行，应付债券均以实际收到的款项入账。在债券存续期间，企业还要分期计提或支付债券利息。同时，也需对债券折价或溢价分期进行摊销，折价摊销转为利息费用，溢价摊销冲减利息费用。因此，在资产负债表中，应付债券项目反映的是企业应付债券期末的摊余价值（不一定等于面值）和应付债券应计未付利息的总额。

相对于长期借款而言，发行债券需要经过一定的法定程序，但对款项的使用没有过多的限制和约束。分析时，应对企业应付债券的数额、增减变动及其对企业财务状况的影响予以足够的重视。

3. 长期应付款

长期应付款是企业还没有偿还的除长期借款和应付债券以外的其他各种长期负债，包括应付融资租入固定资产的租赁费、以分期付款方式购入固定资产发生的应付款等。相对而言，这部分负债的风险较小。

(1)融资租入固定资产的租赁费。企业采用融资租赁方式租入的固定资产，应在租赁期开始日，将租赁开始日租赁资产公允价值与最低租赁付款额现值两者中较低者，加上初始直接费用，作为租入资产的入账价值，按最低租赁付款额，记入长期应付款。

(2)以分期付款方式购入固定资产发生的应付款。企业购买资产有可能延期支付有关价款。如果延期支付的购买价款超过正常信用条件，实质上具有融资性质，所购资产的成本应当以延期支付购买价款的现值为基础确定。实际支付的价款与购买价款的现值之间的差额，应当在信用期间内采用实际利率法进行摊销，计入相关资产成本或当期损益。

4. 专项应付款

专项应付款，指企业收到的由政府作为企业所有者投入的具有专项或特定用途的款项。企业在收到该款项时将其作为负债，当投资建造的工程项目完工以后形成长期资产时，专项应付款转入所有者权益中的资本公积项目。可见，专项应付款实质上并不是一项真正的负债，因为企业一般不需要偿还，它最终形成的是所有者权益，且能够获得国家专项或特定用途的拨款往往意味着企业获得了国家的政策支持。所以，专项应付款可以看作是一项良性负债，其数额越大，意味着未来净资产会有较大增加。进行报表分析时，应考虑到这一点。

5. 预计负债

预计负债是因或有事项而确认的负债。或有事项是指过去的交易或事项形成的，其结果须由某些未来事项的发生或不发生才能决定的不确定事项。企业的预计负债主要包括以下几种：

(1)担保。此类负债包括为其他企业等单位提供的贷款担保和为自己的产品提供的产品或服务担保或承诺。前者负债是否发生，取决于被担保者在其付款期满时能否付清其债务。如果被担保者在贷款到期时不能清偿其债务，担保企业就要代被担保者清偿债务。此时预计负债就成了实际负债。反之，企业的预计负债将不会转化成实际负债。后者负债是否发生，则取决于在质量担保期内企业售出的产品或提供的劳务是否出现质量问题。如果出现质量问题，企业的预计负债转化为实际负债。

(2)未决诉讼。企业的诉讼有时会经历较长时间。当诉讼跨会计年度时，这种未决诉讼就成为企业的一项或有事项。当诉讼失败，预计负债转化为实际负债。

(3)应收票据贴现。票据贴现是企业以转让票据的办法从银行或金融公司获取借款的一种方式。如果在票据到期日，出票人或付款人不能如数付款，企业作为票据的背书人负有连带的代为偿还的责任。实际上就是企业所持票据向银行贴现后，就要承担预计负债的责任。

6. 递延所得税负债

递延所得税负债产生的原因与递延所得税资产项目相同，都是在采用资产负债表债务法核算所得税时产生的。应纳税暂时性差异在转回期间将增加未来期间的应纳税所得额和应交所得税，导致企业经济利益的流出，从其发生当期看，构成企业应付税金的义务，应作为递延所得税负债确认。

除《企业会计准则》中明确规定可以不确认递延所得税负债的情况外，企业对于所有的应纳税暂时性差异均应确认相关的递延所得税负债。除直接计入所有者权益的交易或事项以及企业合并外，在确认递延所得税负债的同时，应增加利润表中的所得税费用。

非流动负债是企业长期资产占用资金的主要来源，也是企业生产经营所需长期资金的重要保证。与流动负债相比，非流动负债偿还压力和风险小。因此，企业应在负债结构确定上考虑负债长期化和多元化的问题。此外，分析时还应关注企业长期负债的增长与经济效益之间的关系。如果在企业长期负债增长的同时，经济效益以及实现的利润明显提高，说明企业负债经营的策略正确，财务状况发展良好。

3.4 所有者权益项目分析

所有者权益是指企业资产扣除负债后由所有者享有的剩余权益。公司的所有者权益又称为股东权益。所有者权益的来源包括所有者投入的资产、直接计入所有者权益的利得和损失、留存收益等，通常由实收资本（或股本）、资本公积（含资本溢价或股本溢价、其他资本公积）、盈余公积和未分配利润构成，商业银行等金融企业按照规定在税后利润中提取的一般风险准备，也构成所有者权益。

1. 实收资本

实收资本，在股份公司中称股本，是企业实际收到的投资者投入的资本，包括国家资本、法人资本、个人资本和外商资本。除非企业出现增资、减资等情况，实收资本在企业正常经营期间一般不发生变动。实收资本的变动将会影响企业原有投资者对企业的所有权和控制权，而且对企业的偿债能力、获利能力等都会产生重大影响。实收资本的变动一般由以下原因引起：

(1)公司增发新股或配股。从本质上说，这是由投资者追加投资引起的股本变化。我国对企业减资有着十分严格的限制，一般情况是不允许企业减资的。

(2)可转换公司债券持有人行使转换权利，将其持有的债券转换为股票，或者债务人放弃债权重组债务，将债权转为股权。

(3)盈余公积转赠股本。这虽然会引起实收资本发生变化，但是由于盈余公积也同时相应减少，因此所有者权益总额并不会因此而变化。

(4)以送股的形式进行利润分配，即发放股票股利。这会引起股本的增加和未分配利润的减少，但所有者权益总额保持不变。

按照 2006 年实施的《中华人民共和国公司法》规定，有限责任公司注册资本的最低限额为 3 万元，股份有限公司注册资本的最低限额为 500 万元，并允许股东分期缴纳出资，因而注册资本与实收资本可能不一致。因此，分析时有必要查看公司账簿中记载的实收资本，这有利于公司的利益相关者了解公司真实的资本状况，避免仅仅依据公司的注册资本数额而做出判断。

2. 资本公积

资本公积是企业收到投资者的超出其在企业注册资本（或股本）中所占份额的投资，以及直接计入所有者权益的利得和损失等。

资本公积的主要来源有两个：①非分红性的股东或业主入资，包括资本溢价（又称股本溢价)、非股份有限公司的业主实际交付的出资额超过其应交资本的差额,以及资本汇率折算差额和接受捐赠实物资产形成的公积金等;②非经营性的资产增值,即直接计入所有者权益的利得和损失,包括可供出售金融资产中的股票公允价值升高或者降低、同一控制下企业合并产生的对价差额、首次由成本法转为采用公允价值模式计量的投资性房地产产生的溢价部分等。

从形成来源看,资本公积并不是由企业实现的利润转化而来的。从本质上讲,它应属于投入资本的范畴。资本公积与留存收益有着根本区别,留存收益是由企业实现的利润转化而来的,这是分析资本公积时应注意的一点。同时,虽然资本公积属于投入资本的范畴,但它与实收资本也有所不同。实收资本一般是投资者投入的原始资本,在来源或金额上,都有比较严格的限制。而资本公积在金额上则并没有严格的限制,而且在来源上也相对比较多,既可以来源于投资者的额外投入,也可以来源于除投资者之外的其他企业或个人。这也是在分析资本公积时应该注意的一点。

3. 库存股

库存股,亦称库藏股,是指已经认购缴款,由发行公司通过购入、赠予或其他方式重新获得,可供再行出售或注销之用的股票。简单地说,就是公司将已经发行出去的股票,从市场中买回,存放于公司,而尚未再出售或是注销。这种股票既不分配股利,又不附投票权,公司解散时也不能变现。

实行库存股制度,有利于公司管理者有效地实现负债与权益股本之间的平衡,降低融资成本,为公司在融资方面提供更大的灵活性。如当负债融资成本低于股本融资成本时,可以通过购回股份减少股本在整个资产中所占的比例而适当增加负债,提高净资产收益率。相对于配股和增发新股而言,出售库存股可能会以较低的成本获得更多的资金。库存股能为公司提供一个可为长线股东提高投资回报率的机会。库存股的价值与公司持有的其他资产一样会有升有跌。当公司股票价值被市场严重低估时,或当公司认为投资于本身股份的回报会高于投资于其他商业项目时,公司以市价买入股票并在日后有利的时机以较高的价格将股份再出售,可提高公司的盈利水平,从而提高公司的长线投资价值。同时,库存股还有利于员工及管理层持股计划的实施,以及公司股票价格的稳定。

4. 留存收益

留存收益是指企业从历年实现的利润中提取或形成的留存于企业的内部积累。留存收益来源于企业在生产经营活动中所实现的净利润,它与实收资本和资本公积的区别在于,实收资本和资本公积来源于企业的资本投入,而留存收益来源于企业的资本增值。留存收益的目的是保证企业实现的净利润有一部分留存在企业,不全部分配给投资者。这样,一方面可以满足企业维持或扩大再生产经营活动的资金需要,保持或提高企业的获利能力;另一方面可以保证企业有足够的资金弥补以后年度可能出现的亏损,保证企业有足够的资金用于偿还债务,保护债权人的权益。留存收益由盈余公积和未分配利润构成。

(1)盈余公积

盈余公积是指企业按照规定从税后利润中提取的各种积累资金。公司制企业的盈余公积分为法定盈余公积和任意盈余公积。两者的区别就在于其各自计提的依据不同:法定盈余公积依据国家的法律或行政规章按照规定的比例从净利润中提取,我国《公司法》规定,有限责任公司和股份有限公司应按照净利润的10%提取法定盈余公积,计提的法定盈余公积累计达到注册资本的50%时，可以不再提取；任意盈余公积则由企业自行决定提取，是企业经股东大会或类似机构批准，按照规定的比例从净利润中提取的盈余公积。

企业提取盈余公积主要可以用于以下几个方面：①弥补亏损。根据企业会计制度和有关法规的规定，企业发生亏损，可以用发生亏损后五年内实现的税前利润来弥补。当发生的亏损经过五年期间未弥补足额的，用所得税后的利润弥补。通常，当企业发生的亏损在所得税后利润仍不足弥补的，应当由公司董事会提议，并经股东大会批准，用所提取的盈余公积来弥补。②转增资本。当企业提取的盈余公积累积较多时，可以经股东大会批准后，将盈余公积转增资本，即增加实收资本。且用盈余公积转增资本后，留存的盈余公积不得少于注册资本的25%。③扩大企业生产经营。提取盈余公积并不是单独将部分资金从企业资金周转过程中抽出，其形成的资金可能表现为一定的货币资金，也可能表现为一定的实物资产，如存货和固定资产等。企业盈余公积的结存数，实际只表现为企业所有者权益的组成部分，表明企业生产经营资金的一个来源而已，随同企业的其他来源所形成的资金进行循环周转，用于扩大企业的生产经营。

(2)未分配利润

未分配利润是企业实现的净利润经过弥补亏损、提取盈余公积和向投资者分配利润后留存在企业的、历年结存的利润余额。相对于所有者权益的其他部分来讲，企业对未分配利润的使用具有较大的自主权，受国家法律法规的限制较少。未分配利润通常用于以后年度向投资者进行分配，因此，这部分的数额越多，说明企业当年和以后年度的股利分派能力以及应付风险能力就越强。同时，在分析未分配利润时应注意，未分配利润既可能是正数(未分配的利润)，也可能是负数(未弥补的亏损)。要将该项目的期末与期初相比，以观察其变动的曲线和发展趋势。

综上，对所有者权益进行分析时，应从以下几个方面进行：

(1)所有者权益是一种剩余权益，是反映其经济实力的基础，是确保企业存在、稳定和发展的基石。在市场经济条件下，企业总是要面临风险的，这就要求企业拥有一定数量的主权资本，以承担经营亏损，应付意外打击。所有者权益增加，说明企业可动用的资金增多，经济实力增强，企业通过内部发展筹集的资金越多，企业的经济效益和经营管理水平越高。反之，企业外部筹资越多，企业的经营风险就越大。

(2)所有者权益是企业一切债务的最终承担者，是企业长期偿债能力的安全保证。没有资本金的企业是很难取得借款的。负债具有优先偿还权，因而所有者权益对于企业偿债能力及风险承担具有重大的稳定作用，企业能否在资本市场上借入资金以及能够借入多少资金，取决于主权资金的保障程度。所有者权益作为企业举借债务的先决条件，也是企业偿还债务本息的重要基础和保障。在流动负债一定的情况下，所有者权益占的比重越大，则企业经营的最终风险由所有者承担的越有保障；如果长期负债占的比重大，企业经营的最终风险则由债权人来部分承担，因此，对债权人而言，所有者权益在资本结构中占的比重越高，其债权越有保障，对债权人就越有利。

(3)考察企业所有者权益内部的股东持股构成状况与企业未来发展的适应性。在企业的股东构成中，控制性股东将有权决定一个企业的财务和经营政策；重大影响性股东则对一个企业的财务和经营政策有参与决策的权利。因此，控制性股东、重大影响性股东将决定一个企业未来的发展方向，在对企业所有者权益进行分析时，必须关注企业的控制性股东、重大影响性股东的背景状况。

(4)考察企业实收资本是否缺失。我国《公司法》规定了公司制企业的法定资本金数额，很多企业在创办初期，往往存在着资本不实的情况。主要表现在：账户中计列的只是名义资本，资本金从未到位；以银行负债充当实收资本虽全额出资，但随后将资金抽走；以高估无形资产的方式，虚列或转增资本等方式造成实收资本的缺失，将导致企业的偿债能力先天不足，放大了企业经营的不确定性和流动性风险，掩盖了企业真实的财务结构，误导报表使用者作出错误决定。

(5)关注资本公积的合理性。这是因为有的企业在不具备法定资产评估的情况下，通过虚假的资产评估来虚增企业的资本公积，虚增固定资产、在建工程、存货、无形资产等资产项目，借此来降低企业的资产负债率，蒙骗债权人。

知识要点

• 流动资产是指企业可以在一年或者长于一年的一个营业周期内变现或者运用的各项资产。在我国的资产负债表上，按照变现能力的强弱，依次为货币资金、交易性金融资产、应收票据、应收账款、预付账款、应收利息、应收股利、其他应收款、存货、一年内到期的非流动资产和其他流动资产等。

• 非流动资产，指变现速度慢、价值分多次转移的资产，具体是指流动资产以外的所有资产，主要包括可供出售金融资产、持有至到期投资、长期股权投资、投资性房地产、固定资产、在建工程、无形资产和长期待摊费用等。

• 负债是指企业过去的交易或事项形成的、预期会导致经济利益流出企业的现时义务。对负债项目的分析应注重两个方面：一是负债性质的分析；二是负债利息的分析。

• 流动负债是指将在一年内或超过一年的一个营业周期内要偿还的债务。主要包括短期借款、交易性金融负债、应付票据、应付账款、预收账款、应付职工薪酬、应交税费、应付股利、应付利息、其他应付款、一年内到期的非流动负债和其他流动负债等项目。

• 非流动负债是指偿还期在一年或超过一年的一个营业周期以上的债务。包括长期借款、应付债券、长期应付款、专项应付款、预计负债、递延所得税负债和其他非流动负债等项目。

• 所有者权益是指企业资产扣除负债后由所有者享有的剩余权益。所有者权益的来源包括所有者投入的资产、直接计入所有者权益的利得和损失、留存收益等，通常由实收资本(或股本)、资本公积(含资本溢价或股本溢价、其他资本公积)、盈余公积和未分配利润构成，商业银行等金融企业按照规定在税后利润中提取的一般风险准备，也构成所有者权益。

复习思考题

1. 选择题

(1)下列资产流动性最高的是(　　)。

A. 存货　　　　B. 固定资产

C. 交易性金融资产　　　　D. 应收票据

(2)专利权属于(　　)。

A. 实质资产　　B. 无形资产

C. 流动资产　　D. 以上都不是

(3)下列不属于负债项目的是(　　)。

A. 应付票据　　B. 应付账款

C. 预付账款　　D. 预收账款

(4)下列不属于实收资本变动原因的是(　　)。

A. 公司增发新股或配股

B. 盈余公积转赠股本

C. 直接计入所有者权益的利得和损失

D. 以送股的形式进行利润分配,即发放股票股利

(5)下列不属于所有者权益项目的是(　　)。

A. 股本　　B. 资本公积

C. 应付股利　　D. 盈余公积

(6)下列不属于盈余公积的用途的是(　　)。

A. 弥补亏损　　B. 转赠股本

C. 转赠资本　　D. 扩大生产经营

2. 判断题

(1)流动资产可用于衡量企业的短期偿债能力。　(　　)

(2)未来发生的交易或事项形成的义务亦属于现时义务,应当确认为负债。　(　　)

(3)资本公积并不是由企业实现的利润转化而来的,它应属于投入资本的范畴;留存收益是由企业实现的利润转化而来的。　(　　)

(4)库存股既不分配股利,又不附投票权,而公司解散时也不能变现。　(　　)

3. 简答题

(1)影响货币资金规模的因素有哪些?

(2)符合什么条件,金融资产才可被划分为交易性金融资产?

(3)怎样进行应收账款的质量分析?

(4)存货计价变化对企业财务状况有哪些影响?

(5)简述资本公积的来源。

(6)企业提取盈余公积的用途?

(7)应从哪几个方面进行所有者权益分析?

第 4 章　资产负债表内容与结构分析

引导案例

在美国工业大发展前，企业规模较小，银行根据个人信用贷款。随着经济的发展，银行不再根据个人的信用给企业贷款，银行更关心企业的财务状况，关心企业是否具有偿债能力。19 世纪末 20 世纪初，美国银行为确保发放贷款的安全性，对于申请贷款的企业要求提供其资产负债表。随后，美国银行家亚历山大·沃尔(Alexander Wall)首开财务分析和评价的先河，创立了比率分析体系。在当时，沃尔的比率分析体系，仅限于“信用分析”，所用的财务比率指标只有流动比率指标，主要为银行提供信用分析服务，以防范贷款的违约风险，对贷款人进行信用调查和分析，据以判断客户的偿债能力。所以，信用分析又称资产负债表分析，主要用于分析企业的流动资金状况、负债状况和资金周转状况等。

到了 20 世纪 20 年代，随着资本市场的形成，财务分析由主要为贷款银行服务扩展到为投资人服务。随着公众开始进入资本市场和债券市场，为确保和提高投资收益，广大投资者纷纷利用银行对不同企业及行业的分析资料进行投资决策；于是，财务会计报告分析由信用分析阶段进入投资分析阶段，其主要任务也从稳定性分析过渡到收益性分析。使财务分析涵盖了偿债能力、盈利能力、筹资结构、利润分配等分析内容，发展成比较完善的外部财务分析体系。

资料来源：陈敏昭，《企业会计信息简论》，载自价值中国网，有删改(http://www.chinavalue.net/blog/blogthread.aspx? entryid=196339)，2009.08.28。

4.1 资本结构分析

4.1.1 资本结构概述

资本结构是指企业的全部资金来源中各项目所占的比重及其相互间的比例关系。企业的全部资金来源于两个方面：一是借入资金，包括流动负债和长期负债；二是自有资金，即企业的所有者权益(在股份制企业为股东权益)。如果企业的资本结构健康合理，那么该企业的资金实力必然充实，财力基础稳定，可以抵抗外界冲击、回避经营及财务风险，显示强劲的偿债能力。

1. 资本结构类型

不同的资本结构，其成本和风险是各不相同的。最佳的资本结构应是成本最低而风险最小的资本结构。而事实上，这种资本结构是不存在的，低成本一般伴随着高风险，而低风险又与高成本相联系。企业应在成本和风险之间合理权衡，选择最适合自身生存和发展的资本结构。资本结构一般有以下三种类型：

(1)保守型资本结构

保守型资本结构是指企业的资金来源主要由权益资本和长期负债构成，即企业的长期及固定资产和部分流动资产全部由权益资本和长期负债提供，流动负债只是满足于部分临时性流动资产所需资金。这种结构下，企业对流动负债的依赖性较低，从而减轻了短期偿债压力，风险较低；但同时由于权益性融资和长期负债融资的成本较高，又会增大企业资金成本。可见，这是一种低风险、高成本、低收益的资本结构。

(2)中庸型资本结构

这是一种融资风险、融资成本和收益水平均处于中等水平的资本结构。这种结构下，企业的资金来源主要根据资金使用的用途来确定：用于临时性流动资产的资金主要由流动负债提供，用于长期及固定资产和永久性流动资产的资金主要由权益资本和长期负债提供。

(3)风险型资本结构

风险型资本结构也称激进型资本结构，是指企业的资金来源主要是由负债融资特别是流动负债融资组成。即流动负债融资除满足全部临时性流动资产占用需要，还用于大部分永久性流动资产，甚至被用于长期及固定资产，而权益资本和长期负债只是满足于长期及固定资产或部分永久性流动资产。显然，这是一种风险高但成本低的融资结构。对于希望取得高收益的企业而言，这是一种有吸引力的资本结构。

不同企业或同一企业的不同时期，由于对风险和收益的态度不同，可以采取不同的资本结构。凡期望获得较高收益的企业，可以冒风险而采取风险型资本结构；凡期望获得稳定收益的企业，可以不冒风险而采取保守型资本结构；凡期望获得平均收益的企业，可在冒一点风险的情况下，采取中庸型资本结构。

2. 资本结构的影响因素

企业的资本结构一般受以下因素影响：

(1)企业的经营风险

企业的经营风险对资本结构有很大的影响。经营风险大的企业，采用吸收投资的方式筹资比较理想。这是因为这种方式不用定期支付利息，不用按时偿还本金，便于采用较为稳固的财务基础来抵消部分经营风险。因此，经营风险大的企业，负债比例一般都比较小。

(2)企业的经营状况

企业的经营状况对资本结构有决定性的影响。一般而言，获利能力越大、财务状况越好、变现能力越强的企业，就越有能力负担财务上的风险，而财务风险背后带来的将是成倍的财务杠杆利益。因此，随着企业变现能力和获利能力的增强，举债筹资就越有吸引力。

(3)销售的稳定性

销售是否稳定对企业的资本结构也有重要影响。如果一个企业的销售和盈余很稳定且呈增长趋势，则可较多地利用债务筹集资金；如果销售和盈余有周期性或波动性比较激烈，则负担固定债务费用将冒很大的风险，举债不能太多。

(4)税收政策

按照税法规定，企业债务的利息可以抵税，而股票的股利不能抵税。一般而言，企业所得税税率越高，借款举债的好处越大。由此可见，税收政策实际上对企业债权资本的安排产生一种刺激作用。

(5)企业所有者和管理人员的态度

企业所有者对企业控制权的态度,可能影响企业资本结构。如果企业的所有者不愿使企业的控制权分散,则可能不愿增发新股票,而尽量采用债务筹资。管理人员对待风险的态度,也是影响资本结构的一个因素。如果企业的主要管理者比较稳健,厌恶风险,则会减少债务资金的使用。

4.1.2 资本结构分析的意义

1.形成最优资本结构

通常情况下,负债融资的成本相对较低,可以随借随还,能满足企业临时的、短期资金周转的需要,但负债需要按时偿还,会给企业带来偿债压力。而所有者权益资本融资方式成本虽然相对较高,但不需要偿还,可供企业永久或持续使用。正是因为两者性质的不同,同时采取负债融资和权益资本融资方式,可以取长补短,从而形成企业最优的资本结构。

2.保持适度的负债是调剂资金余缺及提高所有者投资报酬率的前提

企业的生产经营活动直接受市场环境波动的影响,为保证企业生产经营活动的资金需要,一方面要求所有者投入部分稳定、可供持续使用的资金,另一方面则要根据资金实际需要,采取负债方式借入部分资金来加以补充。负债融资具有方便与灵活性,当资金量过剩时,可偿还负债以减少资金,当资金量不足时,又可借入资金。同时,负债也可起到财务杠杆效应,从而提高所有者投资的报酬率。

3.所有者权益所占比重的大小是衡量企业偿债能力及评估企业财力是否雄厚的基础

只有所有者权益资本才是企业对外举债、还本付息及其承担风险的基础,因此,企业资本结构的合理性同时又是衡量企业长期偿债能力的前提条件。所有者权益资本的大小也是评估企业财力是否雄厚的依据。评估企业的财力不能以总资产为依据,因为由借入资本而形成的资产最终还需以资产来偿还,所以企业净资产的大小,也即所有者权益的大小才是衡量企业实力的基础。

4.资本结构交接决定着企业的资产结构

通常情况下,企业流动负债提供的资金是与流动资产中临时性占用部分相适应的,而流动资产中稳定而长久占用部分所需资金是由长期资金提供的,所有者权益提供的资金一般是满足于企业长期及固定资产投资的需要。因此,不同的资本结构对企业资产结构起着重大的影响。通过负债这一灵活的融资方式,来改变企业的资本结构类型,优化企业资产结构,是现代企业的通常做法。

4.1.3 资本结构分析的指标

资本结构分析的主要指标如下:

1.资产负债率

资产负债率是企业全部负债总额与全部资产总额的比率,表示在企业全部资金来源中,从债权人方面取得资金所占的比重。该指标用于衡量企业利用负债融资进行财务活动的能力,也是衡量企业财务风险的重要标志,其计算公式为

$$资产负债率=\frac{负债合计}{资产总计}\times 100\% \tag{4-1}$$

从偿债能力角度，该比率的高低，反映出企业负债经营的程度。一般而言，负债比率越低，则企业的资金实力越强，债权保障程度越高。因此，对债权人而言，希望负债比率越低越好；而对于投资者而言，则希望负债比率较高。然而，资产负债率并不是衡量企业资本结构是否合理的唯一标准。在实际工作中，企业应将资产负债率与企业的盈利能力、现金流量状况相结合，综合分析企业资本结构的合理性。

另外，分析企业资产负债率水平时，还应综合考虑以下几方面的内容：

(1)经济周期。从经济发展的不同阶段看，资产负债率与经济景气呈正相关关系。经济景气时，企业面临比较有利的经济与市场环境，产品销路好，举债可以促进企业的发展和盈利；经济不景气时，举债困难，加上产品销路下降，举债也会增加企业的财务风险和债务危机。

(2)行业性质。从行业性质方面看，企业负债率在不同行业具有不同标准的合理水平。一般而言，资产流动性较强的行业，其周转能力和变现能力较强，资产负债率较大。如美国零售行业的资产负债率约为60%，而制造业企业的资产负债率一般在50%左右。资金密集型的行业，由于其资金利润率较高，负债规模较大。发展速度快的新兴行业，资产负债率较高，而已经进入成熟或衰退的行业，资产负债率则较低。

(3)资金市场。直接融资市场比较发达时，企业的资产负债率较低；间接融资市场比较发达时，企业的资产负债率可能较高些。

2. 所有者权益比率

所有者权益比率是指所有者权益总额与资产总额的比率，亦称自有资本比率。计算公式如下：

$$所有者权益比率=\frac{所有者权益总额}{资产总额}\times 100\% \tag{4-2}$$

企业的资本是由负债资本和权益资本构成的。因此，所有者权益比率与资产负债率是此消彼长的关系。该指标的分析与资产负债率的分析是反向的。

所有者权益比率的倒数，称作权益乘数。即企业的资产总额是所有者权益的多少倍。该乘数越大，说明投资者投入的单位资本在生产经营中所运营的资产越多。

3. 负债权益比率

负债权益比率是指负债总额与所有者权益总额的比例关系，亦称产权比率。计算公式如下：

$$负债权益比率=\frac{负债总额}{所有者权益总额}\times 100\% \tag{4-3}$$

对债权人而言，负债权益比率越低，表示企业长期偿债能力越强，即长期财务状况越好，债权人越有安全感。对投资者而言，希望获得举债筹资杠杆效应的收益，却不希望看到企业因负债压力太大而导致周转不灵。因此，该比率应维持一个合适的比例。该比率的正常标准是小于100%，即负债总额必须小于股东权益总额。如果该比率大于100%，则表示企业借入资金多于股东的投资，一旦企业破产清算，债权人的损失会很大。

在计算该指标时，有时也用企业的有形净资产来进行比较，即用股东权益扣除无形资产和递延资产价值后的余额代替所有者权益总额，亦称有形净值债务率。因为，无形资产的价值不容易客观确定，递延资产本身就是费用的资本化，它们大多没有清算价值，一旦企业破产，也就一文不值。所以用扣除无形资产和递延资产后的有形净资产计算，更能反映企业对负债的保障程度。

4. 流动负债与总负债比率

流动负债与总负债比率是指企业中流动负债总额与负债总额的比例关系，亦称短期负债与总负债比率。其计算公式为

$$流动负债与总负债比率=\frac{流动负债总额}{负债总额}\times 100\% \tag{4-4}$$

一般来说，流动负债与负债总额比率可以反映一个企业依赖短期债权人的程度。该比率越高，说明企业对短期资金的依赖性越强，当然，企业偿债的流动性压力也越大。反之，则表明企业利用银行或债权人融资的程度越低，企业所承担的财务风险越小，对企业的偿债能力要求就越弱。

【例 4-1】 A 公司 2010 年年初和年末的流动负债与负债总额的比率如表 4-1 所示。

表 4-1　流动负债与总负债比率　　单位：百万元

项　目	年初数	年末数	差异数
a. 流动负债	143 910	167 792	23 882
b. 负债总额	242 515	275 566	33 051
c. 流动负债与总负债比率	59.34%	60.89%	1.55%

从表 4-1 中可以看出，A 公司的流动负债与总负债比率年初数为 59.34%，年末数为 60.89%，比年初增长了 1.55%，单从流动负债与总负债比率来看，该企业的偿债压力较大，但其变动不大，其偿债压力稍有增加。

5. 净资本对实收资本比率

净资本是指企业自有资本总额扣除所有者实际投资额（资本金）后的余额，即表示企业用所有者实际投资所带来的资本积累。净资本对实收资本比率是净资本对实收资本或股本的比例关系。该指标不仅反映了企业投资者投入资本的利用效果，而且能具体反映企业自有资本的构成情况。计算公式如下：

$$净资本对实收资本比率=\frac{净资本合计}{实收资本}\times 100\% \tag{4-5}$$

如果企业每期的经营效果很好，且利润很少流向企业外部的话，那么，该比率一定会呈现不断提高的趋势，企业的净资本额也会不断增长。该比率越高，说明净资本越多。就债权人而言，净资本越多，增加了偿还债务的可能性。就企业本身而言，净资本越多，即使某一期利润减少，仍能保持适当的分红率。因此，积累净资本、提高净资本对实收资本金的比率，是企业充实资金，增强盈利能力的重要基础。

【例 4-2】 B 公司资本结构相关指标如表 4-2 所示。

表 4-2　B 公司资本结构相关指标

指　标	2007 年	2008 年	2009 年
资产负债率	56.82%	59.48%	53.32%
所有者权益比率	43.18%	40.52%	46.68%
负债权益比率	132.12%	146.82%	116.10%
流动负债与总负债比率	93.46%	96.31%	76.90%
净资本对实收资本比率	256.16%	262.16%	292.90%

观察表4-2可知，B公司的资产负债率由2007年的56.82%下降到2009年的53.32%，所有者权益比率由2007年的43.18%上升到2009年的46.68%，资产负债率与所有者权益比率变动幅度均不大，说明公司总体负债水平比较稳定。但是，公司总体负债水平较高，负债权益比率一直保持较高的水平。特别是流动负债比重偏大，公司短期偿债压力大，财务风险水平高，应引起高度重视。

流动负债与总负债比率由2007年的93.46%下降到2009年的76.90%，流动负债对负债总额比率下降说明公司已经意识到负债结构的不合理性，在2009年做了较大幅度的调整，使财务风险有所降低。净资本对实收资本的比率由2007年的256.16%提高到2009年的292.90%，说明投资者投入资本的利用效果在不断提高。

4.2 资产结构分析

4.2.1 资产结构概述

资产结构，就是指企业的流动资产、长期投资、固定资产、无形资产等占资产总额的比重。资产结构分析，对报表使用者来说，可以深入地了解企业资产的组成状况、盈利能力、风险大小及弹性高低等方面的信息，从而为其合理地做出决策提供强有力的支持；对企业管理者而言，有助于其优化资产结构，改善财务状况，使资产保持适当的流动性，降低经营风险，加速资金周转；对债权人而言，有助于其了解债权的物资保证程度或安全性；对企业的关联企业而言，可了解企业的存货状况和支付能力，从而对合同的执行前景心中有数；对企业的所有者而言，有助于对企业财务的安全性、资本的保全能力以及资产的收益能力做出合理的判断。

1. 资产结构的影响因素

企业资产结构主要受以下因素影响：

(1)企业所处行业的特点和经营领域

不同的行业、不同的经营领域，往往需要不同的资产结构。处于生产领域的企业较之流通领域的企业需要更多的固定资产；机械行业的存货比重则一般要高于食品行业。另外，不同生产企业其生产经营周期的长短，也会对资产结构产生影响。

(2)企业的经营状况

企业的资产结构与其经营状况紧密相连。企业经营状况好、销售顺畅时，其存货资产的比重相对可能较低，货币资金则相对充裕；经营状况不佳、销路不畅时，可能由于产品积压，存货资产所占的比重会较大，其货币资金则相对不足。同时，当企业经营状况好时，相应的生产规模也会扩大，从而使得企业固定资产所占比例也会增大。当企业资金周转速度加快，流动资产占用比例不一定会随之同步增长，从而使得流动资产占用比例相对下降。这是因为，企业固定资产占用是与其生产规模和销售规模相联系的，而流动资产占用则受应收账款和存货周转速度的影响。

(3)市场需求的季节性

若市场需求具有较强的季节性，则要求企业的资产结构具有良好的适应性，即资产中临时波动的资产应占较大比重，耐久性固定资产应占较小比重。具体来说，在资产负债表的资产项目中，变现性强的资产的比重相对较大，这样，可以随着季节性波动，相应调整企业的资产占用规模。此外，旺季和淡季的季节转换也会对企业的存货数量和货币资金的持有量产生较大影响。一般在销货淡季，企业会把现金投入到原料及营业和生产支出中，资金周转暂时停留在制成品的存货阶段，这时货币资金短缺，而存货增加；到了销售旺季，则存货资产减少，货币资金增加。

(4)风险偏好

企业管理者的风险偏好对资产结构也将产生影响。一般来说，同一企业在其经营规模稳定时，与固定资产相配合的流动资产有一定的比例，但在同行业中，各企业在配置自身流动资产时与行业平均流动资产比例有一定差异，这种差异的形成在于企业管理者对风险的态度。偏好高风险的企业流动资产的比重相对较小，企业使用的资金相对较少，因此资金报酬率相对较高。从企业自身流动资产需要量看，如果企业的流动资产除正常生产经营需要外保持正常的保险储备，企业的风险与报酬处于一般水平；如果企业的流动资产中保险储备高于正常水平，则说明企业管理者更偏好回避风险；如果企业的流动资产中保险储备低于正常水平，则说明企业的管理者更偏好高收益高风险。

(5)宏观经济环境

宏观经济环境制约着市场的机会、投资风险，从而直接影响企业的长期投资数额。通货膨胀效应往往直接影响到企业的存货水平、货币资金和固定资产所占的比重。一些法律或行政法规、政策，也会影响到企业的资产结构。

当宏观的经济环境处于低潮时，市场萎缩、企业销售锐减、生产也不断下降，企业原材料、在产品存货都会减少，较低的产成品存货足以维持较低的销售量，存货资产比重降低；同时，销售的下降也会产生较少的应收账款。企业生产和销售的降低，会使企业生产经营支出减少，加之对应收账款的清理，会使企业产生较大的货币资金；如果宏观经济萎缩时间延长，企业也会取消或推迟新增固定资产计划，从而减少货币资金支出，使得货币资金比重逐渐上升。

当宏观经济环境变好或处于繁荣时期，企业销售日益剧增、生产不断扩大，企业积存的货币资金不断耗尽，存货资产逐渐增加；销售的增长，应收账款也会不断增加，新的固定资产投资也会加大，从而使得企业资产结构中货币资金比重下降，应收账款、存货、固定资产比重上升。

2. 资产结构分析应注意的问题

(1)资产结构决定企业风险

企业面临的风险包括经营风险和财务风险，经营风险与资产结构相关，财务风险与资本结构相关。一般而言，因为流动资产能在一年内完成周转，实现其价值，且短期内市场变动较小，因此，这类资产的经营风险相对较小。固定资产等长期资产则需要在较长时期内完成周转并实现其价值。在这一较长时期内，市场与实际可能产生较大程度背离，所以，这类资产的经营风险相对较大。在不同经营风险下，企业会产生不同的销售收入、利润以及现金流，从而会影响企业的偿债能力。偿债能力又是衡量财务风险的重要指标。可见，资产结构决定着企业风险。

(2)资产结构对企业收益的影响

企业资产结构对收益的影响有：①直接形成企业收益的资产，主要包括应收账款等结算资产和交易性金融资产等投资资产。其他资产的收益则需在市场销售中实现。②对企业一定时期的收益不产生影响的资产，主要有货币资产。货币资产是企业收益的结果，在静态情况下不会增值，不会产生资金时间价值以外的收益。③抵扣企业一定时期收益的资产，包括固定资产、无形资产等。这些资产是企业实现收益的必要条件，从收益的计算过程看，这些资产的折旧或摊销形成的转移价值是收益的抵扣项目，这类资产占用越多，要抵扣的收益就越多，所得收益越小。

(3)资产的流动性

资产的流动性是指资产的变现速度，一般情况下流动资产比非流动资产的流动性强，短期资产比长期资产的流动性强，货币资产比非货币资产的流动性强，金融资产比实物资产的流动性强。因此，不同的资产结构对资产的流动性有不同的影响。当然，资产的流动性还取决于资产的质量，一旦资产出现问题，流动性则应按资产的质量重新排列。

(4)表外信息因素

根据相关规定，只有可以用货币计量的经济资源才可列入会计报表。而在实际工作中，有些资产项目由于会计处理的原因或计量手段的限制未能在资产负债表中体现，但仍能对企业未来收益做出贡献。比如：已经提足折旧，但企业仍然继续使用的固定资产；表外存在的大量无形资产，如具有悠久历史、商誉等。因此，对企业资产结构与质量的整体把握，应当结合表内和表外因素综合考虑。

4.2.2 资产结构分析的指标

资产结构分析的主要指标如下：

1. 现金资产比率

现金资产比率是指现金类资产占资产总额的比重。计算公式为

$$现金资产比率=\frac{现金类资产}{资产总额}\times 100\% \tag{4-6}$$

现金是企业直接用于偿还债务、购买材料和应付日常经营支出所必须拥有的资金。其拥有量过多或过少对企业都是不利的。现金资产比重过低，会影响企业的正常经营能力和正常支付能力；现金资产比重过高，容易造成经营上的浪费，导致现金的闲置，影响企业的获利能力。因此，企业应视具体情况确定一个合理的现金储备量。

对现金资产比率的分析，主要是分析现金拥有量是否合理。这就需要通过对现金数量最佳水平的计算，使之与企业现金实际占用水平比较，才能分析其合理性。分析时还应考虑企业现金回笼速度的快慢。

2. 应收账款比率

应收账款比率是指应收账款净额在流动资产中所占的比重。计算公式如下：

$$应收账款比率=\frac{应收账款净额}{流动资产合计}\times 100\% \tag{4-7}$$

应收账款属于债权性流动资产，其占用本身不能为企业带来经济利益，只是企业对外提供的一种商业信用，与市场条件和企业的经营政策直接相关。应收账款在流动资产中比重的大小，关系着企业流动资产的周转速度，进而影响企业的短期偿债能力。比重过高，会使企业现金短缺，坏账损失增加，资产使用效率下降。

企业应收账款的多少取决于企业的信用政策，当企业提供优惠的信用政策时，企业在应收账款方面占用的资金就会增多，应收账款比率增大；反之，企业占用在应收账款的资金就会减少，同时应收账款比率也相应地减少。总之，对应收账款比率，就是要分析应收账款的占用额是否合理，也就是要在应收账款占用收益与应收账款占用成本之间做出权衡。只要应收账款所产生的盈利超过应收账款所增加的成本，企业就应当放宽信用条件，增加销量。

3. 存货资产比率

存货资产比率是指存货在流动资产中所占的比重。计算公式为

$$存货比率=\frac{存货}{流动资产合计}\times 100\% \tag{4-8}$$

存货是流动资产中流动性较差、变现能力较弱的资产，在一般企业资产中占有相当比重。存货资产在流动资产中比重的大小，也直接关系着企业流动资产的周转速度。企业存货比重的大小，与市场条件和企业的经营状况有直接联系。比重过大，会导致资金的大量闲置和沉淀，影响资产的使用效率。

进行存货资产比率分析的目的主要是要了解企业存货的占用额是否合理，构成存货总额的各项存货所占比例是否恰当，并且要进一步查明企业存货占用不合理的原因，以便采取措施控制存货储备量，降低存货占用额，加速存货的周转。

4. 流动资产比率

流动资产比率是指流动资产占资产总额的比重。计算公式为

$$流动资产比率=\frac{流动资产合计}{资产总额}\times 100\% \tag{4-9}$$

相对非流动资产而言，流动资产具有变现时间短、周转速度快的特点。流动资产比率越高，说明企业流动资产在总资产中所占的比重越大，企业资产的流动性和变现能力越强，企业的偿债能力越强，企业承担风险的能力也越强。但是，从获利能力的角度看，过高的流动资产比率并非好事。企业为了增加收益，必须加速流动资产周转，而加速流动资产周转，一方面取决于销售的扩大，另一方面则取决于流动资产占用的降低。因此，若流动资产比率增加，其周转速度就会减慢，占用成本就会增加，从而降低其收益能力。因此，确定适宜的流动资产比率就要在资产的流动性和获利性之间寻找平衡。

对流动资产比率合理性的分析，一方面，应结合企业的经营性质、经营状况及其他经营特征而定；另一方面，应与同行业的平均水平或行业先进水平进行比较，必要时还应进行趋势分析。进行趋势分析时，如果能结合销售的变动状况，了解流动资产比率的增长是否超过销售的增长，就能更好地说明流动资产比率的变动情况。

5. 固定资产比率

固定资产比率是指固定资产占资产总额的比重。计算公式为

$$固定资产比率=\frac{固定资产合计}{资产总额}\times 100\% \tag{4-10}$$

相对流动资产而言，固定资产具有以下特征：①投入资金多，回收时间长，能够在生产经营过程中长期发挥作用；②变现能力差，风险大；③对企业的经济效益和财务状况影响巨大；④反映企业的生产技术水平和工艺水平；⑤使用效率的高低取决于流动资产的周转情况。

企业固定资产的数量和质量，说明企业的经济实力及生产力发展水平，也反映企业的生产规模。企业合理地使用固定资产，提高固定资产使用效率，可以在不增加投资的情况下提

高生产能力，用现有的固定资产生产更多更好的产品，节约资金消耗，降低产品成本。为了满足日益增长的社会需求，企业必须不断更新固定资产，增加必要的固定资产投资，以便用先进的技术装备企业，为提高产品质量和劳动生产率创造条件。适当提高固定资产比率，寻求规模经济，有利于企业总成本的降低，提高总资产的获利能力。

因此，进行固定资产比率分析，一方面，要考虑固定资产的流动性和变现能力较差的特点，过高的固定资产比重会影响企业的支付能力，加大企业的经营风险和财务风险；另一方面，要结合企业的生产经营实际，把固定资产使用效率同流动资产的周转情况结合起来。

6. 流动资产与固定资产比率

流动资产与固定资产比率是指流动资产与固定资产之间的比例关系。计算公式如下：

$$流动资产与固定资产比率=\frac{流动资产合计}{固定资产总计}\times 100\% \tag{4-11}$$

流动资产与固定资产是企业资产的最基本构成。能否恰当安排固定资产与流动资产的合理比例，特别是在保证规模经营的条件下，尽量缩小流动资产比重，提高流动资产周转速度，是使企业总资产发挥最佳经济效益的关键。就同一行业而言，固定资产与流动资产比率的大小，与企业的经营规模有关。同一行业同一规模，固定资产与流动资产比率的大小，与企业经营者的风险态度有关。

7. 对外投资比率

对外投资比率是指对外投资占资产总额的比重。计算公式为

$$对外投资比率=\frac{对外投资额}{资产总额}\times 100\% \tag{4-12}$$

对外投资是现代企业资本经营的重要形式，对外投资比率的高低，反映企业进行资本经营的水平。企业的资产需要有一个适当的组合，进行对外投资，使资产内外分布合理，是降低企业资产风险的重要途径。同时，商品经营与资本经营并举，也是现代企业经营发展的新趋势，而对外投资就是资本经营的重要形式。对资本经营的重视，将导致资产中的对外投资的比重上升。反过来，借助这个指标也可以观察企业资本经营的水平和效果。特别是集团化的大企业一般都是以资本经营为纽带组建的，如若企业的对外投资少，则集团化和大型化的进程和规模通常也是有限的。

8. 无形资产比率

无形资产比率是指无形资产占资产总额的比重。计算公式为

$$无形资产比率=\frac{无形资产}{资产总额}\times 100\% \tag{4-13}$$

总的来看，该比率有越高越好的趋势。随着科技进步和经济发展，尤其是知识经济时代的到来，硬资源在企业生存和发展中的作用和相对价值在不断下降，而包括无形资产在内的软资源的作用和相对价值在不断上升，无形资产比率在不断提高。目前，西方国家许多企业的无形资产比率已高达50%～60%，特别是高新技术企业，无形资产比率更高。企业应善于培育和合理配置无形资产，并借助无形资产比率指标，观察企业知识化和高新技术化的程度，分析企业的可持续发展的潜力和综合竞争能力的强弱。

9. 金融资产比率

金融资产比率是指金融资产占资产总额的比重。计算公式为

$$\text{金融资产比率}=\frac{\text{金融资产合计}}{\text{资产总额}}\times 100\% \quad (4\text{-}14)$$

金融资产是指可以随时用于清欠、退还融资或购买其他资产的资产。主要包括货币资产、应收票据、交易性金融资产等。金融资产比率的意义在于其可以表明资产结构的弹性。资产结构的弹性是指使企业原资产规模收缩和扩张的可能性(或者说资产总量可随时调整的可能性)以及资产内部结构能随时调整的可能性。由于市场的变化和产品的季节性波动，企业资产的占用总量和结构也应随之调整，而这种调整必须建立在资产弹性的基础上。

流动资产中的存货以及固定资产、无形资产和递延资产等都具有一定的实物凝固性和时间凝固性，不能随时转换为别的资产。因此，一个企业的资产弹性大小可由资产中金融资产比率来衡量，金融资产比率越大，企业的资产结构弹性也越大。但是企业持有金融资产会带来机会成本，即由于持有金融资产所丧失的潜在长期投资或周转利益。因此，企业应根据自身生产经营性质，经营周期波动、日常支付需要等特点，确定一个恰当的金融资产比率。

【例 4-3】 C 公司资产结构分析的各项指标如表 4-3 所示。

表 4-3　　　　C 公司资产结构相关指标

指　标	2007 年	2008 年	2009 年
现金资产比率	7.26%	9.70%	10.40%
应收账款比率	6.88%	5.98%	5.52%
存货资产比率	47.42%	43.50%	43.58%
流动资产比率	26.72%	31.46%	33.07%
固定资产比率	65.15%	60.62%	59.36%
流动资产与固定资产比率	41.02%	51.90%	55.71%
对外投资比率	0.67%	1.24%	0.74%
无形资产比率	7.50%	6.67%	6.95%
金融资产比率	10.28%	14.50%	21.92%

观察表 4-3 可知，该公司三年资产结构变动比较明显的是流动资产与固定资产比率。流动资产与固定资产比率由 2007 年的 41.02%上升到 2009 年的 55.71%，这与流动资产比率提高和固定资产比率下降相关，说明公司资产总体结构向经营风险小的方向变动。

该公司流动资产比率由 2007 年的 26.72%上升到 2009 年的 33.07%；而固定资产比率由 2007 年的 65.15%下降到 2009 年的 59.36%。流动资产比率的提高，一方面，说明公司资产的流动性增强，偿债能力增强；另一方面，也可能预示该公司的流动资产有闲置情况，会对公司的盈利能力造成负面影响。固定资产比率不断下降，一方面说明公司的固定资产更新与固定资产磨损不同步，导致固定资产规模下降；另一方面也可能说明公司的经营战略发生了变化。

该公司的现金资产比率由 2007 年的 7.26%上升到 2009 年的 10.40%，而应收账款比率则由 2007 年的 6.88%下降到 2009 年的 5.52%，且呈逐年下降趋势，说明公司应收账款的管理工作合理有效。结合存货资产比率的变化来看，该公司的存货资产比率从 2007 年的 47.42%下降到 2009 年的 43.58%，说明企业销售能力逐年增强，且现销比例提高。

另外，该公司的现金比率过大，而对外投资比率很小，一方面说明公司对外投资渠道不畅、组织不力，另一方面也可能说明公司对外投资过于保守，不敢承担风险。该公司的金融资产比率由 2007 年的 10.28%上升到 2009 年的 21.92%，说明该公司资产结构弹性增强，安全性加大，但企业收益可能有所减少。是否应增加其他长期股权投资或加快其周转，还要结合行业特点进行深入分析。

4.3 偿债能力分析

企业的偿债能力是指在一定期间内清偿各种到期债务的能力和现金保证程度。偿债能力强弱是衡量经营绩效的重要指标，不仅关系到企业本身的生存和发展，同时也与债权人、投资者的利益密切相关。

在分析企业偿债能力时应明确两方面的内容：首先，应明确各种债务的范畴及其特征。一般来说，企业债务偿付的压力主要来自一般性债务本息的偿还（如各种长期借款、应付债券、长期应付款和各种短期结算债务等）和具有刚性的各种应付款的支付两个方面，但不是所有的债务都对企业直接构成压力，对企业债务清偿真正有压力的是那些即将到期的债务，而不包括那些尚未到期的部分。其次，应明确清偿债务的承受能力或保证程度的实质。企业能否清偿到期债务是建立在足够的资产或资本实力基础之上，要以足够的现金流入量为保证，既不是指心理承受能力的大小，也不完全是指资产的拥有量，而是指企业是否有足额的现金流入量来偿还各项到期债务。

企业的偿债能力按其债务到期时间的长短分为短期偿债能力和长期偿债能力。

4.3.1 短期偿债能力分析

1. 短期偿债能力的内涵

短期偿债能力是指企业支付短期债务的能力，即一个企业以其流动资产支付流动负债的能力，又称企业的支付能力。短期偿债能力用于衡量流动资产与流动负债的相对关系，以及企业的营运周转状况。

决定一个企业短期偿债能力大小的主要因素，一是企业营运资金的多少，二是企业流动资产的流动性和变现能力。企业的营运资金越多，短期偿债能力越强；企业流动资产的流动性和变现能力越强，其短期偿债能力就强。流动性的强弱主要取决于资产转换成现金的时间，而变现能力主要取决于资产预计出售价格和实际价格之间的差额。

2. 短期偿债能力分析的意义

短期偿债能力对于企业的经营、发展乃至生存至关重要。一个企业如果短期偿债能力较弱，一方面无法获得有利的进货折扣而使进货成本加大；另一方面会限制或束缚管理者对企业资金的灵活调配，以致由于无力支付短期债务而被迫出售长期投资或拍卖固定资产，从而失去利用各项有利条件增加盈利的机会。若情况恶化，企业甚至会因无力偿还债务而步入重整、破产、清算的悲惨境地。

因此，企业任何利益关系人都非常关心企业的短期偿债能力。对企业管理者来说，短期偿债能力的强弱意味着企业承受财务风险能力的大小；对于投资者来说，短期偿债能力的强弱意味着企业的获利能力高低和投资机会的多少；对于债权人来说，短期偿债能力的强弱意味着企业是否能够按期归还借款、支付利息和其信誉的大小；对于企业员工来说，短期偿债能力的强弱意味着能否按期支付员工薪金的保障程度；对于供应商来说，短期偿债能力的强弱意味着企业履行合同能力的强弱。

只有具有较强的短期偿债能力时,企业才可能有良好的理财环境,从而减少不必要的费用开支,增加企业盈利。但是,短期偿债能力过强,会造成部分资金闲置,影响资金的使用效率,进而提高资金成本,降低盈利水平。因此,短期偿债能力也不是越强越好,应该有一个合理的界限。

3. 短期偿债能力分析的指标

流动资产和流动负债是短期偿债能力分析的两大要素,因此,对短期偿债能力的指标分析,主要可采用流动资产和流动负债对比的指标,包括营运资金、流动比率、速动比率、现金比率等。

(1)营运资金

营运资金是企业流动资产减去流动负债的差额,也称净营运资本,是反映企业短期偿债能力的绝对数。其计算公式为

$$营运资金=流动资产-流动负债 \tag{4-15}$$

营运资金是表示流动资产超过流动负债的部分。流动资产超过流动负债的部分越多,企业的短期偿债能力越强。一旦企业破产清算,较大的营运资金还可以补偿流动资产的变现损失,确保债权人定额收回所借款项。但是,营运资金也并非越多越好。营运资金过多,表明企业有部分资金闲置,没有充分发挥其效益,会影响获利能力。因此,流动资产与流动负债的差额应保持适当的数额。

营运资金是一个绝对数,单看一个时期的数据或和规模不同的企业进行比较是无意义的。因此,企业的营运资金应与以前年度数额比较,或与规模相近的竞争企业进行比较,如果营运资金出现异常情况,应逐项分析流动资产和流动负债,找出原因。

另外,在运用营运资金衡量企业短期偿债能力的时候应当注意,流动资产和流动负债的数据皆取自财务报表,代表的是某一时点的账面价值。账面价值与现时价值总会有差异,因而往往容易低估或高估营运资金,在分析时必须重视。

【例 4-4】 由表 1-1 海天股份有限公司 2009 年 12 月 31 日的资产负债表资料,可以计算出海天股份有限公司 2008 年年末和 2009 年年末的营运资金(如表 4-4 所示),从静态上分析其短期偿债能力。

表 4-4　　海天股份有限公司营运资金情况　　单位:元

项　目	2008 年年末	2009 年年末
流动资产合计	4 169 031	4 751 400
流动负债合计	1 592 746.85	2 651 400
营运资金	2 576 284.15	2 100 000

观察表 4-4 可知,海天股份有限公司 2008 年年末和 2009 年年末的营运资金均为正数,单从营运资金这一指标来看,说明其短期偿债能力尚佳。但 2009 年的营运资金比 2008 年有所下降,说明其短期偿债能力有所减弱。

(2)流动比率

流动比率是指企业的流动资产与流动负债的比例关系,表示每一元的流动负债能够有多少流动资产作为偿还保证。流动比率指标的基本功能是显示短期债权人安全程度的大小。其计算公式为

$$流动比率=\frac{流动资产}{流动负债} \tag{4-16}$$

流动比率是用相对数对营运资金进行解释的。企业的流动资产在清偿流动负债以后，还应该有一定的余额，以应付日常经营活动中的其他资金需要，维持企业继续经营。流动比率越高，说明企业的短期偿债能力越强。但对企业自身而言，并不一定要求流动比率越高越好，在偿债能力允许的范围内，根据经营需要，进行负债经营也是现代企业经营的策略之一。国际上一般认为流动比率保持在2左右显示财务状况稳固。但是，这个标准并不绝对，常常会受到经营性质和经营周期的影响。若企业营业周期短，则材料、产品等存货库存较少，应收账款周转速度也快，流动比率相对较低；相反，营业周期较长的企业，其存货必然大，应收账款的周转速度也较慢，因而流动比率也必然较高。即使同一企业在不同时期，例如销售旺季与淡季时，流动比率也会有较大的差别。因此，对流动比率进行分析要根据企业的性质和实际情况来评价，不能一概而论。同时，运用流动比率还应结合其他指标进行综合分析。

【例4-5】 由表1-1海天股份有限公司2009年12月31日的资产负债表资料，可以计算出海天股份有限公司2008年年末和2009年年末的流动比率（如表4-5所示）。

表4-5　　海天股份有限公司流动比率情况　　单位：元

项　目	2008年年末	2009年年末
流动资产合计	4 169 031	4 751 400
流动负债合计	1 592 746.85	2 651 400
流动比率	2.63	1.79

观察表4-5可知，海天股份有限公司2008年年末的流动比率大于2，短期偿债能力较强；但2009年的流动比率比2008年有所下降，且已降低到标准值2以下，说明该公司短期偿债能力有变弱的趋势，企业应多加注意。

进行流动比率分析时，还应注意以下几个问题：

①注意流动资产的构成情况和实际变现能力。流动比率高，并不意味着企业有足够的现金或存款可用来还债。因为流动资产中还有变现能力相对不强的应收账款、预付账款和存货等。流动比率高，也许是存货积压、应收账款或预付账款增多，而现金和存款可能并不充足，因此，还应进一步对流动资产的构成项目、分布情况和变现能力进行分析。

②流动比率仅仅反映流动资产与流动负债在数量上的比例关系，没有考虑两者之间在时间上的配比问题。尽管企业的流动资产有很多种，但立即可以用于偿还企业流动负债的资产并不多。

③对企业短期偿债能力的判断必须结合所在行业的平均标准。流动比率的标准值2，只是就一般情况而言，并不是绝对标准。不同行业因其资产、负债占用情况不同，流动比率会有较大差别。

（3）速动比率

速动比率又称酸性试验比率，是指企业速动资产与流动负债的比例关系，是衡量企业流动资产中可以立即用于偿还流动负债的能力。其计算公式为

$$速动比率=\frac{速动资产}{流动负债} \tag{4-17}$$

速动资产是指那些可以迅速用于支付流动负债的流动资产，一般包括货币现金、短期投资、应收票据和应收账款。速动资产＝流动资产－存货。

速动比率是流动比率的补充，在衡量企业短期偿债能力方面，速动比率较流动比率更为严密可靠。用速动比率来评价企业的短期偿债能力，消除了存货等变现能力较差的流动资产项目的影响，可以部分地弥补流动比率指标的不足。即如果流动比率较高，而流动资产的流动性却很低，则企业偿债能力仍然不高。反之，即使流动比率较低，但流动资产中的大部分项目都可以在较短的时间内转化为现金，其偿债能力也会很强。因此，速动比率所表示的企业短期偿债能力更为接近企业的实际偿债能力。

速动比率一般应维持在 1 以上才是比较理想的，只有这样企业才具有良好的财务状况和短期偿债能力。如果速动比率低于 1，一般认为偿债能力较差，但分析时还应结合其他因素进行评价。

【例 4-6】 由表 1-1 海天股份有限公司 2009 年 12 月 31 日的资产负债表资料，可以计算出海天股份有限公司 2008 年年末和 2009 年年末的速动比率（如表 4-6 所示）。

表 4-6　　海天股份有限公司速动比率情况　　单位：元

项　目	2008 年年末	2009 年年末
存货	2 484 700	2 580 000
流动资产合计	4 169 031	4 751 400
速动资产	1 684 331	2 171 400
流动负债合计	1 592 746.85	2 651 400
速动比率	1.06	0.82

观察表 4-6 可知，海天股份有限公司 2008 年年末的速动比率大于 1，单从速动比率这一指标来看，其短期偿债能力较好；但 2009 年的速动比率比 2008 年有所下降，且已降低到标准值 1 以下，说明 2009 年其短期偿债能力较差。

在进行速动比率分析时，应注意以下几个问题：

①由于企业所在的行业不同，以及企业的经营特点不同，速动比率会有较大差异，进行会计报表分析时应该注意速动比率的行业差异。此外，在一般情况下，企业各项债务不可能集中在一个时期偿还，因而速动比率低于 1 并不意味着不安全，只要速动资产大于近期将要偿还的债务，就能说明偿债安全性有保障。

②过高的速动比率会影响企业的获利能力。速动比率高表示立即偿还流动负债的能力强，但过高的速动比率造成了资金的闲置，说明企业不能把足够的流动资金投入库存、固定资产等经营领域，从而使企业丧失良好的获利机会，影响企业的获利能力。

③速动比率的安全性和稳定性有一定的假设条件。速动比率是假设企业面临财务危机或者办理清算时，在存货及预付费用全无市场价值的情况下，以速动资产支付流动负债的短期偿债能力。并不能认为速动比率较低的企业就失去了偿债能力。如果企业的存货流转顺畅，变现能力强，即使速动比率较低，只要流动比率高，企业仍然有偿还到期债务的能力。

④速动比率虽然剔除了变现能力较弱的存货，但速动资产中的应收账款本身也可能存在一些潜在的问题，如可能隐藏着未冲销的坏账或逾期待催收的账款所占比重过大等，这些都会影响速动比率的真实性。因此，在分析速动比率时，还应结合对应收账款的质量分析。

(4)现金比率

现金比率是指现金类资产与流动负债的比例关系。现金类资产是速动资产扣除应收账款后的余额，包括货币资金和短期有价证券，短期有价证券一般指短期投资和应收票据。其

计算公式为

$$现金比率=\frac{货币资金+短期有价证券}{流动负债} \tag{4-18}$$

在企业的流动资产中，现金类资产的流动性最强，可以直接用于偿还流动负债。因此，现金比率表明企业随时偿付流动负债能力的大小，反映企业即期偿债能力。

速动比率已将存货等变现能力较差的流动资产剔除，但速动资产中的应收账款等有时也会因客户倒闭、抵押等情况使变现能力受影响，甚至出现坏账，最终减弱企业的短期偿债能力。尤其是在企业面临财务危机时，即使有较高的流动比率和速动比率，也无法满足债权人的要求。因此，最稳健或者说最保守的方法就是采用现金比率来衡量企业的短期偿债能力。

【例 4-7】 由表 1-1 海天股份有限公司 2009 年 12 月 31 日的资产负债表资料，可以计算出海天股份有限公司 2008 年年末和 2009 年年末的现金比率(如表 4-7 所示)。

表 4-7　　海天股份有限公司现金比率情况　　单位:元

项　目	2008 年年末	2009 年年末
货币资金	815 131	1 406 300
流动负债合计	1 592 746.85	2 651 400
现金比率	0.51	0.53

在前面的分析中可知，海天股份有限公司的营运资金、流动比率和速动比率均呈下降趋势。但观察表 4-7 发现，该公司的现金比率是呈上升趋势的。产生差异的原因是，该公司 2009 年的货币资金大幅增加，致使其短期偿债能力有所提高。

在分析现金比率时，应该注意以下几个问题：

①现金比率的高低更为准确地反映出企业直接偿债能力的大小。现金比率越高，表明企业的直接偿付能力越强，信用也就越可靠。但是，现金比率也并非越高越好，现金是企业收益率最低的资产，该比率过高将影响企业的盈利能力。一般是在企业进入财务困境时，现金比率指标才显得十分重要。但在某些行业现金比率却总是很重要，这些行业的存货和应收账款的变现时间长，且经营活动又具有较强的投机性和风险性，对于这类企业，应当重视其现金比率的分析。

②在进行短期偿债能力分析时，单独考察现金比率没有多大意义。通常情况下，债权人不可能要求企业立即用现金和短期投资来偿付全部流动负债，企业也没有必要总是保持足够的用来还债的现金类资产。现金比率的主要作用是对企业在财务状况极坏时的短期偿债能力的评价；当企业把存货和应收账款都抵押出去，或已有迹象表明存货和应收账款的变现能力出现问题时，用现金比率来评价是比较有效的。

③分析现金比率必须注意现金类资产的内涵变化。如某些限定用途、不得随便动用的现金，实际减少了企业可动用的现金数量；而某些账面价值不能准确反映其市场价格变动的有价证券，则应按实际价格进行相应的调整，只有这样才能真实反映企业的短期偿债能力。

4. 影响短期偿债能力的其他因素

(1)准备变现的长期资产。企业依据本身的经营战略往往在特定时期准备将一些长期资产变现，所以变现会增强企业以后会计期间资产的流动性。但由于过剩的长期资产在短期内也不容易变现。因此，在分析时应谨慎处理，长期资产一般是企业经营所必需的，长期资产变现往往反映企业遇到了严重的经营困难。

(2)良好的企业信用。良好的企业信用可以使企业与有关金融机构建立长期的信贷关系，企业可按规定在有效期内向银行拆借资金，用于日常经营活动；或者可以很快地通过发行企业股票或企业债券等办法解决资金短缺的问题，增强企业资产的流动性。

(3)承担担保责任和已贴现的商业汇票引起的债务。企业在为他人承担担保或将商业汇票贴现时，均会引起企业负债的增加。一旦被担保者无法偿还债务，或承兑方无法按期承兑汇票，这些债务就会由企业自身偿付。可见，担保责任或已贴现的商业汇票引起的债务必然减弱企业的短期偿债能力。对此，应在会计报表附注中加以披露。

(4)未作记录的或有负债。未作记录的或有负债范围较广，如有纠纷的税款、尚未了结的诉讼事件、有争议的财产纠纷、大件商品的售后服务等均会对企业短期偿债能力产生负面影响。

4.3.2　长期偿债能力分析

长期偿债能力是指企业偿还未来到期的长期债务本金和支付利息的能力。长期偿债能力可以从两方面进行分析，一方面是企业获利能力的分析。在正常经营情况下，企业不可能以资产偿还债务，只能以获取的利润还本付息。所以企业的获利能力是分析长期偿债能力的重要方面。另一方面是资本结构的分析。债务数额与企业规模进行比较，如果债务占的比例很大，说明大部分经营风险由债权人负担。债务比例越大，则企业无力偿还债务本息的可能性就越高。

1.从盈利能力角度分析企业的长期偿债能力

企业盈利能力对企业的长期偿债能力的影响，主要体现在企业利润越多，可用于偿还负债本息的资金就越多。因此，通过计算与分析来反映企业盈利能力与负债本息之间关系的指标，可以评价企业的长期偿债能力状况。其实，盈利能力对短期偿债能力和长期偿债能力都有影响，但由于利润是按权责发生制计算的，当期实现的利润并不一定会在当期就取得现金收入。因此，并不能将利润或盈利能力与短期偿债能力画等号。而从长远看，利润与经营现金净流量是成正比的，利润越多，企业偿债能力就越强。

从盈利能力角度对企业长期偿债能力进行分析评价的指标主要有利息保障倍数、债务本息偿付比率和固定费用补偿倍数等。

(1)利息保障倍数

利息保障倍数亦称利息赚取倍数，是指举债经营的息税前利润与所支付的固定利息费用之间的倍数关系。一般用财务费用近似替代利息费用，其计算公式为

$$\text{利息保障倍数}=\frac{\text{息税前利润}}{\text{财务费用}} \tag{4-19}$$

息税前利润是指扣除利息费用和所得税前的正常营业利润，它不包括非正常的项目和特别项目等，利息费用近似等于财务费用。利息保障倍数指标反映了企业盈利与利息费用之间的特定关系。一般来说，利息保障倍数越大，说明企业的长期偿债能力越强；倍数越小，说明企业的长期偿债能力越差。

运用利息保障倍数分析评价企业长期偿债能力时，从静态看，一般认为该指标至少要大于1，企业才有偿还利息费用的能力，否则说明企业偿债能力很差，无力举债经营；从动态

看，利息保障倍数提高，说明偿债能力增强，否则，说明企业偿债能力下降。但是在短期内，在利息保障倍数低于1的情况下企业仍有可能支付利息。这是因为有些费用(如折扣、摊销等)不需要当期支付现金。同时，企业在确定合理的利息保障倍数时，还应将该企业的这一指标同其他企业，特别是同行业平均水平进行比较。

【例4-8】 由表1-2海天股份有限公司2009年的利润表资料，可以计算出海天股份有限公司2009年的利息保障倍数(如表4-8所示)。

表4-8　海天股份有限公司利息保障倍数情况　单位:元

项　目	2007年
营业利润	280 000
财务费用	41 500
息税前利润	321 500
利息保障倍数	7.75

从该指标的计算结果来看，该公司的正常息税前利润足以保障企业的利息支出。因此，企业的长期偿债能力较强。

需要注意的是，利息费用一般取自当期利润表中的财务费用，但此数据其实并不准确。由于借款利息费用应计入当期损益(财务费用)和予以资本化两部分，且当期财务费用项目不仅仅只有利息费用，还包括汇兑损益、利息收入等内容，因此，对于利息费用应尽量通过有关账簿取得准确数据。

(2)债务本息偿付比率

债务本息偿付比率是在利息保障倍数计算与分析的基础上，进一步考虑债务本金和可用于偿还本金的固定资产折旧而计算的反映偿债能力的指标。对债权人来说，如果连本金都不能收回，就更不敢奢求利息了。债权人借款给企业，目的就是要获得利息收入，但基本前提是能够按期收回本金。企业的偿债义务是按期支付利息和到期归还本金，所以偿债能力的高低不能仅看偿付利息的能力，更重要的是其偿还本金的能力。

债务本息偿付比率是息税前利润加折旧额之和与还本付息金额之比。其计算公式为

$$债务本息偿付比率=\frac{息税前利润+折旧}{利息+\frac{本金}{1-所得税税率}} \tag{4-20}$$

在计算债务本息偿付比率时之所以要考虑折旧和所得税税率，是因为折旧作为当期现金流入量可用于偿还长期负债；偿还本金额按所得税税率进行调整是由于归还长期借款的利润是指企业的税后利润。另外，在计算该指标时，应注意分子和分母的口径相一致，即计算时期相一致。

债务本息偿付比率不能低于1，该指标越高，说明企业的偿债能力越强；否则，如果该指标小于1，则意味着盈利不足以支付利息和本金。

(3)固定费用补偿倍数

固定费用补偿倍数是在前两个指标计算与分析的基础上，进一步考虑了租赁费用等固定费用支出所形成的反映偿债能力的指标。企业如果无法按期支付这些固定费用，就会发生财务困难。因此，衡量一个企业支付固定费用的能力，是利息保障倍数的进一步扩展。其计算公式为

$$\text{固定费用补偿倍数}=\frac{\text{息税前利润}+\text{固定费用}}{\text{固定费用}} \qquad (4\text{-}21)$$

运用该指标反映企业的长期偿债能力，其内涵比前两个指标更广泛、更综合，将所有长期债务都考虑了进去。其中固定费用包括：因短期借款、应付票据而定期支付的利息；因经营租赁而定期支付的经营租赁费；因融资租赁而定期支付的融资租赁费；因长期借款而定期支付的利息。

与前两个指标的评价标准相同，固定费用补偿倍数至少要等于1，否则，说明企业无力偿还企业到期的长期债务。该指标越高，说明企业偿债能力越强。

2. 从资本结构角度分析企业的长期偿债能力

资本结构对企业长期偿债能力的影响主要体现在以下两个方面：

(1)所有者权益资金是承担长期债务的基础

资本结构分析的重要性在于其明确划分企业资金的不同来源，借以揭示资金的不同性。所有者权益资金是企业拥有的净资产，是股东承担责任的限度。在一般情况下，它都属于企业可永久性使用的资金，没有固定的偿还期限，它可用于购买企业经营所需的各项长期、短期资产。可以说，它是企业借款的基础。因此，所有者权益资金越多，债权人越有保障，即长期偿债能力越强；所有者权益资金越少，债权人越没有保障，则长期偿债能力越弱。在流动负债一定的情况下，如果企业长期负债的比例高，企业不能偿债的可能性增大。

(2)资本结构影响企业的财务风险，进而影响企业的偿债能力

对企业的资本结构进行合理性分析，可以评估该企业的财力是否雄厚，是否具有举债经营的能力，是否能够承担各种经营上或财务上的风险。企业所需的长期资金，主要来自于股东投入的资金和债权人提供的长期债务。负债就要偿还本金和利息，借款越多，要支付的利息就越多，净利润的稳定性就越差，可以归还债务本金的现金流入就越不稳定，企业的财务风险加大，偿还债务的能力变弱。从这一点来看，企业不应过度举债，以防范风险，进而提高企业的长期偿债能力。

从资本结构角度分析企业的长期偿债能力时，可以通过资本结构分析的指标来评估企业的长期偿债能力，如资产负债率、产权比率、所有者权益比率等。因为在本章第一节已对这些指标做了介绍，这里就不再重复。

3. 影响长期偿债能力的其他因素

除上述各种评价企业长期偿债能力的指标外，还有一些影响企业长期偿债能力的因素，在分析时应该注意。

(1)长期经营租赁

当企业需要某种设备或资产时，可以通过购买和租赁两种方式解决。而当企业缺乏足够的购买资金时，就会通过租赁的方式解决，选择融资租赁和经营租赁两种形式之一。

融资租赁是由租赁公司垫付租金，按承租人的要求购买设备租给承租人使用，承租人按合同规定支付租金(包括设备买价、利息、手续费等)。一般情况下，在承租人付清最后一笔租金后，其所有权归承租人所有，实际上属于变相的分期付款购买固定资产。因此，租入的设备作为企业的固定资产入账和管理，相应的租赁费用作为长期负债处理。这种资本化的租赁，是资产负债表中资产总额和负债总额的一部分，在前述计算长期偿债能力的诸指标时已经考虑。

经营租赁是指以出租人向承租人提供设备等资产的短期使用权为特征的租赁形式。对于经营租赁，由于设备的所有权最终属于出租人，因此承租人无需对设备计提折旧，无需在资产负债表上反映，只需将租金计入费用。

如果企业的经营租赁量比较大、期限较长或具有经常性时，这种长期性的租赁则构成了一种长期性筹资。这种长期筹资虽然不包括在长期负债中，但必须按期支付租金，使得利润表中的利息费用与实际利息费用并不一致，从而会对企业的偿债能力产生影响。因此，如果企业经常发生经营租赁业务，就应考虑租赁费用对偿债能力的影响。

(2)担保责任

企业可能为其他单位获得贷款而提供担保，这些担保项目可能会大量增加企业的负债责任，但却没有在资产负债表中反映。如果被担保企业经营上出现问题，企业将负有连带责任。在分析企业的偿债能力时，应根据有关资料判断担保责任带来的潜在的负债问题。

企业提供担保项目的时间有长有短，有的影响企业短期偿债能力，有的影响企业长期偿债能力。财务分析人员应阅读企业报表附注中有关企业关联方及关联交易情况，判断企业为其子公司、合营企业等关联方提供担保的安全程度，来判断担保责任给企业带来的潜在长期负债问题。

(3)或有事项

或有事项是指在未来某个或几个事件发生或不发生的情况下，会给企业带来收益或损失，但现在还无法确定是否发生的项目。或有事项的特征就在于它是一种最终结果不确定的现存状况，而其问题的解决要依赖于一个或多个未来事件。或有事项一旦发生便会影响企业的财务状况，可能给企业带来经济利益(即或有资产)，也可能带来经济义务(即或有负债)。因此，在分析财务报表时，对或有事项的附注应予以足够的重视，以发现在资产负债表中没有揭示的重大潜在负债项目，正确评价企业的长期偿债能力。

4.4 营运能力分析

营运能力主要指企业资产营运的效率和效益，反映企业的资产管理水平和资金周转情况。企业资产营运的效率主要指资产的周转率或周转速度。企业资产营运的效益主要指企业的产出额与资产占用额之间的比率。企业营运能力分析就是要通过对反映企业资产营运效率与效益的指标进行计算与分析，评价企业的营运能力，为企业提高经济效益指明方向。营运能力分析的内容主要包括:流动资产营运能力分析、固定资产营运能力分析和总资产营运能力分析。

4.4.1 流动资产营运能力分析

流动资产营运能力分析就是对企业流动资产营运效率进行分析，具体指标包括:应收账款周转率、存货周转率、流动资产周转率三个方面。

1. 应收账款周转率

应收账款是企业因对外销售商品、材料、提供劳务等而应向购货或接受劳务的单位收取的款项。它反映了资金被占用的程度。由于应收账款存在收不回来的可能性，过高的应收账款加大了未来损失的可能性；过低的应收账款又对企业的销售造成影响，最终会影响到企业实现一定市场占有率的经营策略。在市场经济条件下，应收账款有其存在的必然性，过高或过低都可能对企业存在不利影响，加速应收账款的周转是化解这些不利因素的最佳途径。

应收账款周转率，即应收账款周转次数，是反映应收账款周转速度的指标，它是一定时期内赊销收入净额与应收账款平均余额的比率。因为应收账款是企业赊销商品和劳务发生的，因此，在计算应收账款时采用的是赊销数据。但在企业的利润表中，并未列示赊销净额的数据。所以，对于外部分析者来说，一般用营业收入代替赊销净额进行计算。

其计算公式为

$$\text{应收账款周转率(次数)}=\frac{\text{营业收入}}{\text{应收账款平均余额}}\times 100\% \qquad (4\text{-}22)$$

$$\text{应收账款平均余额}=\frac{\text{期初应收账款}+\text{期末应收账款}}{2}$$

应收账款周转率可以用来估计应收账款的收款速度，回收迅速既可以节约资金，也说明企业信用管理状况良好，不易发生坏账损失。一般认为应收账款周转率越高越好。

应收账款周转天数是指应收账款周转一次所需要的时间。也称应收账款收账期，其计算公式为

$$\text{应收账款周转天数}=\frac{365}{\text{应收账款周转率}} \qquad (4\text{-}23)$$

如果应收账款周转天数长于企业通常的放款期或信用期，表明企业信用管理欠佳，收账不力，以致资金沉淀于应收账款中，反之，应收账款周转天数越短，销货之后能迅速收回现金，则可加速资金周转。然而如果应收账款周转天数低于同行业太多，可能是该企业的信用政策偏紧，从而影响了销售。

【例 4-9】 由表 1-1 海天股份有限公司 2009 年 12 月 31 日的资产负债表和 2009 年的利润表资料，可以计算出海天股份有限公司 2009 年的应收账款周转情况（如表 4-9 所示）。

表 4-9　海天股份有限公司应收账款周转情况　单位：元

项　目	2009 年
营业收入	1 250 000
期初应收账款	299 100
期末应收账款	598 200
应收账款平均余额	448 650
应收账款周转率(次数)	2.79
应收账款周转天数	130.82

在对应收账款周转率和周转天数进行分析时，应与同行业的其他企业，特别是同行业平均水平做比较，以更准确地评估企业的应收账款周转情况。

2. 存货周转率

存货作为企业在生产经营中为销售或耗用而储备的资产，它属于流动资产中变现能力最弱、风险最大的资产，但存货又是流动资产中收益率最高的资产。

存货周转率（次数），是一定时期内企业营业成本与存货平均余额的比率，它是反映企业销售能力和存货资产流动性的一个指标，也是衡量企业生产经营各个环节中存货运营效率

的一个综合性指标。它是对企业供、产、销各环节管理状况的综合反映。其计算公式如下：

$$\text{存货周转率(次数)}=\frac{\text{营业成本}}{\text{存货平均余额}} \tag{4-24}$$

其中

$$\text{存货平均余额}=\frac{\text{期初存货余额}+\text{期末存货余额}}{2}$$

计算企业一个年度的存货周转率时，可用年初存货与年末存货的平均值。如果企业的经营受季节性影响很大，或各期存货极不稳定，则可以先按全年每个月月初存货与月末存货求得各月的平均存货成本，然后把 12 个月的平均存货成本相加后除以 12，这样求得的全年平均存货比较准确。

通常情况下，存货周转率越高，表示企业存货管理效率越佳，存货从资金投入到销售收回的时间越短，在销售净利率相同的情况下，获取的利润就越多；反之，存货周转率过低，表示企业的存货管理效率欠佳，产销配合不好，存货积压过多，致使资金冻结在存货上，仓储费用及利息负担过重。

存货周转天数是企业的存货自入库登账之日起到发运出售之日止的平均天数，即存货周转一次所需要的天数。存货周转天数越少，说明存货周转速度越快。其计算公式为

$$\text{存货周转天数}=\frac{365}{\text{存货周转率}} \tag{4-25}$$

存货量的增减对企业有利有弊，企业存货量的大小，除取决于企业生产经营的特征之外，还取决于企业的经营思想。判断一个企业存货周转率快慢的标准通常有两个：一是行业平均存货周转率。当企业实际存货周转率快于行业平均存货周转率时，可以判定企业的存货资产利用效率较高；反之，则较低。二是按企业经营思想计算出的计划存货周转率。当实际存货周转率快于计划存货周转率，说明任务完成得好；反之，则差。

存货周转率和存货周转天数分析的目的是找出公司存货管理中存在的问题，从而提高存货管理的水平，使存货管理在保证公司生产经营连续性的同时，尽可能少占用公司的经营资金，提高公司资金的使用效率，促进公司管理水平的提高。

3. 流动资产周转率

流动资产完成从存货到商品再到货币这一循环过程，表明流动资产周转了一次。

流动资产周转率又叫流动资产周转次数，是反映企业流动资产周转速度的指标，它是流动资产在一定时期所完成的周转额即营业收入净额与流动资产平均余额之间的比率。计算公式为

$$\text{流动资产周转率(次数)}=\frac{\text{营业收入净额}}{\text{流动资产平均余额}} \tag{4-26}$$

其中

$$\text{流动资产平均余额}=\frac{\text{期初流动资产余额}+\text{期末流动资产余额}}{2}$$

流动资产周转率是分析流动资产周转情况的一个综合指标。在一定时期内，流动资产周转次数越多，表明以相同的流动资产完成的周转额越多，流动资产利用的效果越好。流动资产周转快，会相对节约流动资产，相当于扩大了企业资产投入，增强了企业盈利能力；反之，若流动资产周转慢，为维持正常经营，企业必须不断补充流动资产周转需要而投入更多

的资源，降低了企业盈利能力。

流动资产周转天数表示流动资产平均周转一次所需要的时间，其计算公式为

$$流动资产周转天数=\frac{365}{流动资产周转率} \tag{4-27}$$

流动资产周转一次所需要的天数越少，表明流动资产在经历生产和销售各阶段时占用的时间越短，周转越快。生产经营任何一个环节上的工作得到改善，都会反映到周转天数的缩短上来。按天数表示的流动资产周转率能更直接地反映生产状况的改善，便于比较不同时期的流动资产周转速度，应用较为普遍。

当然，企业流动资产周转率的分析还应结合企业的历史资料和同行业平均水平。不同行业的流动资产周转率水平不同，如零售商业的流动资产周转率一般要快一些，房地产行业的流动资产周转率要慢一些。另外，流动资产周转率指标还受企业资产结构的影响，如银行业的资产以流动资产为主，其流动资产周转速度就慢。

4.4.2　固定资产营运能力分析

固定资产营运能力分析主要是判断企业管理固定资产的能力，其常用的指标是固定资产周转率和固定资产周转天数。

固定资产周转率是指企业在一定期间内营业收入净额与固定资产平均余额之间的比例关系，反映固定资产在经营活动中周转的快慢、变现能力和有效利用程度，据此也可判断固定资产的投资是否有效或是否需要继续投资。其计算公式为

$$固定资产周转率(次数)=\frac{营业收入净额}{固定资产平均余额} \tag{4-28}$$

其中

$$固定资产平均余额=\frac{期初固定资产净值+期末固定资产净值}{2}$$

一般来说，固定资产周转率高，不仅表明企业固定资产利用较充分，同时也表明固定资产投资得当，资产结构合理，能够充分发挥其效率；反之，固定资产周转率低，表明固定资产的使用效率不高，企业营运能力欠佳。

固定资产周转天数就是固定资产周转一次所需要的时间，其计算公式如下：

$$固定资产周转天数=\frac{365}{固定资产周转率} \tag{4-29}$$

在实际分析固定资产周转率和固定资产周转天数这两个指标时，应注意以下几个问题：

(1)固定资产价值采用原值和净值对固定资产周转速度的影响不同。按固定资产原值进行计算，是因为固定资产生产能力并非随着其价值的逐渐转移而降低。且使用原值便于企业不同时期或不同企业间进行比较，如果采用净值，将失去可比性。按固定资产净值进行计算，是因为固定资产原值并非一直全部被企业占用着，其价值的磨损部分已逐步通过折旧收回。只有采用净值计算，才能真正反映一定时期的企业实际占用的固定资产。因此，采用原值计算，可以避免因所采用的折旧方法或折旧年限不同而产生的人为差异，具有可比性；采用净值计算，一般适用于企业自身的纵向比较。如果按固定资产净值计算，在与其他企业进行比较时，应注意折旧方法和折旧年限是否一致。本书按固定资产净值计算。

(2)严格地说，企业的营业收入不直接取决于固定资产的周转，而直接来自于流动资产

的周转。固定资产要完成一次周转必须经过整个折旧期间，因此，用营业收入净额除以固定资产平均余额反映固定资产的周转速度具有一定的缺陷，即它并非固定资产的实际周转率。但流动资产投资规模、周转额的大小及周转速度的快慢在很大程度上取决于固定资产的生产经营能力及利用效率。因此，在对固定资产营运能力进行分析时，应充分结合流动资产的投资规模、周转额、周转速度进行评价。

(3)通货膨胀会导致营业收入虚增。固定资产一般采用历史成本法记账，因此在企业的固定资产、销售状况都未发生变化的条件下，通货膨胀导致的物价上涨可能会使营业收入虚增，进而导致固定资产周转率提高，但实际上固定资产的效能并未增加。

(4)不同行业的企业，由于生产经营等特点的差异，固定资产的状况也会有很大的差别。因此，在对固定资产周转速度进行分析时，应根据企业的行业特点来进行分析比较，注意指标间的可比性。

4.4.3 总资产营运能力分析

总资产营运能力取决于每一项资产的利用程度和周转速度。为了综合分析总资产的营运能力，运用的主要指标是总资产周转率和总资产周转天数。

总资产周转率是指企业在一定时期内的营业收入净额和总资产平均余额的比率，其计算公式为

$$总资产周转率(次数)=\frac{营业收入净额}{总资产平均余额} \tag{4-30}$$

其中

$$总资产平均余额=\frac{期初总资产余额+期末总资产余额}{2}$$

总资产周转率衡量企业在报告期内对全部资产的使用效率。如果总资产周转率高，说明企业全部资产的经营效率高，取得的销售收入高，经营风险相对较小；反之，如果总资产周转率低，说明全部资产的经营效率差，取得的销售收入少，经营风险相对较大。

总资产周转天数指企业的全部资产周转一次所需要的时间，其计算公式为

$$总资产周转天数=\frac{365}{总资产周转率} \tag{4-31}$$

需要注意的是，较高的总资产周转率也可能是由于总资产过少引起的。如果企业的总资产周转率突然上升，而销售收入与其他年度持平时，则有可能是企业本期报废了大量固定资产造成的，那么这时的总资产周转率就不具有可比性，并不说明资产利用率提高。同样，异常的供应问题或者停工也是影响资产使用效率的原因，需要对此进行特殊的分析和评价。在具体分析时应结合行业的平均水平进行判断。具体原因还应结合流动资产周转率、固定资产周转率等有关资产组成的使用效率指标分析并做进一步的判断。

知识要点

• 资本结构是指企业的全部资金来源中各项目所占的比重及其相互间的比例关系。企业的全部资金来源于两个方面：一是借入资金，包括流动负债和长期负债；二是自有资金，即

企业的所有者权益(在股份制企业为股东权益)。

• 资本结构有保守型资本结构、中庸型资本结构和风险型资本结构三种类型。

• 资本结构分析的主要指标有:资产负债率、所有者权益比率、负债权益比率、流动负债(短期负债)与总负债比率、净资本对实收资本比率等。

• 资产结构,就是指企业的流动资产、长期投资、固定资产、无形资产等占资产总额的比重。

• 资产结构分析的主要指标有:现金资产比率、应收账款比率、存货资产比率、流动资产比率、固定资产比率、流动资产与固定资产比率、对外投资比率、无形资产比率、金融资产比率等。

• 企业的偿债能力是指在一定期间内清偿各种到期债务的能力和现金保证程度。偿债能力强弱是衡量经营绩效的重要指标,不仅关系到企业本身的生存和发展,同时也与债权人、投资者的利益密切相关。企业的偿债能力按其债务到期时间的长短分为短期偿债能力和长期偿债能力。

• 短期偿债能力是指企业支付短期债务的能力,即一个企业以其流动资产支付流动负债的能力,又称企业的支付能力。对短期偿债能力的指标分析,主要可采用流动资产和流动负债对比的指标,包括营运资金、流动比率、速动比率、现金比率等。

• 长期偿债能力是指企业偿还未来到期的长期债务本金和支付利息的能力。它可以从两方面对企业进行分析,一方面是企业获利能力的分析。另一方面是资本结构的分析。

• 从盈利能力角度对企业长期偿债能力进行分析评价的指标主要有利息保障倍数、债务本息偿付比率和固定费用补偿倍数等。

• 营运能力主要指企业资产营运的效率和效益,反映企业的资产管理水平和资金周转情况。营运能力分析的内容主要包括:流动资产营运能力分析、固定资产营运能力分析和总资产营运能力分析。

• 流动资产营运能力分析就是对企业流动资产营运效率进行分析,具体指标包括:应收账款周转率、存货周转率、流动资产周转率三个方面;固定资产营运能力分析主要是判断企业管理固定资产的能力,其常用的指标是固定资产周转率和固定资产周转天数;总资产营运能力取决于每一项资产的利用程度和周转速度。为了综合分析总资产的营运能力,运用的主要指标是总资产周转率和总资产周转天数。

复习思考题

1. 选择题

(1)(　　)是企业的长期及固定资产和部分流动资产全部由主权资本和长期负债提供,流动负债只是满足于部分临时性流动资产占用所需资金。

A. 保守型资本结构　　　　B. 中庸型资本结构

C. 风险型资本结构　　　　D. 以上都不是

(2)下列计算公式不正确的是(　　)。

A. $现金资产比率=\frac{现金类资产}{流动资产总额}\times 100\%$

B. 应收账款比率 $=\frac{\text{应收账款净额}}{\text{流动资产合计}}\times 100\%$

C. 存货比率 $=\frac{\text{存货}}{\text{流动资产合计}}\times 100\%$

D. 流动资产比率 $=\frac{\text{流动资产合计}}{\text{资产总额}}\times 100\%$

(3)下列哪项不属于企业短期偿债能力弱的表现(　　)。

A. 无法获得有利的进货折扣而使进货成本加大

B. 限制或束缚管理者对企业资金的灵活调配

C. 由于无力支付短期债务而被迫出售长期投资或拍卖固定资产

D. 造成部分资金闲置,影响资金的使用效率

(4)最稳健或者说最保守的方法就是采用(　　)来衡量企业的短期偿债能力。

A. 营运资金　　B. 流动比率　　C. 速动比率　　D. 现金比率

(5)某企业当年实现销售收入 40 万,营业利润 28 万,利息费用 4 万。则其利息保障倍数为(　　)。

A. 9　　B. 8　　C. 6　　D. 10

(6)某企业当年实现销售收入 500 万元,净利润 300 万元,期初和期末的流动资产余额分别为 1 200 万元和 1 000 万元。则其流动资产周转率为(　　)。

A. 0.27　　B. 0.42　　C. 0.45　　D. 0.5

(7)在计算固定资产周转率时,对固定资产原值和净值的描述不正确的是(　　)。

A. 按固定资产原值进行计算,是因为固定资产生产能力并非随着其价值的逐渐转移而降低

B. 使用原值便于企业不同时期或不同企业间进行比较

C. 采用净值计算,可以避免因所采用的折旧方法或折旧年限不同而产生的人为差异

D. 采用净值计算,一般适用于企业自身的纵向比较

2. 判断题

(1)经营风险大的企业,负债比例一般都比较小。(　　)

(2)对债权人而言,希望负债比率越高越好。(　　)

(3)企业流动资产的流动性和变现能力越强,其短期偿债能力就越强。(　　)

(4)所有者权益资金是企业承担长期债务的基础。(　　)

3. 简答题

(1)进行资本结构分析的意义是什么?

(2)资产结构的影响因素有哪些?

(3)盈利能力如何影响企业长期偿债能力?

(4)用固定资产周转率分析固定资产营运能力时应注意哪些问题?

第 5 章　利润表分析

引导案例

在 2003 年年报中，＊ST 天一采用银行借款不入账、少计短期借款从而少计财务费用，虚构委托资产管理业务从而虚构投资收益，共计 1 993.54 万元。各子公司也是八仙过海，各显神通：奥星分公司采用少转销售成本，虚构主营业务利润 526.71 万元，虚构其他业务利润 395 万元，虚构借款业务从而虚构资金占用费 109.01 万元；电器分公司虚构主营业务利润 456 万元；天一银河通过虚构销售业务、少计费用、虚构投资收益共虚构利润 2 746.95 万元，按照股权计算，使＊ST天一虚增利润 2 719.48 万元；天一长江通过虚构借款业务使＊ST 天一虚增利润 34.01 万元；天一赛马也是通过虚构借款业务使＊ST 天一虚增利润120.11万元。

2004 年半年报中，利用同样的手法虚构利润共计 1 575.89 万元，硬生生将公司"扭亏为盈"了，并且同样谎报募集资金的使用额度。除此之外，还变本加厉，开始隐瞒存货盘亏和毁损 4 453.56 万元、虚增无形资产 1 232.45 万元、虚增应收账款 885.69 万元。

除此之外，2003 年＊ST 天一还隐瞒 22 532 万元的应付票据和 32 080 万元的银行承兑汇票，2004 年继续隐瞒这个真相，只是金额稍有变动，都为 22 700 万元；另外还隐瞒重大的诉讼事项，隐瞒利用募集资金和账外贷款进行巨额的股票投资，隐瞒在外的控股子公司等。

资料来源：《2005 年度上市公司十大财务舞弊公司排行榜》，财务舞弊研究中心（上海国家会计学院）。

在看多了"大手笔"的造假案件之余，＊ST 天一的"聚沙成塔"、"细水长流"、"化整为零"式的作案手法不得不让人惊叹，这也在提醒财务分析人员，在抓大的同时，也不能放小，不能忽视小额的舞弊行为。

本章主要介绍利润表分析的有关内容。

5.1　概　述

利润表是财务报表中的主要报表之一，又称损益表、收益表，是反映企业在一定期间（月份、季度、年度）内经营成果的动态会计报表。它反映了企业的收入、成本、费用、税收情况，揭示了企业利润的构成和实现过程。

企业在生产经营活动中，在取得收入的同时会不断地发生各种费用，收入减去费用剩余的部分就是企业的盈利。利润是指企业在一定会计期间的经营成果。如果企业经营不善，发生的各种费用超过取得的收入，企业就发生了亏损；反之，企业就能取得一定的利润。取得的收入和发生的相关费用的对比情况就是企业的经营成果。会计部门定期核算企业的经营成果,并将核算结果编制成报表,这就是利润表。多步式利润表反映了利润的形成过程,它首先计算出营业利润,然后是利润总额,最后得出净利润。

利润表是企业内外部相关利益者了解企业经营业绩的主要窗口,其提供的会计信息与企业的财务收支和盈利水平密切相关。通过利润表的分析可以为企业分配利润、评价企业经营管理业绩和预测利润情况提供依据,可以使债权人、投资者及其他会计信息使用者了解企业的获利能力和投资价值。另外,由于利润是企业业绩评价的重要指标之一,企业往往会出于各种不同的动机,粉饰利润表以达到操纵利润的目的。因此,对利润表的分析就显得尤为重要。

利润表分析就是以利润表为基础,对利润表中各具体项目的内容和结构进行分析,分析利润构成及其影响因素,以评价企业真实的经营业绩、判断其获利能力。

5.1.1 利润表上的各种利润

1. 营业利润

营业利润=营业收入-营业成本(主营业务成本和其他业务成本)-营业税金及附加-销售费用-管理费用-财务费用-资产减值损失+公允价值变动收益+投资净收益

营业利润指企业在生产经营活动中实现的经营性利润,是企业销售商品、提供劳务或让渡资产使用权取得的利润。它是以营业收入为基础,减去营业成本、营业税金及附加、销售费用、管理费用、财务费用、资产减值损失,加上公允价值变动收益和投资收益计算得出的。

营业收入是指企业主要经营业务和其他业务所确认的收入总额。营业成本是指企业主要经营业务和其他业务发生的实际成本总额。营业税金及附加是指企业经营业务应该负担的营业税、消费税、城市维护建设税、资源税、土地增值税和教育费附加等。销售费用是指企业在销售商品过程中发生的包装费、广告费等费用和为销售本企业商品而专设的销售机构的职工薪酬、业务费等经营费用。管理费用是指企业行政管理部门为组织和管理生产经营而发生的各种费用。财务费用是指企业为筹集生产经营所需资金而发生的筹资费用。资产减值损失是指企业各项资产由于减值而发生的损失。公允价值变动收益是指企业按照相关准则规定应当计入当期损益的各项资产或负债公允价值变动的净收益,如为净损失,以"-"号列示。投资净收益是指企业以各种方式对外投资所取得的收益,如为净损失,以"-"号列示。

2. 利润总额

利润总额=营业利润+营业外收入-营业外支出

企业的利润总额是由营业利润加上营业外收入减去营业外支出计算得出的。

营业外收入是指公司发生的与其生产经营无直接关系的各项收入,包括固定资产盘盈、处理固定资产净收益、资产再次评估增值、债务重组收益、罚款净收入、确实无法支付而按规定程序经批准后转作营业外收入的应付款项等。营业外支出,是指企业发生的与其生产经营无直接关系的各项支出,包括固定资产盘亏、处置固定资产净损失、出售无形资产损失、债务重组损失、计提的固定资产减值准备、计提的无形资产减值准备、计提的在建工程减值准备、罚款支出、捐赠支出、非常损失等。

3. 净利润

净利润＝利润总额－所得税费用

净利润是利润总额减去所得税费用后的余额。

所得税费用是指企业根据《企业会计准则第 18 号—所得税》确认的应从当期利润总额中扣除的、按应税所得和一定税率计算上缴给国家税务部门的费用。税后净利润归属于企业所有者，因此，企业若实现了净利润就增加了所有者权益，而发生净亏损则减少了所有者权益。

4. 每股收益和综合收益

在利润表中还列示了每股收益和综合收益，其中每股收益包括基本每股收益和稀释每股收益，综合收益包括其他综合收益和综合收益总额。

基本每股收益是指企业应当按照属于普通股股东的当期净利润，除以发行在外普通股的加权平均数从而计算出的每股收益；稀释每股收益是以基本每股收益为基础，假设企业所有发行在外的稀释性潜在普通股均已转换为普通股，从而分别调整归属于普通股股东的当期净利润以及发行在外普通股的加权平均数计算而得的每股收益。

其他综合收益反映企业根据企业会计准则规定未在损益中确认的各项利得和损失扣除所得税影响后的净额；综合收益总额是企业净利润与其他综合收益的合计金额。

5.1.2 利润表分析的意义

(1)评价企业的经营业绩与获利能力

通过衡量公司的营业收入、费用、利润等绝对量指标，或用投资收益率、利润率等相对指标，可以评价企业过去的经营业绩，即净利润的实现，据以判断企业资本的保值增值情况。将利润表中的信息与资产负债表中的信息结合起来分析，比较企业在不同时期，或同一行业中的不同公司在相同时期的有关指标，可以了解企业获利能力的大小。

(2)发现企业经营管理中存在的问题并为经营决策提供依据

通过分析利润表中利润的各构成项目，并与以前各期相比较，可以了解企业各项收入和利润的升降趋势及其变化幅度，发现企业管理中存在的问题，及时做出相应的决策，采取相应的改善经营管理措施，保持利润的稳定增长。

(3)帮助投资者和债权人做出正确的投资与信贷决策

投资者、债权人或其他利益相关者可以通过判断企业经营成果的优劣和获利能力的高低来预测未来的发展趋势，判断其经营潜力和发展前景，进而做出有关投资与信贷方面的决策。同时，利润表分析对于国家宏观管理，制定产业政策也有重要的作用。

(4)评价企业管理人员的工作绩效

利润是经营管理人员工作业绩的集中体现，也是管理成功与否的重要标志。通过对不同时期、不同企业之间收入、费用及利润的增减变动情况的分析，可以识别、评价各职能部门和人员的经营业绩，并判断其与整个企业经营成果的关系，从而评价各管理部门及人员的功过得失，为人事调整、实施奖惩、改善经营管理提供依据。

(5)为企业在资本市场融资提供重要依据

利润表分析反映的获利能力，是企业能否在资本市场上融资的重要依据。《公司法》规定，公司“最近三年平均可分配利润足以支付公司债券一年的利息”，是公司发行债券融资的前提条件;“公司在最近三年内连续盈利,并可向股东支付股利”是公司申请公开发行股票融资的必备条件之一;而已上市公司想要通过增发新股、配股或发行可转换公司债券来再融资,按照相关的规定,其近三年的平均净资产收益率必须达到规定的标准,如10%;影响融资金额大小的普通股股票的发行价也往往采用市盈率定价机制等,跟企业净利润直接相关。这些充分说明企业的获利能力大小,实现净利润的高低,是企业能否在资本市场上融资以及融资规模的重要依据。

5.2 内容分析

5.2.1 收入项目分析

收入是指企业在日常活动中形成的、会导致所有者权益增加的、与所有者投入资本无关的经济利益的总流入。其中,日常活动是指企业为完成其经营目标所从事的经常性活动以及与之相关的其他活动。

按照企业从事日常经营活动的性质,收入主要包括销售商品收入、提供劳务收入、让渡资产使用权收入、建造合同收入等。按企业从事日常活动在企业的重要性,可将收入分为主营业务收入、其他业务收入等。在利润表上,各个收入项目是按照其对企业的重要性程度进行分类和排序的。

企业收入的主要来源有:营业收入(包括主营业务收入和其他业务收入)、公允价值变动收益、投资收益和营业外收入等。

1. 收入具体项目分析

(1)营业收入

营业收入由两部分构成:主营业务收入和其他业务收入。主营业务收入是指企业为完成其经营目标从事的经常性活动实现的收入。如工业企业制造并销售产品、商业企业销售商品、保险公司签发保单、咨询公司提供咨询服务、软件开发企业为客户开发软件、安装公司提供安装服务、商业银行对外贷款、租赁公司出租资产等实现的收入。这些活动形成的经济利益的总流入构成收入,属于企业的主营业务收入,根据其性质的不同,分别通过“主营业务收入”、“劳务收入”、“保费收入”等科目进行核算。其他业务收入是指与企业为完成其经营目标所从事的经常性活动相关的活动实现的收入。如工业企业对外出售不需要的原材料、对外转让无形资产使用权等。这些活动形成的经济利益的总流入也构成营业收入,属于企业的其他业务收入。

无论是主营业务收入还是其他业务收入,都是通过正常的经营活动获得的,是企业利润的主要来源。但主营业务收入一般占企业收入的比重较大,对企业的经济效益产生较大的影响;其他业务收入在企业收入中所占的比重则比较小。因此,在分析企业营业收入时,应着重分析主营业务收入项目。

对营业收入进行分析时,主要包括以下几点:

①分析主营业务收入的比重及其构成

一般来说,主营业务收入是企业收入的最重要的来源,它稳定性较好,在企业总收入中所占的比重最大，直接体现了企业的市场占有情况。如果一个企业的主营业务收入比重逐年降低，有两种可能：一是该企业可能在转换和调整经营战略和经营方式；二是企业可能处在衰退期，其营业收入的稳定性及上升的持久性可能不强。

对企业主营业务收入构成进行分析，以了解企业主营业务收入构成的变动情况。如果将连续几年的主营业务收入构成进行对比分析，还可进一步明确哪一种产品的比重发生变化，以及变化的原因是什么、对企业总体收入有何影响等。然后根据分析结合市场的变化，及时调整产品结构，扩大销售，以占有更多的市场份额。

②分析营业收入的地区分布结构

当企业为不同地区提供产品或劳务的情况下，企业在不同地区商品和劳务的营业收入构成及其变动情况对报表使用者也具有重要价值。由于不同地区的市场潜力不同，消费者对不同品牌的商品具有不同的偏好。因此，营业收入地区分布结构揭示出占营业收入比重大的地区是企业过去业绩的主要驱动力量，这些地区将是企业管理的重点；同时，占营业收入比重小的地区往往是企业市场开发薄弱的环节，或者产品与此地区消费者习惯格格不入，这在很大程度上制约了企业的未来发展，应视情况予以重点开发或放弃。

③分析关联方交易取得收入所占的比重

在企业形成集团化经营的条件下，集团内各个企业之间就有可能发生关联方交易。由于关联方之间的密切联系，关联方之间就有可能为了包装某个企业的业绩而人为地制造一些业务。当然，关联方之间的交易也有企业间正常交易的成分，但是分析者必须关注以关联方销售为主体形成的营业收入在交易价格、交易时间等方面的非市场化因素，以判断企业营业收入的合理性。

案例5-1

中国证监会监查字[1998]31号查实，琼民源1996年年报虚构利润5.4亿元，通过进行关联方交易、编造无效的合作建房与权益转让合同，虚构收入5.66亿元，包括：(1)从香港冠联置业公司取得的合作建房款1.95亿元；(2)向北京开源机械设备公司转让北京民源大厦开发权益所获收入2.7亿元；(3)向北京开源机械设备公司转让北京民源大厦未来建成的商场经营权所获收入5 000万元；(4)从北京民源大厦取得的补偿费5 100万元。另外，由对琼民源四个投资项目的资产评估增值产生，虚增资本公积金6.57亿元，而这些评估项目均未经国有资产管理部门批准立项和确认，不具备法律效力。

琼民源利润形成的一个重要特征是关联交易多，所形成的债权债务也多。关联方在北京有6～7家，海南有7～8家，大多没有具体的办公地点、人员和具体业务，法人代表往往都是同一个人——马玉和。琼民源从1993年上市，到1997年初造假败露，四年四易会计师事务所，造成会计师资料获取有限，为准确判断公司经营状况设下了障碍。琼民源还在时间上难为会计师，如1996年年报审计，尽管总资产逾30亿元，业务遍及海南、北京等地，仍要求海南中华会计师事务所1月22日就结束审计工作。

④分析地方政府或部门通过行政手段对企业收入的贡献

在我国市场经济的发展过程中，地方政府或部门通过行政手段对企业营业收入的影响也不容忽视。在我国目前情况下，地方政府或部门通过扶持等行政手段对个别企业扩大营业收入的情况屡见不鲜。在特定行业的特定发展阶段，尤其是那些需要保护的处于发展初期的新兴行业，地方政府或部门的特定行政手段确实可以对其发展起到积极的促进作用。但是，当企业处于稳定发展阶段时，其营业收入应主要依靠市场来实现。因此，被地方政府或部门行政扶持的、对营业收入产生较大影响的处于稳定发展阶段企业，其形成的利润即使在过去是好的，其未来发展前景也有待观察。

(2)公允价值变动收益

公允价值变动收益是指资产或负债因公允价值变动所形成的收益，即交易性金融资产、交易性金融负债，以及用公允价值模式计量的投资性房地产、衍生工具、套期保值业务等的公允价值变动所形成的利得。

资产负债表日，企业应评估交易性金融资产、交易性金融负债、投资性房地产、衍生工具、套期保值业务等的公允价值，其公允价值与初始入账金额之间的差额，应计入公允价值变动收益。需要注意的是，公允价值变动收益是在交易性金融资产、交易性金融负债、投资性房地产、衍生工具、套期保值业务等项目的后续计量中确认的。当处置这些项目时，其售价与账面价值的差额应计入投资收益，而非公允价值变动收益，并且要将持有这些资产或负债期间的公允价值变动损益转入投资收益。

我国目前的情况下，对于某些资产的公允价值的准确确定与评估还存在一定的困难。因此，分析者在分析公允价值变动收益时，应持谨慎的态度，注意观察本期的变动额对利润总额的影响，结合市场情况来判断企业是否存在操纵利润的动机和行为。

(3)投资收益

投资收益是指企业投资活动带来的收益，即企业持有的交易性金融资产、持有至到期投资、可供出售金融资产以及长期股权投资等为企业带来的收益。

对投资收益的分析主要就是看投资收益在企业总收入中的比重及其变动情况。一般来说，企业的营业收入占总收入的比重最大，特别是传统企业。但随着企业兼并、合并、重组等资本经营活动的增加，越来越多的现代企业开始将经营中心从产品生产和销售转移到了对外投资上。因此，越来越多的企业，其对外投资性质的资产所占的比重越来越大，企业收入中投资收益的比重也就越来越大。但是，目前来看，投资收益的稳定性相对来说还是比较差的，仍存在着较大的风险，企业获得投资收益的不确定性很大。分析者在分析时，应充分考虑到这一点，谨慎地判断和预测企业未来的投资收益。

另外，分析时还应注意长期股权投资的核算方法。长期股权投资采用成本法核算的，企业应按被投资单位宣告发放的现金股利或利润中属于本企业的部分计算投资收益，而属于被投资单位在取得投资前实现净利润的分配额，应作为投资成本的收回。长期股权投资采用权益法核算的，资产负债表日，应根据被投资单位实现的净利润或经调整的净利润计算投资收益，并不是按企业实际分配到的净利润核算。也就是说，采用权益法核算的，实际上企业并没有得到确定的投资收益，这部分利得仍然停留在被投资单位，分析时应注意这一点。

(4)营业外收入

营业外收入是指企业发生的与其日常活动无直接关系的各项利得，主要包括非流动资产处置利得、盘盈利得、捐赠利得、确实无法支付而按规定程序经批准后转做营业外收入的应付款项等。

非流动资产处置利得，包括固定资产处置利得和无形资产出售利得。固定资产处置利得是指企业出售固定资产所取得价款或报废固定资产的材料价值和变价收入等，扣除处置资产的账面价值、清理费用、处置相关税费后的净收益；无形资产出售利得是指企业出售无形资产所取得的价款，扣除出售无形资产的账面价值、出售相关税费后的净收益。

盘盈利得，主要指对于现金清查盘点中盘盈的现金，报经批准后计入营业外收入的金额。

捐赠利得，指企业接受捐赠产生的利得。

营业外收入不是耗费企业经营资金而产生的，不需企业付出任何代价，具有非常规性和偶发性的特点，所以也不可能与费用相配比。这部分的收入数额较大并不是坏事，它使企业净利润增加，因而也增加了企业利润分配的能力。但是，营业外收入的稳定性较差，企业不能根据这部分收益来预测将来的净收益水平。如果营业外收入占收入总额的比例过大，说明企业的盈利结构出了问题，至少是增加了不稳定因素。如果营业外收入中的无形资产转让收入保持一个较大的数额和持续的增长，则反映企业的研究与开发工作做得很好，这正是将来企业发展所必需的。

2. 收入的确认和计量分析

(1)收入的确认分析

我国《企业会计准则第 14 号—收入》规定对收入的确认和计量，要针对不同交易的特点，分析交易的实质，正确地判断每项交易中的收入何时确认及如何计量。收入的确认要至少符合以下条件：

①企业已将商品所有权上的主要风险和报酬转移给购货方；

②企业既没有保留通常与所有权相联系的继续管理权，也没有对已售出的商品实施有效控制；

③相关的经济利益很可能流入企业；

④收入的金额能够可靠地计量；

⑤相关的已发生或将发生的成本能够可靠地计量。

企业销售商品应同时满足上述五个条件，才能确认收入。任何一个条件没有满足，即使收到货款，也不能确认收入。

在明确收入内涵的基础上，根据收入的确认条件，应着重从以下几个方面进行分析：一是要分析收入确认时间的合法性，即分析本期收入与前期收入或后期收入的时间界限有无混淆的现象；二是分析特殊情况下企业收入的确认，如附有销售退回条件的商品销售收入的确认；三是分析收入确认方法的合理性，如对采用完工百分比法、完成合同法的条件与估计方法是否合理等的分析。

(2)收入的计量分析

对营业收入的计量分析，关键在于确认销售退回、折扣的计量是否准确。根据会计准则规定，商业折扣的计量比较简单，而销售或现金折扣问题相对复杂，应作为分析重点。分析时应根据商业折扣与现金折扣的特点，分别分析折扣的合理性与准确性以及对企业收入的影响。对投资收入的计量分析，应对利息收入、资产使用费用收入和股利收入分别进行分析，结合各项目特点与选择的会计政策情况，确认企业投资收入计量方法和计量结果是否准确。

无论是收入确认分析，还是收入计量分析，关键在于明确分析的目的是明确收入的正确性；而其正确的关键在于分析选择的会计政策、会计方法的准确性与合理性。

3. 收入的构成分析

对企业收入的分析不仅要从总量上进行分析，而且还要分析其结构及其变动情况，以了解企业的经营方向和会计政策选择。收入的结构分析主要从营业收入与其他收入、收入与利得、现销收入与赊销收入的结构进行。

(1)营业收入与其他收入分析

企业收入包括营业收入、投资收益和营业外收入等。一个企业营业收入占总收入的比重，反映了它的核心获利能力、企业发展潜力和前景。对营业收入和其他收入的构成情况进行分析，可以了解与判断一个企业的经营方针、政策和效果，进而分析企业的持续发展能力。

(2)收入与利得分析

企业在会计期间内增加的除所有者投资以外的经济利益通常称为收益，收益包括收入与利得。收入是企业在日常活动中形成的经济利益的总流入，包括销售商品收入、劳务收入、利息收入、使用费收入和股利收入等。利得是收入以外的其他收益，通常在偶发的经济业务中取得，属于那种不经过经营过程就能取得或不曾期望获得的收益，如处理固定资产净损益、接受捐赠或政府补助取得的资产等。利得在我国主要以营业外收入为常见形式。由于它是偶发性的收益，不是长久的，在分析时不能将这部分作为企业收入的主流，要关注收入与利得之间的比例关系。

(3)现销收入与赊销收入分析

企业收入通常表现为现销与赊销两种方式，而在两者之间的选择一般要受到企业的会计政策、企业竞争战略、产品市场情况等因素的影响。通过对两者结构及其变动情况分析，可了解与掌握企业产品销售情况及其战略选择，分析判断其合理性。

5.2.2 成本费用项目分析

费用是指企业在日常活动中发生的、会导致所有者权益减少的、与向所有者分配利润无关的经济利益的总流出。在利润表中，成本费用项目主要包括营业成本、营业税金及附加、期间费用(包括销售费用、管理费用和财务费用)、资产减值损失、营业外支出和所得税费用等。

1. 成本费用具体项目分析

(1)营业成本

营业成本是与营业收入直接相关的，已经确定了归属期和归属对象的各种直接费用。以其与营业收入的归属关系为依据，营业成本可分为主营业务成本和其他业务成本。在不同类型的企业里，营业成本有不同的表现形式：在制造业或工业企业，营业成本表现为已销产品的生产成本；在商品流通企业，营业成本表现为已销商品成本。

企业营业成本水平的高低，受多方面因素的影响，既有企业不可控的因素(如受市场因素的影响而引起的价格波动)，又有企业可以控制的因素(如企业通过一定的方法减少生产过程中废品数量等)，还有企业通过成本会计系统的会计核算对成本操控等不合理因素。因此，在分析和评价企业的营业成本时，应结合多种因素进行。

另外，在分析企业的营业成本时，应将主要精力放在主要业务成本的变动上，确定本期与前期或同行业企业的成本差异,从而找出产生成本差异的原因。

(2)营业税金及附加

营业税金及附加,是指反映企业日常经营活动应负担的税金,包括营业税、消费税、城市维护建设税、资源税和教育费附加等,但不包括增值税和所得税以及印花税等计入管理费用的部分税种。这些税金及附加,一般根据当月销售额或税额,按照规定的税率计算,于下月初缴纳。城市维护建设税和教育费附加属于附加税,是按企业当期实际缴纳的增值税、消费税和营业税税额的一定比例计算。

需要注意的是,这些税金及附加是在企业收入实现时,根据税法的规定计算的,无论企业是否已经实际缴纳,都应包括在"营业税金及附加"项目里。营业税金及附加虽然不构成产品的生产成本,但却是企业为了取得营业利润而必须发生的一项费用支出。分析时应注意其计算的准确性和缴纳的及时性。

(3)销售费用

销售费用,是指企业在销售商品和材料、提供劳务的过程中发生的各种费用,包括保险费、包装费、展览费和广告费、商品维修费、预计产品质量保证损失、运输费、装卸费等以及为销售本企业商品而专设的销售机构(含销售网点、售后服务网点等)的职工薪酬、业务费、折旧费、固定资产修理费用等费用。

从销售费用的基本构成及功能来看,有的与企业的业务活动规模有关,如运输费用、展览费用等;有的与企业从事销售活动人员的待遇有关,如企业专职销售人员的奖励资金;也有的与企业的未来发展、开拓市场、扩大企业品牌知名度有关,如广告费、展览费。从企业管理层对上述各项费用的有效控制来看,尽管管理层可以对诸如广告费、营销人员的工资和福利费等采取控制或降低其规模等措施,但是这种控制或降低,可能对企业的长期发展不利,或者影响有关人员的积极性。因此,在分析时应将企业销售费用的增减变动和销售量的变动结合起来,分析变动的合理性和有效性。一般认为,在企业业务发展的条件下,企业的销售费用不应当降低。片面追求一定时期的费用降低,有可能对企业的长期发展不利。

(4)管理费用

管理费用是指企业为组织和管理企业生产经营所发生的管理费用,包括企业在筹建期间内发生的开办费、董事会和行政管理部门在企业的经营管理中发生的或者应由企业统一负担的公司经费(包括行政管理部门的职工工资及福利费、物料消耗、低值易耗品摊销、办公费和差旅费等)、工会经费、董事会费(包括董事会成员津贴、会议费和差旅费等)、聘请中介机构费、咨询费(含顾问费)、诉讼费、业务招待费、房产税、车船税、土地使用税、印花税、技术转让费、矿产资源补偿费、研究费用、排污费以及行政管理部门等发生的固定资产修理费用、折旧费等。

与销售费用一样,尽管管理层可以对管理费用中诸如业务招待费、技术开发费、董事会会费、职工教育经费、涉外费、租赁费、咨询费、审计费、诉讼费、修理费、管理人员工资和福利费等可以采取控制或降低其规模等措施,但是这种控制或降低,可能对公司的长期发展不利,或者影响有关人员的积极性。另一方面,折旧费、摊销费等是企业以前各个会计期间已经支出的费用,不存在控制其支出规模的问题,对这类费用的处理更多地受企业会计政策的影响。

对于管理费用的分析我们应结合企业的总资产规模和销售水平来进行。销售的增长会使相应的应收账款和存货规模扩大,资产规模的扩大会增加企业管理的要求,比如设备的增加,人员扩充等,从而增加管理费用。

(5)财务费用

财务费用是指企业为筹集生产经营所需资金等而发生的筹资费用,包括利息支出(减利息收入)、汇兑损益以及相关的手续费、企业发生的现金折扣或收到的现金折扣等,但不包括为购建或生产满足资本化条件的资产而发生的应予资本化的借款利息支出。其中,经营期间发生的利息支出构成了企业财务费用的主体。

企业贷款利息水平的高低,主要取决于三个因素:贷款规模、贷款利息率和贷款期限。如果企业因贷款规模的原因导致计入利润表的财务费用下降,则企业会因此而改善盈利能力。但是,我们还应该看到,企业可能因贷款规模的降低而限制了其发展;从企业融资的角度来看,贷款利息率的具体水平主要取决于一定时期资本市场的供求关系、贷款规模、贷款的担保条件以及贷款企业的信誉等因素。在利率的选择上,可以采用固定利率、变动利率或浮动利率等,这些利率受一定时期资本市场利率水平的影响。因此,贷款利率中,既有企业不可控制的因素,也有其可以选择的因素。从总体上说,贷款规模和贷款期限对企业财务费用的影响主要体现在利率因素上,所以企业的利息费用将随着利率水平而波动。在分析时,不应对企业因贷款利率的宏观下调而导致的财务费用降低给予过高的评价。

总之,财务费用因企业筹资活动而发生,所以在进行财务费用分析时,应当将财务费用的增减变动和企业的筹资活动联系起来,分析财务费用的增减变动的合理性和有效性,发现其中存在的问题,查明原因,采取对策,以期控制和降低费用,提高企业利润水平。对财务费用中的利息支出应与使用资金产生的效益进行对比分析,如果得不偿失应及时归还贷款,或采取相应的措施。

(6)资产减值损失

资产减值损失,是指因资产的账面价值高于其可收回金额而造成的损失。新会计准则规定资产减值范围主要是固定资产、无形资产以及除特别规定外的其他资产减值的处理。并且改变了固定资产、无形资产等的减值准备计提后可以转回的做法,资产减值损失一经确认,在以后会计期间不得转回,消除了一些企业通过计提秘密准备来调节利润的可能,限制了利润的人为波动。

企业的股东、债权人应特别关注资产的现时状况,如作为质押品的资产的现值,一旦资产发生减值,会立刻影响企业的盈利能力和偿债能力。企业的管理者应掌握不良资产信息,及时做出经营决策,及时处理确实不能为企业带来经济利益的完全过时、部分过时或即将过时的资产,做出继续使用或出售后再购买其他资产的决策。

(7)营业外支出

营业外支出是指企业发生的与日常活动无直接关系的各项损失,主要包括:非流动资产处置损失、非货币性资产交换损失、债务重组损失、公益性捐赠支出、非常损失、盘亏损失等。

非流动资产处置损失包括固定资产处置损失和无形资产出售损失。固定资产处置损失，指企业出售固定资产所取得价款或报废固定资产的残料价值和变价收入等，不足抵补处置固定资产的账面价值、清理费用、处置相关税费后的净损失；无形资产出售损失，指企业出售无形资产所取得价款，不足抵补出售无形资产的账面价值、出售相关税费后的净损失。非货币性资产交换损失，指在非货币性资产交换中换出资产为固定资产、无形资产的，换入资产公允价值小于换出资产账面价值的差额，扣除相关费用后计入营业外支出的金额。债务重组损失，指重组债权的账面余额超过受让资产的公允价值、所转股份的公允价值，或者重组后债权的账面价值之间的差额。公益性捐赠支出，指企业对外进行公益性捐赠发生的支出。非常损失，指企业对于因客观因素（如自然灾害等）造成的损失，在扣除保险公司赔偿后计入营业外支出的净损失。营业外支出与营业外收入一样，不具有稳定性，不能用来预测企业的未来。

（8）所得税费用

所得税费用，是指企业在会计期间内发生的利润总额，经调整后按照国家税法规定的比率，计算缴纳的税款所形成的费用。它由两部分内容构成：一是应交所得税（按照《企业所得税法》规定计算当期的所得税费用）；二是递延所得税（按照《企业所得税法》规定计算的递延所得税），但不包括直接计入所有者权益项目的交易和事项以及企业合并的所得税影响。利润总额减去所得税费用后的差额，即为净利润。所得税率的变化会对企业净利润有很大的影响。同时，要注意应税所得并非是当期的利润总额，应税所得是按照适用税法的相关规定计算得到的。

2. 成本费用的确认和计量分析

（1）费用的确认

费用的确认就是一项耗费在何时才能被确认为费用。按照规定，费用应当按权责发生制的原则在确认有关收入的期间予以确认。凡在当期取得的收入或者应当负担的费用，不论款项是否已经收付，都应当作为当期的收入和费用；凡是不属于当期的收入和费用，即使款项已经在当期收到或已经当期支付，都不能作为当期的收入和费用。

费用的确认至少应符合以下条件：

①与费用相关的经济利益很可能流出企业；

②经济利益流出企业的结果会导致资产的减少或者负债的增加；

③经济利益的流出额能够可靠地计量。

（2）费用的计量

企业应按实际成本（又称历史成本）来计量其费用。实际成本，是指费用所耗费的商品或劳务的实际价值。《企业会计准则—基本准则》规定，企业在生产经营过程中所发生的各项费用，应当以实际发生的金额计入成本费用，费用是资产的一种转化形式。大多数费用应按其实际发生额进行计量，固定资产的折旧、无形资产的摊销等按其实际分摊数进行计量。

5.2.3　利润项目分析

企业作为独立的经济实体，应当以自己的经营收入抵补其成本费用，并且实现盈利。盈利的实现，可以开源节流，亦可两者兼而有之。开源即有效地增加收入，节流即有效地降低成本费用。企业盈利的大小在很大程度上反映企业生产经营的经济效益,表明企业在每一会计期间的最终经营成果。

1. 营业利润

企业营业利润的多少,代表了企业的总体经营管理水平和效果。通常情况下,企业的营业利润越大,效益越好。如果一个企业的营业利润总额的比重较小,说明该企业的经营管理可能存在问题,对企业的发展不利,应作进一步分析。具体分析如下:

(1)企业营业利润额较大

当企业营业利润额较大时,通常认为该企业的经营管理水平和效果较好。但是在分析中也要注意:① 其他业务利润的多少。营业利润包括其他业务利润,当企业多元化经营开展较好时,其他业务利润会弥补主营业务利润低的缺陷;如果企业的其他业务利润长期高于主营业务利润,企业就应该考虑产品结构的调整问题。②其他业务利润的用途。关注其他业务利润的用途,是用来发展主营业务,还是用于非生产性消费,如是前者,企业的盈利能力就会越来越强;若是后者,则会影响企业的盈利能力。

(2)企业营业利润额较小

当企业营业利润较小时,应该着重分析主营业务利润的大小、多种经营的发展情况、对外投资情况和期间费用的多少。如果企业主营业务利润和其他业务利润均较大,但是由于期间费用较高造成营业利润总额下降,就要重点分析销售费用、管理费用和财务费用,分析三项费用的构成,找出其居高的原因,严格控制和管理,通过降低费用,提高营业利润。

2. 利润总额和净利润

正常情况下,企业非日常活动取得的利润是很少的,所得税也是相对稳定的。因此,只要营业利润较大,利润总额和净利润也会较高。但是在分析时还有一些问题应该注意:①如果一个企业的利润总额和净利润中,非营业利润占有较大的比重,应引起重视。此时要把分析重点放在对企业利润的真实性和持续性上;② 如果企业的营业利润主要是靠投资收益盈利,那么企业的内部经营管理会存在较大的问题,企业的利润稳定性不高。③ 净利润的大小受到产品产量、质量、品种结构、市场营销、成本费用等方面的影响,因此,净利润在一定程度上反映了企业的经营管理水平。在分析净利润时,应与多期指标进行对比分析,研究其增长的趋势及速度。另外,净利润是一个总量绝对指标,缺乏企业之间的可比性,应计算其与企业净资产、营业收入的比率,再将这些比率与同行业平均水平、先进水平相比较,考察企业在同行业中所处的地位。

5.3 结构分析

利润表的结构分析,是对表中各项目以及各项目占营业收入的比重进行比较分析,以深入了解企业在一个会计期间的投入产出与经营盈利情况,分析企业的盈利状况、盈利水平、盈利的持续性和稳定性,发现影响净利润的主要问题,预测收入、费用、利润的变动趋势。利润表的结构分析主要从纵向和横向两个方面进行。

5.3.1 利润表的横向结构分析

利润表的横向结构分析，是指对连续几个年度利润表数据的绝对金额进行比较，即以某一年度为基期，将本期或多期的利润表中的各项目与基期相应项目的金额相比较，通过比较编制出横向结构百分比利润表，以分析企业经营成果的动态趋势。

案例5-1

乐乐公司2009年的利润表如表5-1所示。

表5-1　　2009年度利润表

项　目	2008年/万元	2009年/万元
一、营业收入	18 000	22 000
减：营业成本	10 700	12 800
营业税金及附加	1 000	1 200
销售费用	1 620	1 900
管理费用	820	1 000
财务费用	200	260
资产减值损失	400	400
加：公允价值变动收益(损失以"—"号填列)	300	300
投资收益(损失以"—"号填列)	200	200
二、营业利润(亏损以"—"号填列)	3 760	4 940
加：营业外收入	100	150
减：营业外支出	600	650
三、利润总额(亏损总额以"—"号填列)	3 260	4 440
减：所得税费用	1 304	1 776
四、净利润(净亏损以"—"号填列)	1 956	2 664

公司的财务分析人员小王利用横向结构百分比法进行了计算，结果见表5-2，并得到了相关的分析结论。

表5-2　　横向结构百分比利润表

项　目	2008年/万元	2009年/万元	增减额/万元	增幅/%
一、营业收入	18 000	22 000	4 000	22.23
减：营业成本	10 700	12 800	2 100	19.63
营业税金及附加	1 000	1 200	200	20
销售费用	1 620	1 900	280	17.28
管理费用	820	1 000	180	21.95
财务费用	200	260	60	30
资产减值损失	400	400	0	0
加：公允价值变动收益(损失以"—"号填列)	300	300	0	0
投资收益(损失以"—"号填列)	200	200	0	0
二、营业利润(亏损以"—"号填列)	3 760	4 940	1 180	31.38
加：营业外收入	100	150	50	50

（续表）

项　目	2008年/万元	2009年/万元	增减额/万元	增幅/%
减：营业外支出	600	650	50	8.33
三、利润总额（亏损总额以“一”号填列）	3 260	4 440	1 180	36.20
减：所得税费用	1 304	1 776	472	36.20
四、净利润（净亏损以“一”号填列）	1 956	2 664	708	36.20

对乐乐公司利润表的横向结构分析，可以看出该公司经营成果的变化主要表现在以下几个方面：

(1)2009年营业收入增长了22.23%，说明该公司的业务规模有所扩大，销售量有所提高。

(2)2009年营业成本增长了19.63%，说明该公司的成本规模有所扩大。但其增长幅度小于营业收入的增长幅度，从而保证了企业可以盈利。

(3)营业外收入在2009年有大幅度增加，但由于所占比重过低，尚不能对总体盈利水平产生很大影响，应继续保持并扩大其他业务发展势头，以求得新的利润增长点。

(4)财务费用和管理费用在2009年有大幅增长，特别是财务费用的增长幅度超过了营业收入的增长，应进一步查明原因，控制这两项费用增长的势头。

(5)利润总额和净利润均保持了较大幅度的增长，说明该公司的盈利规模有所提高。

你认为小王所给的结论合理吗？你还有其他的分析方法吗？

5.3.2　利润表的纵向结构分析

利润表的纵向结构分析，是将常规形式的利润表换算成结构百分比形式的利润表，即以营业收入为共同基数，定为100%，然后再求出表中各项目相对于共同基数的百分比，从而可以了解企业有关的利润率以及各项费用率的情况，同时，其他各项目与关键项目之间的比例关系也会更加清晰地显示出来，从中可以看出企业财务资源的配置结构。在此基础上，还可将前后几期的结构百分比利润表汇集在一起，以判断企业盈利状况的发展趋势。

具体地说，利润表的纵向结构分析可分为企业的收支结构分析和盈利结构分析两部分。

企业的收支结构分析的起点，就是了解企业一定时期内总收入是多少，总支出是多少，总收入减去总支出的总利润是多少。通过收支结构分析，可以揭示企业的支出占收入的比重，进而判明企业盈利形成的收支成因，从整体上说明企业的收支水平，并可以查找出制约企业盈利水平提高的主要支出项目。

通过企业的盈利结构分析，可以揭示企业的各项利润占总收入的比重，即产生不同的利润率，从而判明企业不同业务的盈利水平和盈利能力，并进一步揭示它们各自对企业盈利水平的影响方向和影响程度。

案例5-2

乐乐公司2009年的利润表(见表5-1)。

公司的财务分析人员小刘利用纵向结构百分比法进行了计算，结果见表5-3，并得到了相关的分析结论。

表 5-3　　纵向结构百分比利润表　　单位：%

项　目	2008 年	2009 年
一、营业收入	100	100
减：营业成本	59.44	58.18
营业税金及附加	5.56	5.45
销售费用	9	8.64
管理费用	4.56	4.55
财务费用	1.11	1.18
资产减值损失	2.22	1.82
加：公允价值变动收益（损失以“—”号填列）	1.67	1.36
投资收益（损失以“—”号填列）	1.11	0.91
二、营业利润（亏损以“—”号填列）	20.89	22.45
加：营业外收入	0.56	0.68
减：营业外支出	3.33	2.95
三、利润总额（亏损总额以“—”号填列）	18.11	20.18
减：所得税费用	7.24	8.07
四、净利润（净亏损以“—”号填列）	10.87	12.11

小刘通过对A公司纵向结构百分比利润表的分析，得出以下几点结论：

(1)营业成本率呈下降趋势，由2008年的59.44%下降到2009年的58.18%，说明该公司加强了内部成本控制，并取得了一定的成效。

(2)销售费用、管理费用和财务费用所占比重均没有明显的变化，销售费用和管理费用稍有降低，财务费用稍有增长。需要考虑其他参考指标，做进一步的分析，如参考同行业的平均水平，若高于平均水平，则应查明原因。

(3)营业利润率由2008年的20.89%上升至2009年的22.45%，主要是由于营业成本、营业税金及附加、销售费用、管理费用及资产减值损失比重的下降所致。

(4)投资收益率有所下降，由2008年的1.11%下降到2009年的0.91%，其下降幅度较小，并未对营业利润率造成明显影响。

(5)营业外收入和营业外支出所占比重较小，且变化不大，说明该公司盈利水平受偶然因素影响较小，正常经营业务起决定作用。

(6)所得税费用比重有所上升，是利润上升所致。

(7)净利润比重亦有所上升，从2008年的10.87%上升到2009年的12.11%。整体来看，该公司的盈利水平有所提高，且具有较好的持续性和稳定性。

你认为上述分析结论合理吗？你还有其他的分析方法吗？

5.4　盈利能力分析

5.4.1　盈利能力分析的内涵及意义

1.盈利能力分析的内涵

盈利能力是指企业在一定时期内利用各种经济资源获取利润的能力。盈利是企业的重要经营目标，是企业生存和发展的物质基础。企业的盈利能力越强，给投资者带来的回报越高，企业价值越大。同时，企业盈利能力越强，带来的现金流量越多，企业的偿债能力就会得以加强。因此，企业的债权人、所有者以及管理者都十分关心企业的盈利能力。

企业盈利能力分析，是通过一定的分析方法，剖析、鉴别、判断企业能够获取利润的能力，也是对企业各个环节经营结果的分析。在企业的财务分析体系中，盈利能力分析是分析的重点。对于企业的经营者而言，偿债能力、营运能力的分析，其根本目标就是通过分析及时找出问题，改善企业的偿债能力和营运能力，最终提高企业的盈利能力，维持企业持续稳定的发展。

对企业盈利能力可以从多个不同角度进行分析，主要包括与销售有关的盈利能力分析、与投资有关的盈利能力分析、与费用有关的盈利能力分析和上市公司盈利能力分析。

2. 盈利能力分析的意义

盈利能力是企业的投资者、债权人、经营者及政府管理部门共同关心的问题，对于不同的利益相关者，盈利能力分析具有不同的意义。

(1)对投资者来说，企业盈利能力的强弱直接影响他们的权益。投资者投资的目的就是通过利润分配获得股利，或是通过股票价格上扬带来的差价获得资本收益。而企业的盈利能力强弱直接关系企业净利润的实现状况和股票价格的升降。盈利能力越强，企业的税后利润也就越多，可向投资者分配的利润也就越多。盈利能力越强，企业价值就会提高，其股票在股市上的价格也就会提高。因此，投资者在进行投资前，会通过判断企业的盈利能力来预测企业的未来收益或估计投资风险，以此作为投资决策的基础。

(2)对债权人来说，企业盈利能力的强弱会影响其权益的保障程度。债权人出让资金使用权的目的是为了获得利息收入，而利润是企业偿还债务的资金来源。因此，企业盈利能力水平的高低直接决定其偿债能力的大小。盈利能力越强，债权人权益的保障程度就越强。由此可见，债权人分析企业盈利能力的目的就是要考察其债权的安全性。

(3)对企业经营者来说，盈利能力是企业财务结构和经营绩效的综合体现，也是经营者获取薪酬的主要依据和保证。通过分析盈利能力，经营管理者可以评价、判断企业的经营成果，分析经营管理中存在的问题和不足，研究改进措施，不断提高盈利能力。如果经营良好，企业就会获得较高的利润水平，具有较强的盈利能力，管理者的薪酬水平也会较高；如果企业经营较差，企业利润会很低甚至出现亏损，在这种情况下企业的盈利能力必然较弱，管理者的薪酬收入也会相应有所减少。

5.4.2 与销售有关的盈利能力分析

营业利润是企业利润的主要组成部分，它来源于企业的销售活动。与此相关的指标主要有营业利润率、营业毛利率和营业净利率等。

1. 营业利润率

营业利润率是指企业一定时期营业利润与营业收入净额的比率。它表明企业每单位营业收入能带来多少营业利润，反映了企业经营业务的盈利能力，是评价企业销售盈利能力的主要指标。其计算公式为

$$\text{营业利润率}=\frac{\text{营业利润}}{\text{营业收入净额}}\times 100\% \tag{5-1}$$

其中，营业收入净额是指营业收入扣除销售退回、销售折扣与折让后的净额。

有关营业利润率的分析如下：

(1)从营业利润率的计算公式可以看出，企业的营业利润率与营业利润的高低成正比，与营业收入成反比。企业在增加营业收入的同时，必须相应地获得更多的营业利润，才能保证营业利润率保持不变或者有所提高，这就要求企业在扩大销售、增加收入的同时，还要注意自己的经营管理，提高获利水平。

(2)营业利润率体现了企业经营活动最基本的盈利能力，是从企业日常经营业务的盈利能力和获利水平方面对资本金收益率指标的进一步补充。该指标越高，说明产品附加值高，营销策略得当，主营业务市场竞争力强，发展潜力大，获利水平高。

(3)各行业的竞争能力、经济状况、利用负债融资的程度及行业经营的特征，使得不同行业各企业间的营业利润率大不相同。因此，在分析时，应将本企业的营业利润率与同行业的其他企业或平均水平进行比较，发现企业盈利能力的相对地位，从而更好地评价企业盈利能力的状况。

(4)在分析营业利润率时，应将其与企业的营业收入、营业成本等因素结合起来进行分析，以充分揭示企业在成本控制、费用管理、产品销售以及经营策略等方面的成绩与不足。

2. 营业毛利率

营业毛利率是指毛利占营业收入净额的百分比，其中毛利是营业收入扣除营业成本的差额。其计算公式为

$$营业毛利率=\frac{毛利}{营业收入净额}\times 100\% \tag{5-2}$$

有关营业毛利率的分析如下：

(1)企业的营业毛利率表示一元营业收入扣除营业成本后，有多少钱可以用于各项期间费用和形成盈利。它反映企业商品生产、销售的盈利能力，取决于营业收入与对应营业成本的比例。营业毛利率是企业营业净利率的最初基础，营业毛利率越大，抵补各项期间费用的能力越强，企业的盈利能力也就越高；反之，盈利能力越低。

(2)营业毛利率具有明显的行业特点。一般来说，营业周期短、固定费用低的行业，营业毛利率水平比较低，如商品零售行业与代理业；营业周期长、固定费用高的行业，则具有较高的营业毛利率，以弥补高额的固定成本，如重工业企业和交通运输行业。营业毛利率虽随着行业的不同而高低各异，但同一行业的营业毛利率一般相差不大。在分析营业毛利率时，应将营业毛利率与本企业不同时期、同行业平均水平和先进水平进行比较，以正确评价企业的盈利能力，进一步分析差距形成的原因，找出提高企业盈利水平的途径。

(3)一般情况下，企业的营业毛利率比较稳定。如果企业营业毛利率发生较大的变化，应引起分析者的警觉。

需要注意的是，虽然一般情况下是企业的营业毛利率越大越好，但适当地降低营业毛利率，对加速商品销售和资金周转有很大的作用，如日本大荣公司的“10-7-3 原则”。

案例5-3

日本大荣公司的 10-7-3 薄利多销原则

日本大荣公司创建于 1957 年，该公司的指导思想是“更好的商品，更快更便宜地卖出

去”。公司制订了“10-7-3原则”，即经营毛利率为10%，经营费率为7%，纯利率为3%。典型的财务薄利多销的策略，商品销售得很快，销售额很高，资金周转得也很快，所以公司的利润还是相当可观的。如今该公司已经成为全日本最有名的商业公司之一，年销售额突破千兆日元。

本案例转引自《财务报表分析》(池国华，北京，清华大学出版社，北京交通大学出版社，2008年，第1版)第6章。

3. 营业净利率

营业净利率是指净利润与营业收入净额的百分比，其计算公式为

$$营业净利率=\frac{净利润}{营业收入净额}\times 100\% \tag{5-3}$$

有关营业净利率的分析如下：

(1)营业净利率反映每一元营业收入带来的净利润的多少，是企业销售的最终盈利能力的指标，该指标越高越好，说明企业盈利能力越强。

(2)要注意研究分析企业净利润、营业收入与营业净利率之间的关系，从而找到提高盈利水平的有效途径。从营业净利率的公式可以看出，净利润与营业净利率成正比关系，营业收入净额与营业净利率成反比关系。因此，企业在增加营业收入的同时，必须相应地获得更多的净利润，才能使营业净利率保持不变或有所提高。通过分析营业净利率的升降变动，可以促使企业在扩大销售的同时，注意改进经营管理，提高盈利水平。

(3)在分析该指标时，还应注意不同行业的营业净利率不同。一般来说，高科技企业的营业净利率较高，而重工业和传统制造业的营业净利率较低。因此，在使用营业净利率分析时，除了要分析该指标的大小，还要注意将本企业营业净利率与同行业其他企业的和行业平均水平进行比较分析，以正确客观评价企业的盈利能力。

(4)营业净利率的高低对不同的报表使用者具有不同的意义。对于企业短期的债权人和投资者来说，其债权的保障程度和获得利益的大小主要受企业当期盈利水平的影响，因此他们最关心的是企业净利润衡量的盈利能力。通常，他们直接根据营业净利率的高低对企业的盈利能力进行分析评价。对于企业管理者及所有者来说，不能单纯地根据该指标判断企业的盈利能力，还应进一步分析净利润的内部构成对该指标的影响。在净利润的构成中，除了由营业收入形成的部分外，其中还包含由营业外收支净额、投资收益和扣除所得税费用所形成的部分。如企业营业净利率的升降主要是由营业外收支和投资收益项目引起的，就不能简单地认为企业的盈利水平是提高了还是降低了，因为营业外收支和投资收益具有很大的不确定性，波动性很强，导致营业净利率在年际间变化较大，企业管理者及所有者在分析评价企业的盈利能力及管理水平时，应注意到这一点。

5.4.3 与投资有关的盈利能力分析

企业收入的取得是以企业一定的原始投资为基础的。一般而言，企业的投资额大，收入相对就多，利润的绝对数也就多；反之，企业的投资额小，收入相对就少，利润的绝对数也就较小。所以，一个企业所获利润的多少，是与企业的投资额紧密相关的。要正确考核企业的盈利能力，就必须计算企业的投资报酬率指标，包括资产收益率、净资产收益率和资本金收益率。

1. 资产收益率

资产收益率，也称资产报酬率，是企业在一定时期内的净利润与平均资产总额的百分比。其计算公式为

$$资产收益率=\frac{净利润}{平均资产总额}\times 100\% \tag{5-4}$$

其中

$$平均资产总额=\frac{期初资产总额+期末资产总额}{2}$$

有关资产收益率的分析如下：

(1)资产收益率表示每百元的资产能够创造的净利润额，反映企业综合运用所拥有的全部经济资源创造利润的能力，是一个综合性的效益指标。资产收益率越高越好，表明企业盈利能力越强，资产利用的效果越好，同时表明企业的财务管理水平也就越高。

(2)由公式(5-4)可以看出，资产收益率与净利润成正比，与平均资产总额成反比。也就是说，在净利润不变的情况下，占用的总资产越少，总资产的利用效率就越高；在占用的总资产不变的情况下，实现的净利润总额越多，总资产的利用效率越高。

(3)在分析资产收益率时，仅看企业某一时期的资产收益率，往往很难对该企业的盈利能力做出全面评价。因此，在分析时应与企业连续几期的历史数据做比较。同时，还要与同行业的其他企业和行业平均水平进行比较。并进一步分析该指标变化和与其他企业产生差距的原因，找出不利因素和有利因素，以采取有效措施，提高盈利能力。

2. 净资产收益率

净资产收益率，也称净资产报酬率，是企业一定时期净利润与平均净资产的百分比，反映企业所有者权益所获报酬的水平。其计算公式为

$$净资产收益率=\frac{净利润}{平均净资产}\times 100\% \tag{5-5}$$

其中

$$平均净资产=\frac{期初所有者权益额+期末所有者权益额}{2}$$

有关净资产收益率的分析如下：

(1)净资产收益率是从所有者权益角度考核企业盈利能力的，充分体现了企业的投资者投入企业的自有资本及其积累获取净利润的能力。一般认为，企业的净资产收益率越高越好，说明企业自有资本获取收益的能力越强，对企业投资者、债权人的保障程度就越高。如果企业净资产收益率能在一段较长时期内持续增长，说明企业的资本盈利能力稳定上升。

(2)净资产收益率克服了资产收益率的不足，反映了企业自有资金获取收益的能力，更能体现出企业管理层的经营管理水平。它也是杜邦分析体系的核心指标。

(3)净资产收益率具有很强的综合性，通用性强，适用范围广，且不受行业局限。在我国上市公司业绩综合排序中，该指标居于首位。

3. 资本金收益率

资本金收益率是企业一定时期内净利润与平均实收资本(股本)的百分比，反映企业所有者投入资本赚取利润的能力。其计算公式为

$$资本金收益率=\frac{净利润}{平均实收资本}\times 100\% \tag{5-6}$$

其中

$$平均实收资本=\frac{期初实收资本额+期末实收资本额}{2}$$

有关资本金收益率的分析如下：

(1)资本金收益率是以平均实收资本作为分母计算的利润率来反映投资者原始投资的盈利能力，是站在投资者立场来衡量企业盈利能力的。投资者投入资本的最终目的之一就是为了获取利润，资本金收益率就直接体现了投资者权益的实现程度，是考核其投入资本保值增值程度的基本指标。因此，投资者在分析企业的盈利能力时，最关心的就是企业的资本金收益率。资本金收益率越高，说明投入资本的收益回报水平越高，企业的盈利能力越强。

(2)在衡量资本金收益率时，应首先确定基准资本金收益率。基准资本金收益率是基准净利润与实收资本的比率。而基准净利润是企业在一定条件下和一定规模下，至少应当实现的净利润额。若实际资本金收益率低于基准资本金收益率，就是危险的信号，表明企业的盈利能力不足，投资者就会转移投资。对企业基准资本金收益率的确定，一要考虑同期市场贷款利率，这是最低的投资回报，可作为企业基准资本金收益率；二要考虑风险损失率，风险越大的行业，其风险损失率越高，基准资本金收益率就越高。

(3)资本金收益率只是反映投入资本的盈利水平，并不是企业每期实际支付给所有者的利润。这是因为净利润额必须按规定先提取盈余公积金后，才能向投资人进行分配，不能全部用作股利分配。

(4)在分析资本金收益率时，还要注意企业的资本结构。资本金收益率只从企业投资者的角度来考核企业的盈利能力，当资本结构相差很大时，不宜进行横向或纵向的比较。例如，甲和乙两个企业在某一会计期间实现的利润额大体一致，运用的资本总量也相近，但资本结构相差较大，其中甲企业权益资本比重为85%，乙企业负债资本比重为65%。在这种情况下，计算出来的资本金利润率悬殊，如果就此下结论，就不符合实际情况了。因此，资本金收益率的使用存在一定的局限性。

5.4.4 与费用有关的盈利能力分析

利润是企业收入与其相关费用配比的结果，一般情况下，企业取得的收入多，为此发生的支出也会较多。为了获得更多的利润，企业总是希望以尽可能少的支出取得尽可能多的收入。因此，考核企业的盈利能力，有必要从费用的角度考察有关的盈利能力。常见的指标有成本费用利润率和利息保障倍数等。

1. 成本费用利润率

成本费用利润率是指企业一定时期的利润总额与企业成本费用总额的百分比，反映企业在经营过程中投入的生产成本及费用的经济效益，同时也反映了企业降低成本所取得的经济效益。其计算公式为

$$成本费用利润率=\frac{利润总额}{成本费用总额}\times100\% \tag{5-7}$$

其中

成本费用总额=营业成本+营业税金及附加+三项期间费用(销售费用、管理费用和财务费用)

有关成本费用利润率的分析如下：

(1)成本费用利润率是全面考核企业所费与所得之间关系的指标，从企业支出方面评价企业的收益能力。对于一个企业，当获取的利润不变而成本费用越小时，或当成本费用不变，而利润越大时，其成本费用利润率越高。一般来说，成本费用利润率越大，表明企业为取得利润所付出的代价越小，企业成本费用控制得越好，企业的经营和财务管理水平越高，产品的市场竞争力越大，获利能力越强。

(2)进行成本费用利润率分析时，不能只看当期指标的高低，应着重分析近几期的变动趋势；不能只看本期企业的指标水平，要和同行平均水平或者是主要竞争对手的水平相比，找出差距并分析原因。

(3)内外部会计报表使用者在分析企业与费用有关的盈利能力时，所采用指标会有所不同。对于企业的外部财务报表使用者来说，关心的是企业耗费取得的总体经济效益，所以成本费用利润率这个指标是他们所关心的。但是企业内部的经营者在分析企业与费用有关的盈利能力时，特别是进行经营品种的选择时，成本费用利润率指标提供的信息就不能满足对每个品种产品的经营决策的信息需要了，这时用成本利润率指标测算盈利能力更为实际。

成本利润率的公式为

$$\text{成本利润率}=\frac{\text{利润总额}}{\text{成本总额}}\times 100\% \tag{5-8}$$

其中

$$\text{成本总额}=\text{营业成本}+\text{营业税金及附加}$$

对于企业内部的经营管理决策来说，成本利润率是非常有益的指标，主要用于企业在进行经营品种选择时，测定某个品种产品的经济效益。它可以告诉经营决策者应该从事哪个品种的产品经营，应该取消哪个品种的生产。

2. 利息保障倍数

利息保障倍数是指企业生产经营所获得的息税前利润与利息费用之间的倍数关系。利息保障倍数是用来衡量企业所获得的收益承担应支付利息费用能力的指标，利息保障倍数越大，说明企业支付利息费用的能力越强。因此，这一指标既可以评价企业的盈利能力，又可以评价企业的长期偿债能力(前面第 4.3 节已介绍)。

5.4.5 上市公司盈利能力分析

对上市公司盈利能力进行分析，除了应用上述相关指标外，还需要增加一些特殊的分析指标，主要从股本角度说明公司的盈利能力，评价股东投资的回报水平高低。这些指标主要有每股收益、每股股利、每股净资产和市盈率等。

1. 每股收益

每股收益，也称每股利润或每股盈余，是企业净利润与流通在外普通股股数之比。它反映了在外流通的每股普通股获得的收益，是衡量上市公司盈利能力最重要的财务指标之一。其计算公式为

$$\text{每股收益}=\frac{\text{净利润}}{\text{流通在外的普通股的加权平均数}} \tag{5-9}$$

其中

流通在外的普通股的加权平均数＝期初发行在外普通股股数＋当期新发行普通股股数×已发行时间÷报告期时间－当期回购普通股股数×已回购时间÷报告期时间

有关每股收益的分析如下：

(1)每股收益通常用来反映上市公司的经营成果，衡量普通股的获利水平。一般来说，每股收益指标值越高，表明股东的投资效益越好，股东获取高额股利的可能性也越大。如果一家公司的净利润很大，但每股盈利却很小，表明它的业绩被过分稀释，每股价格通常不高。同时，每股收益突出了分摊到每一份股票上的盈利数额，是股票市场上按市盈率定价的基础。

(2)每股收益不反映股票所含有的风险，高风险的行业通常有高额的回报，但利润指标本身并没有考虑风险因素，同时利润指标也不能反映资金的时间价值。

(3)在分析每股收益时不能绝对化。因为股票是一个"份额"概念，不同股票的每一股份在经济上是不等量的，它们所含有的净资产和市价不同，即换取每股收益的投入量不相同，限制了每股收益的公司间比较。另外，对于相同的资本规模和利润规模，普通股不同，其每股收益也会有所不同，这时并不能说每股收益低的收益能力低，事实上，这时的盈利能力是相同的，所以在使用每股收益分析盈利性时不要绝对化。

(4)每股收益的多少，并不能决定股利的多少，还要看公司的股利分配政策。

(5)计算每股收益时还应注意两个问题：一是合并报表问题，对于编制合并报表的上市公司，应当以合并报表的数据为基础计算；二是优先股问题，对于有优先股的上市公司，净利润应当扣除优先股股利。

案例5-4

稀释每股收益

稀释每股收益，又称冲淡每股收益，是新会计准则引入的一个全新概念，用来评价潜在普通股对每股收益的影响，以避免该指标虚增可能带来的信息误导。

稀释每股收益是以基本每股收益为基础，假设企业所有发行在外的稀释性潜在普通股均已转换为普通股，从而分别调整归属于普通股股东的当期净利润以及发行在外普通股的加权平均数计算而得的每股收益。

计算稀释每股收益，应当根据以下事项对归属于普通股股东的当期净利润进行调整：(1)当期已确认为费用的稀释性潜在普通股的利息；(2)稀释性潜在普通股转换时将产生的收益或费用。且上述调整应考虑相关的所得税影响。

2. 每股股利

每股股利是企业普通股股利总额与普通股流通股数的比率。普通股股利总额是用于对普通股分配现金股利的总额，普通股流通股数是企业发行在外的普通股股份平均数。计算公式如下：

$$每股股利=\frac{普通股股利总额}{普通股流通股数} \tag{5-9}$$

对每股股利的分析如下：

(1)每股股利是反映股份公司每一普通股获得股利多少的一个指标。它表明了每股普通股所能获得的利润，但由于企业的税后利润必须要扣除公积金、优先股股息以及保留利润，才能进行股息分派，所以股票投资者比较关心的是所购买股票的年终派息。

(2)每股股利的高低，一方面取决于企业获利能力的强弱，另一方面，还受企业股利发放政策与利润分配需要的影响。例如，处于朝阳产业的企业为了扩大再生产、增强发展后劲，可能采取保守的股利政策，而处于夕阳产业的企业可能由于缺乏投资机会而派发较多的每股股利。一般认为，每股股利如果能够逐年持续稳定地增长，就能提高该股票的质量。

3. 每股净资产

每股净资产，也称每股账面价值或每股权益，是股东权益总额与发行在外的股票股数的比率。其计算公式为

$$每股净资产=\frac{股东权益总额}{发行在外的股票股数} \tag{5-10}$$

有关每股净资产的分析如下：

(1)每股净资产值反映了发行在外的每股股票代表的公司净资产价值及账面价值，通常被认为是股价下跌的底线。如果股票价格低于每股净资产，则一般说明企业的发展前景极度堪忧，企业已经没有存在的价值，清算是股东最好的选择。每股净资产越高，表明公司内部积累越雄厚，通常创造利润的能力和抵御外来因素影响的能力越强。

(2)每股净资产是用历史成本计量的，不反映净资产的变现价值。在分析时，一般从企业历年来每股净资产的变动趋势，来了解公司的发展情况和盈利能力。若每股净资产不断上升，则说明企业具有良好的发展业绩，经营状况较好；每股净资产若原地不动或倒退，则说明企业业绩不良，甚至会出现亏损。

(3)在企业并购中，每股净资产是估算并购企业价值的重要依据。当公司宣布破产或者解散时，每股净资产值基本上就是每股普通股的价值，除非公司有隐蔽性资产。

4. 市盈率

市盈率是指普通股每股市价与每股收益的比值，是衡量股价高低和企业盈利能力的一个重要指标。其计算公式为

$$市盈率=\frac{每股市价}{每股收益} \tag{5-11}$$

其中，每股市价一般采用年度平均价格，即全年每天收盘价的简单平均数，从证券市场发布的证券交易资料即可获取。为简单起见，也为了增加适时性，也可以采用报告日前一日的现时收盘价。

有关市盈率的分析如下：

(1)市盈率反映投资者相对于每股收益所愿意支付的价格，可以用来评估股票投资的报酬与风险。市盈率把股价和企业盈利能力结合起来，其水平高低更真实地反映了股票价格的高低。

(2)一般来说，高市盈率说明企业能够获得社会信赖，具有良好的发展前景。但要结合金融市场当时平均市盈率为依据进行评价，而不能简单判断越低越好或越高越好。以市盈率评价企业的盈利能力，关键要看其变动的原因及其趋势。由利润上涨带动股价的上涨，所致的市盈率提高是一种良好的趋势。

(3)市盈率不能用于不同行业间的公司进行比较，因为资本金对于朝阳行业、成熟工业和夕阳行业的青睐程度是不同的。充满发展机会的朝阳行业市盈率普遍较高，而成熟工业的市盈率普遍较低。因此，在运用此指标评价企业的盈利能力时，应与同行业的其他企业和行业平均水平进行比较。

(4)市盈率高低受净利润的影响，而净利润受可选择会计政策的影响，从而使得企业之间的比较受到限制。在每股收益很小或亏损时，市价不会降至零，此种情况下市盈率会很高，但已经没有意义。另外，市盈率的高低受市价的影响，市价变动的影响因素有很多，包括投机炒作等。因此，在分析市盈率时，观察市盈率的长期趋势很重要。这就要求投资者要结合其他有关信息，更好地运用市盈率指标来判断股票的价值。

知识要点

• 利润表是财务报表中的主要报表之一，又称损益表、收益表，是反映企业在一定期间(月份、季度、年度)内经营成果的动态会计报表。它反映了企业的收入、成本、费用、税收情况，揭示了企业利润的构成和实现过程。

• 营业利润＝营业收入－营业成本(主营业务成本、其他业务成本)－营业税金及附加－销售费用－管理费用－财务费用－资产减值损失＋公允价值变动收益＋投资收益；利润总额＝营业利润＋营业外收入－营业外支出；净利润＝利润总额－所得税费用。

• 利润表分析的意义：评价企业的经营业绩与获利能力；发现企业经营管理中存在的问题，为经营决策提供依据；帮助投资者和债权人做出正确的投资与信贷决策；评价企业管理人员的工作绩效；为企业在资本市场融资提供重要依据。

• 收入是指企业在日常活动中形成的、会导致所有者权益增加的、与所有者投入资本无关的经济利益的总流入。企业收入的主要来源有：营业收入(包括主营业务收入和其他业务收入)、公允价值变动收益、投资收益和营业外收入等。

• 费用是指企业在日常活动中发生的、会导致所有者权益减少的、与向所有者分配利润无关的经济利益的总流出。在利润表中，成本费用项目主要包括营业成本、营业税金及附加、期间费用(包括销售费用、管理费用和财务费用)、资产减值损失、营业外支出和所得税费用等。

• 利润是指企业在一定会计期间的经营成果。利润包括收入减去费用后的净额、直接计入当期利润的利得和损失等。多步式利润表反映了利润的形成过程，它首先计算出营业利润，然后是利润总额，最后得出净利润。

• 利润表的结构分析，是对表中各项目以及各项目占营业收入的比重进行比较分析，以深入了解企业在一个会计期间的投入产出与经营盈利情况，分析企业的盈利状况、盈利水平、盈利的持续性和稳定性，发现影响净利润的主要问题，预测收入、费用、利润的变动趋势。利润表的结构分析主要从纵向和横向两个方面进行。

• 盈利能力是指企业在一定时期内利用各种经济资源获取利润的能力。对企业盈利能力的可以从多个不同角度进行分析，主要包括与销售有关的盈利能力分析、与投资有关的盈利能力分析、与费用有关的盈利能力分析和上市公司盈利能力分析。

• 与销售有关的盈利能力分析指标主要有营业利润率、营业毛利率和营业净利率等;与投资有关的盈利能力分析指标包括资产收益率、净资产收益率和资本金收益率等;与费用有关的盈利能力分析常见的指标有成本费用利润率和利息保障倍数等;除上述指标外,评价上市公司盈利能力的其他指标主要有每股收益、每股股利、每股净资产和市盈率等。

复习思考题

1. 选择题

(1)企业一定时期的净利润是指(　　)。

A. 营业利润加所有者权益

B. 营业利润加公允价值净损益

C. 营业利润加营业外收支净额

D. 营业利润加营业外收支净额减所得税费用

(2)下列不属于营业外收入的是(　　)。

A. 处理固定资产净收益　　B. 资产再次评估增值

C. 债务重组收益　　D. 公允价值变动收益

(3)下列不属于收入确认条件的是(　　)。

A. 企业已将商品所有权上的主要风险和报酬转移给购货方

B. 企业仍然保留通常与所有权相联系的继续管理权,对已售出的商品继续实施有效控制

C. 相关的经济利益很可能流入企业

D. 收入和已发生成本的金额能够可靠地计量

(4)下列不属于营业税金及附加项目的是(　　)。

A. 所得税　　B. 营业税　　C. 消费税　　D. 资源税

(5)下列各项中,反映普通股每股市价为每股收益倍数的指标是(　　)。

A. 市净率　　B. 市盈率　　C. 每股净资产　　D. 每股收益

(6)下列各项中,反映企业销售的最终盈利能力的指标是(　　)。

A. 营业净利率　　B. 营业毛利率

C. 资产收益率　　D. 净资产收益率

(7)下列各项中反映企业综合运用所拥有的全部经济资源创造利润的能力,是一个综合性的效益指标的是(　　)。

A. 资本金收益率　　B. 净资产收益率

C. 营业利润率　　D. 资产收益率

2. 判断题

(1)投资收益不构成营业利润。　　(　　)

(2)无论是主营业务收入还是其他业务收入,都是通过正常的经营活动获得的,是企业

利润的主要来源。 ( )

(3)利得是收入以外的其他收益,通常在偶发的经济业务中取得,属于那种不经过经营过程就能取得或不曾期望获得的收益。 ( )

(4)财务费用不包括为购建或生产满足资本化条件的资产而发生的应予资本化的借款利息支出。 ( )

3.简答题

(1)简述进行利润表分析的意义。

(2)企业营业利润、利润总额和净利润的关系如何?

(3)与销售有关的盈利指标有哪些?如何计算与评判?

(4)上市公司如何进行盈利能力分析?

第6章 现金流量表分析

引导案例

在香港证券史上，百富勤是港人推崇的白手起家、勇于进取的典范。1988年，被誉为花旗“三剑客”中的杜辉廉和梁伯韬携手创立百富勤公司，起始资本仅为3亿港元，两人各占35%的股权。梁伯韬的企业财务专长配合杜辉廉的证券买卖经验，使百富勤在港投资银行业务领域发展相当活跃。1989年9月，百富勤用3亿港元资金以杠杆收购方式成功收购当时市值14亿港元的广生行，1990年2月再收购上市公司前泰顺国际，改名为百富勤投资，买壳上市，市值一度逾25亿港元，总资产达240亿港元，在东南亚和欧美拥有28家分支机构。

作为投资银行，百富勤率先涉足内地企业在香港上市业务，1992年安排海虹集团、中国海外、中旅香港在港上市，创下认购倍数和冻结资金的纪录。1997年，百富勤安排百富勤北京控股在港上市，创1 275亿美元筹资记录。作为香港第一大华资券商，百富勤有着辉煌的历史。

然而，由于现金流量不足，百富勤于1998年1月12日宣布清盘，正式结束了不到10年的创业生涯。1月13日，法院委任普华会计师事务所作为百富勤公司的清盘人负责接管该公司。

对于百富勤的倒闭，投资风险过高是根本原因，但导致百富勤倒闭的直接导火线是其资产流动性的不足，即现金流量不足。按香港证监会有关交易规定，百富勤必须于1月9日交足6 000万美元的交易保证金。百富勤曾经计划向瑞世苏黎世保险集团出让24.1%的股份以换取2亿美元现金，该项计划于1月9日宣告破产，加上往来银行对其中止放贷，使得以上注资事项失败。1月10日，香港证监会取消百富勤交易会籍。之后两天，百富勤四处奔波寻找买家未果，终于宣告清盘。

百富勤的事件告诉我们，企业不仅仅靠利润生存，还要靠现金流量生存。因此，在分析财务报表时，不能只关注利润表中的利润数额，更应该关注现金流量表中的现金流量。

6.1 概 述

现金流量表，是指反映企业在一定会计期间现金和现金等价物流入和流出的报表。它以现金及现金等价物为编制基础，反映企业一定期间内经营活动、投资活动和筹资活动所引起的现金流入和流出。通过对现金流量表内容和结构的分析，可以了解企业现金的来龙去脉和现金收支构成情况，评价企业的财务状况和经营成果，以做出正确的投资决策。

6.1.1 现金流量表的相关概念

1. 现金

现金流量表是以现金为基础编制的。这里的现金是指库存现金、可随时用于支付的存款、其他货币资金以及现金等价物。

库存现金是指企业持有可随时用于支付的现金限额;可随时用于支付的存款是指企业存在金融机构、随时可以用于支付的存款;其他货币资金是指企业存在金融机构有特定用途的资金,如外埠存款、银行汇票存款、银行本票存款、信用保证金存款、信用卡存款等。需要注意的是,在银行存款和其他货币资金中不能随时用于支付的部分,不应作为现金,而应列入投资。提前通知金融企业便可随时支取的定期存款,则应包括在现金范围内。

现金等价物是指企业持有的期限短、流动性强、易于转换为已知金额现金、价值变动风险很小的投资。现金等价物一般包括三个月内到期的债券投资等。权益性投资变现的金额通常不确定,因而不属于现金等价物。企业应当根据具体情况,确定现金等价物的范围,一经确定不得随意变更。

2. 现金流量

现金流量是指企业一定时期内现金及现金等价物的流入、流出量。企业有些经济业务产生现金流量,如销售商品、提供劳务、发放股票或债券、取得银行贷款、获得投资收益过程中所取得的现金流入,购买商品、接受劳务、进行投资、清偿债务、发放股利而支付的现金流出;有些经济业务则不产生现金流量,如赊销商品和材料等。

现金流量是分析企业价值和企业盈利质量的一个重要的指标。企业资产的价值取决于其未来产生现金的能力,而企业真实的盈利是建立在持续不断的现金流入的基础上的。只有现金流量不断增长的企业,才能持续发展、不断壮大,才具有投资的价值。

在理解现金流量概念时应注意以下四个方面的问题:

(1)现金流量包括现金流入量、现金流出量以及现金流量净额,现金流入量与现金流出量之间的差额为现金流量净额。

(2)现金流量包括现金及现金等价物两项内容,实际上是指现金及现金等价物作为一个整体的流入和流出量。

(3)从编制原则上看,现金流量表是按照收付实现制原则编制的,将权责发生制下的盈利信息调整为收付实现制下的现金流量信息,便于信息使用者了解企业净利润的质量。在依据资产负债表和利润表编制现金流量表时,必须将按照权责发生制原则确认的资产、负债和收入、费用等转换为按收付实现制确认的现金流入、现金流出。

3. 影响现金流量的因素

企业日常的经营业务活动是影响现金流量的重要因素,但并不是所有的经营业务都会引起现金流量的变化。影响或不影响现金流量的因素主要包括:

(1)现金及现金等价物各项目之间的增减变动,不会影响现金流量净额的变动。例如,从银行提取现金、将现金存入银行、用现金购买两个月到期的债券等,均属于现金及现金等价物各项目之间内部资金转换,不会使现金流量增加或减少。

(2)非现金各项目之间的增减变动,也不会影响现金流量净额的变动。例如,用固定资产清偿债务、用原材料对外投资、用存货清偿债务、用固定资产对外投资等,均属于非现金各项目之间的增减变动,不涉及现金的收支,不会使现金流量增加或减少。

(3)现金及现金等价物各项目与非现金各项目之间的增减变动,会影响现金流量净额的变动。例如,用现金购买原材料、销售商品获得现金、用现金对外投资、收回长期债券等,均涉及现金各项目与非现金各项目之间的增减变动,这些变动会引起现金流入或现金支出。

现金流量的信息能够表明企业经营状况是否良好、资金是否紧缺、企业偿付能力的大小,从而为投资者、债权人、企业管理者提供非常有用的信息。

6.1.2 现金流量的分类

《企业会计准则第 31 号—现金流量表》按照企业经营业务发生的性质将现金流量分为三类:经营活动产生的现金流量、投资活动产生的现金流量、筹资活动产生的现金流量。此外,有外汇资金业务的,还应反映汇率变动对现金流量的影响。现金流量按照经营活动、投资活动和筹资活动进行分类报告,其目的是便于报表使用者了解各类活动对企业财务状况的影响,以及评估企业未来的现金流量。

1. 经营活动产生的现金流量

经营活动是指企业投资活动和筹资活动以外的所有交易和事项。经营活动是企业最主要的业务活动,具有范围广、内容多的特点。各类企业由于行业特点不同,对经营活动的认定存在一定差异。对于工商企业而言,经营活动主要包括销售商品、提供劳务、购买商品、接受劳务、支付税费等。对于商业银行而言,经营活动主要包括吸收存款、发放贷款、同业存放、同业拆借等。对于保险公司而言,经营活动主要包括原保险业务和再保险业务等。对于证券公司而言,经营活动主要包括自营证券、代理承销证券、代理兑付证券、代理买卖证券等。

在我国,企业经营活动产生的现金流量应当采用直接法填列。直接法,是指通过现金收入和现金支出为主要类别列示经营活动的现金流量。

2. 投资活动产生的现金流量

投资活动是指企业长期资产的购建和不包括在现金等价物范围内的投资及处置活动。长期资产是指固定资产、无形资产、在建工程、其他资产等持有期限在一年或一个营业周期以上的资产。这里所讲的投资活动,既包括实物资产投资,也包括金融资产投资。这里之所以将“包括在现金等价物范围内的投资”排除在外,是因为已经将包括在现金等价物范围内的投资视同现金项目之间的增减变动。不同企业由于行业特点不同,对投资活动的认定也存在差异。例如,交易性金融资产所产生的现金流量,对工商企业而言,属于投资活动现金流量,而对于证券公司而言,属于经营活动现金流量。

3. 筹资活动产生的现金流量

筹资活动是指导致企业资本及债务规模和构成发生变化的活动。这里所说的资本,既包括实收资本(股本),也包括资本溢价(股本溢价);这里所说的债务,指对外举债,包括向银行借款、发行债券以及偿还债务等。通常情况下,应付账款、应付票据等商业应付款等属于经营活动,不属于筹资活动。

企业应合理划分经营活动、投资活动和筹资活动,对于一些特殊项目如自然灾害、保险索赔、捐赠等应当根据特定情况和性质进行划分,分别归类到各项活动的类别中,并一贯性地遵循这一划分标准。比如,对于自然灾害损失和保险赔款,如果能够确指,属于流动资产损失，应当列入经营活动产生的现金流量；属于固定资产损失，应当列入投资活动产生的现金流量。

这三类现金流量也有着一定的内在关系：经营活动中取得的现金流入应当足以用于经营活动所需的现金流出，并有一定的现金流入量用于偿还债务或用于投资。如果经营活动产生的现金收入不足以满足经营活动所需的现金支出，则需要通过短期债务弥补，但企业的盈利能力和创造现金的能力应足以偿还短期债务；如果企业因扩张或改变经营战略而需要长期投资时，一般需要筹集长期资金，包括发行股票、发行长期债券或筹集长期借款；如果长期投资有效，就会在将来产生现金流入，企业将不会面临还债困境，企业的现金周转将正常进行，而盈利水平也将大幅度提升。

6.1.3 现金流量表的编制方法

编制现金流量表时，列报经营活动现金流量的方法有两种：直接法和间接法。

1. 直接法

直接法是通过现金流入和现金流出为主要类别反映企业各方面的现金流量。在直接法下，一般是以利润表中的营业收入为起算点，调节与经营活动有关的项目的增减变动，然后计算出经营活动产生的现金流量。在用直接法具体编制现金流量表时，可以采用工作底稿法或T形账户法编制，业务量小的企业也可以直接根据与现金及现金等价物收付有关的会计分录分析汇总填列该表。采用直接法编报的现金流量表，便于分析企业经营活动产生的现金流量的来源和用途，预测企业现金流量的未来前景。

2. 间接法

在间接法下，将净利润调节为经营活动现金流量，实际上就是将按权责发生制原则确定的净利润调整为现金净流入，并剔除投资活动和筹资活动对现金流量的影响。采用间接法编报现金流量表，便于将净利润与经营活动产生的现金流量净额进行比较，了解净利润与经营活动产生的现金流量差异的原因，从现金流量的角度分析净利润的质量。

我国企业会计准则规定企业应当采用直接法编报现金流量表，同时要求在附注中提供以净利润为基础调节到经营活动现金流量的信息。

6.1.4 现金流量表分析的意义

在资本市场日趋完善的条件下，无论是企业的管理者还是外部投资者，都越来越意识到现金流量信息在分析企业的财务状况以及经营成果质量时的重要性，现金流量表提供的财务信息已经成为其做出正确决策的重要信息资源。同时，现金流量表以现金的收支为基础，是对资产负债表和利润表的重要补充。现金流量表所提供的信息可以表明企业的经营状况是否良好，资金是否紧缺，企业偿付能力的大小，为投资者、债权人、企业管理者的决策提供更为有用的信息。具体来说，现金流量表分析主要有以下几个方面的作用：

(1)可以分析企业创造未来现金流量的能力

现金流量表从动态上说明了企业一定期间现金的变动情况及变动原因。通过对现金流量表的分析，可以了解企业现金的来源和用途是否合理，了解本期经营活动、投资活动和筹资活动的现金流量以及企业对外部资金的依赖程度，判断影响现金流入的因素，为企业编制现金流量计划、组织现金调度、合理节约地使用现金创造条件。从而预测企业未来的现金流量,以便投资者做出投资决策,债权人做出信贷决策。

(2)可以了解企业的偿债能力、支付能力以及筹资能力

资产负债表和利润表中会计要素是按照权责发生制确认的,据此预测的企业偿债能力和盈利能力,具有一定的局限性。而现金流量表是按照收入实现制编制的,侧重于实际数量和时机,客观上保证了指标的真实性,在一定程度上克服了一些不良会计行为的影响。因此,企业是否具有偿还债务、支付股利的能力,在现金流量表中体现得最为清楚。从现金流量表中,可以了解经营活动现金流入是否大于流出,是否有足够的净流入偿还债务和支付现金股利,是否需要对外筹资,从而进一步分析、评价和预测企业偿还债务、支付股利的能力以及对外筹资的能力。

(3)可以分析企业的收益质量

利润表中列示的净利润指标,反映了企业一定期间的经营成果。但利润表是按照权责发生制原则编制的,不能反映企业经营活动产生了多少现金。将现金流量表中经营活动产生的现金流量与净利润相比较,可以从现金流量的角度了解企业一定时期净利润的质量,从而获悉企业具有现金流量支持的利润有多少,高质量的盈利必须有相应的现金流入作保证。还可以分析净利润与经营活动现金流量之间产生差异的原因、程度,揭示差异出现的规律性,进一步评价企业利润的质量。

(4)可以了解企业当期有关现金、非现金投资和筹资等事项对其财务状况的影响

现金流量表除了披露现金收支的经营活动、投资活动和筹资活动等内容以外,还要披露那些不影响当期现金流量,但可能会对企业的资本结构及未来现金流量产生影响的重要的投资和筹资活动。通过对现金流量表中补充资料的分析,可以了解这些当期不发生现金流入或流出,但以后必然会为此类业务收入或支付现金的情况,从而分析了解企业采取的融资战略,以便评估企业未来的现金流量。

(5)可以了解企业的成长能力

企业的成长能力是指企业未来的发展趋势和发展速度,包括企业规模扩大、利润增加、资产增值等。通过若干期现金流量表中投资活动和筹资活动所产生的现金流量的数据,可以了解企业在保持内部经营稳定运行的前提下,企业对内、对外投资是否面临新的投资机会或发展机遇,是从外部筹措大量的资金、扩大其经营规模,还是收回投资、支付到期债务,进而判断企业的成长能力。

6.2 内容分析

现金流量表的内容主要包括经营活动产生的现金流量、投资活动产生的现金流量、筹资活动产生的现金流量、汇率变动对现金及现金等价物的影响、现金流量表的补充资料五项内容。

6.2.1 经营活动产生的现金流量

经营活动产生的现金流量在企业总现金流量中所占的比重较大,一般具有较强的稳定

性和再生性。它可以说明企业在不动用企业外部筹得资金的情况下，通过经营活动产生的现金流量是否足以偿还负债、支付股利和对外投资。通过对该项目的分析，可以在分析经营活动产生的现金流量的性质和作用的基础上，考察企业销售和盈利的质量。

1. 经营活动现金流入项目分析

(1)销售商品、提供劳务收到的现金

销售商品、提供劳务收到的现金，构成经营活动现金流入的主要部分，是指企业对外销售商品、提供劳务实际收到的现金，包括本期销售收到的现金、前期销售本期收回的现金、向购买者收取的增值税销项税额、本期预收的款项等。但是，本期销售本期退回的商品和前期销售本期退回的商品支付的现金应从该项目中扣除。另外，企业销售材料和代购代销业务收到的现金也在本项目中反映。

“销售商品、提供劳务收到的现金”可用如下公式计算得出：

销售商品、提供劳务收到的现金＝主营业务收入和其他业务收入＋应交增值税的销项税额＋(预收账款期末余额－预收账款期初余额)－(应收账款期末余额－应收账款期初余额)－(应收票据期末余额－应收票据期初余额)＋当期收回前期核销的坏账－当期核销的坏账－票据贴现的利息　(6-1)

销售商品、提供劳务收到的现金流量项目发生增减变动的原因可能有：市场供求关系发生变化、企业的销售策略发生变化、企业信用政策发生变化、企业收账政策发生变化等，分析时应结合企业利润表和有关财务报表附注进行。

将该项目与利润表中的营业收入项目相比，可以判断企业的销售收现率情况。收现率较高，说明企业的销售没有形成挂账，产品定位正确、适销对路，资金周转情况良好；收现率较低，说明企业存在大量的赊销，当期业务收入的变现能力弱，坏账风险加大。但应注意也有例外的情况，有时采用赊销是企业为了迅速占领市场的一种营销策略，因此，在分析收现率时还应结合企业的营销策略进行。

(2)收到的税费返还

收到的税费返还是指企业收到返还的各种税费，包括增值税、消费税、营业税、所得税、教育费附加等返还款。这一项目只包括企业上缴后由税务等政府部门返还的款项，不包括其他方面的补贴和返还款。

该项目数额通常不大，只有外贸出口型企业、国家财政扶持领域的企业或地方政府支持的上市公司才有可能涉及。该项目发生现金流量增减变动的原因与国家税收政策有关，分析时应结合税收政策的变化进行。这部分现金流量的变化不具有持续性，这部分现金流量的增加不代表企业具有获取现金的正常能力。另外，在分析该项目时应结合营业收入进行，有些受到税收政策扶持的企业收入增加，但现金流量表中却没有收到相应的税费返还，对此应注意是否存在。

(3)收到其他与经营活动有关的现金

本项目反映企业除上述各项目外，收到的其他与经营活动有关的现金，如罚款收入、流动资产损失中由个人赔偿的现金收入等。该项目具有不稳定性，一般金额不大，如果价值较大的，应单列项目反映。

2. 经营活动现金流出项目分析

(1)购买商品、接受劳务支付的现金

购买商品、接受劳务支付的现金是经营活动现金流出的主要部分，指企业购买材料、商品和接受劳务实际支付的现金，包括本期购买商品、接受劳务支付的货款和与货款一并支付的增值税进项税额，前期购买商品、接受劳务本期偿付的应付款项的现金以及预付的购货款等。但是，本期发生购货退回而收到的现金应从该项目中扣除。

企业本期购买商品、接受劳务支付的现金可用如下公式计算得出：

购买商品、接受劳务支付的现金＝本期购买商品、接受劳务数额＋应交增值税的进项税额＋(预付账款期末余额－预付账款期初余额)－(应付账款期末余额－应付账款期初余额)－(应付票据期末余额－应付票据期初余额)－当期因购货退回收到的现金 (6-2)

购买商品、接受劳务支付现金项目发生现金流量增减变动的原因可能有：企业销售市场的变化导致存货的增减变动、企业资金供应的变化导致应付账款的增减变动、企业应付账款管理水平的变动导致应付账款的增减变动等。分析者应结合企业利润表、资产负债表以及有关的财务报表附注进行分析。

该项目通常具有数额大、在经营活动现金流出中所占比重大的特点。将其与利润表中的营业成本相比较，可以判断企业付现成本支付的情况，并可借此了解企业资金的紧张程度和企业的商业信用情况。

(2)支付给职工以及为职工支付的现金

支付给职工以及为职工支付的现金是指企业实际支付给职工的现金以及为职工支付的现金，包括本期实际支付给职工的工资、奖金、各种津贴和补贴，以及为职工支付的其他费用，不包括支付给离退休人员和在建工程人员的现金。为职工支付的其他费用包括：养老、失业等社会保险基金；住房公积金；支付给职工的住房困难补助等。对于支付给职工以及为职工支付的现金项目应结合企业的工资发展水平、企业的经济效益加以分析。

(3)支付的各项税费

支付的各项税费是指企业本期发生并支付、以前各期发生本期支付以及预交的各项税费，如支付的增值税、所得税、教育费附加、矿产资源补偿费、印花税、房产税、土地增值税、车船使用税、预交的营业税等。不包括计入固定资产价值、实际支付的耕地占用税等，也不包括本期退回的增值税、所得税。

此项目会随着企业销售规模、经营成果的变化而变动。

(4)支付其他与经营活动有关的现金

支付其他与经营活动有关的现金是指企业除上述各项目外，支付的其他与经营活动有关的现金，如罚款支出、差旅费、业务招待费、保险费等。此项目不具有稳定性，金额一般不太大，价值较大的，应单列项目反映。

3. 经营活动产生的现金流量净额分析

经营活动产生的现金流量净额，即经营活动现金净流量，是企业当期经营活动产生的现金流入量小计与现金流出量小计之间的差额。经营活动产生的现金净流量可以分以下几种情况进行分析：

(1)经营活动产生的现金净流量小于零

经营活动现金流量净额小于零,说明企业通过正常的商品购销活动带来的现金流入量不足以支付因上述经营活动而引起的现金流出,需要采用筹资或拖延债务支付、收回投资等方式来解决经营所需的现金流出。

在企业成长阶段,由于生产阶段的各个环节尚不完善,设备与人力资源的利用率相对较低。同时,为了开拓市场,需要投入大量资金将自己的产品推向市场,从而有可能使得企业在这一时期的经营活动表现为"入不敷出"的状态。这是企业在发展过程中不可避免的正常状态。但是,如果企业在正常生产经营期间仍然出现这种状况,则说明企业经营活动创造现金流量的能力不高。因为在这种情况下,企业必须向外筹措资金来补充资金周转方面现金的不足,而这时企业的筹资能力却是有限的。

企业经营活动现金流量的不足,可以通过多种途径来解决,例如:消耗企业现存的货币积累;挤占本来可以用于投资活动的现金,推迟投资活动的进行;在不能挤占本来可以用于投资活动的现金的条件下,进行额外贷款融资;在没有贷款融资的条件下,拖延债务支付或者加大经营活动中的负债规模等。

(2)经营活动产生的现金净流量等于零

经营活动现金流量净额等于零,说明企业通过正常的购销活动带来的现金流入量,刚好能够补充经营活动引起的现金流出量,企业经营活动现金流量处于平衡状态。此时,企业正常的经营活动不需要额外补充流动资金,也不需要通过投资活动及筹资活动来贡献现金。

由于企业的成本分为付现成本和非付现成本,当经营活动产生的现金净流量等于零时,企业经营活动产生的现金流量不能为非付现(如固定资产折旧、无形资产摊销等非现金消耗)成本提供货币补给,长此以往将无法实现固定资产的更新。在这种情况下,企业只能支付日常开销,经营风险一旦加大或者当资产消耗到一定程度时,企业就会面临严重的财务问题。所以,从长期来看,企业如果在正常生产经营期间持续出现这种状况,则说明企业经营活动的现金流量质量较差。

(3)经营活动产生的现金净流量大于零

这种情况具体又分为三种状态:

①经营活动产生的现金净流量大于零,但是无法完全弥补非付现成本。在这种情况下,企业面临的压力小于经营活动现金净流量为零或为负的两种状态。但是由于积攒起来的资金不足以重新购置固定资产,从长期来看企业仍是面临危机的,企业经营活动产生的现金净流量仍然不可能维持经营活动的简单再生产。

②经营活动产生的现金净流量大于零,并且刚好可以弥补当期的非付现成本。在这种情况下,企业在经营活动方面的现金流量的压力得到缓解,企业经营活动产生的现金流量能够维持经营活动货币的简单再生产,但不能为企业的扩大再生产和进一步发展提供资金来源。

③经营活动产生的现金净流量大于零,并且在补偿非付现成本后仍有剩余。这种情况有利于企业的长期可持续发展,是企业经营活动现金流量运行的良好状态。这种状态说明企业购销活动带来的现金流量不仅能弥补经营活动中的全部成本,而且还能为企业的投资活动提供现金流量的支持。企业富余的资金可以用于购置设备,扩大企业的生产投资规模,使企业获得更大的未来发展潜力。

6.2.2 投资活动产生的现金流量

投资活动是指企业长期资产的购建(固定资产、在建工程、无形资产、其他资产等的购建)和不包括在现金等价物范围内的投资及其处置活动。而“投资活动现金流量”便是反映企业长期资产的购建和不包括在现金等价物范围内的投资及其处置活动中所产生的现金收付金额。单独反映投资活动产生的现金流量,可以了解企业为获得未来收益和现金流量而导致资源转出的程度,以及以前资源转出带来的现金流入的信息。

1.投资活动现金流入项目分析

(1)收回投资收到的现金

收回投资收到的现金,是指企业出售、转让或到期收回除现金等价物以外的对其他企业的权益工具、债务工具和合营中的权益等投资而收到的现金。收回债务工具实现的投资收益、处置子公司及其他营业单位收到的现金净额不包括在本项目内。若此项目的金额较大,意味着企业可能通过缩小投资来规避投资风险,或企业存在资金紧张的问题。

(2)取得投资收益收到的现金

取得投资收益收到的现金,是指企业因股权性投资而分得的现金股利,从子公司、联营公司或合营企业分得利润而收到的现金,以及因债权性投资而取得的现金利息收入。股票股利不在本项目中反映;包括在现金等价物范围内的债券性投资,其利息收入在本项目中反映。该项目表明企业进入投资回收期,通过分析可以了解投资回报率的高低。

该项目的投资收益与利润表中的投资收益金额不一定相等。利润表中的投资收益是以权责发生制为基础确定的,不论收益是否收到现金,均包含在内。而本项目中的投资收益只包括收到了现金的投资收益。在分析时,可以将本项目与利润表中的投资收益相比较,一般而言,该项目占利润表中投资收益的比重越大越好。

(3)处置固定资产、无形资产和其他长期资产收回的现金净额

处置固定资产、无形资产和其他长期资产收回的现金净额,是指企业出售固定资产、无形资产和其他长期资产所收到的现金,扣除为处置这些资产而支付的有关费用后的净额。由于自然灾害所造成固定资产等长期资产损失而收到的保险赔偿流入现金,也在本项目反映。如果所收回的现金净额为负数,则应在“支付其他与投资活动有关的现金”项目中反映。

该项目的现金流入量与企业的日常运营没有直接的必然联系,通常也不具有持续性。它表明企业正在收缩或调整经营性长期资产的结构与规模,一般金额也不大。因此,在分析企业未来获取现金的能力时,对该项指标不应过多考虑。如果数额较大,则说明企业可能借助大量处置现有的固定资产、无形资产等来压缩生产经营规模,或企业的经营方向、产品结构将有所调整,或者意味着企业存在严重的债务危机,要靠出售设备、厂房等来维持经营。此时,虽然对当期的经营性现金流量没有明显的影响,但完全有可能对企业未来的经营活动以及相应的经营性现金流量产生影响。

(4)处置子公司及其他营业单位收到的现金净额

处置子公司及其他营业单位收到的现金净额,是指企业处置子公司及其他营业单位所取得的现金,减去相关处置费、子公司或其他营业单位持有的现金及现金等价物后的净额。

此项目不经常发生,处置子公司及其他营业单位可能意味着企业的投资方向将进行调整,或缩小投资来规避投资风险,或企业存在资金紧张的问题。

(5)收到其他与投资活动有关的现金

收到其他与投资活动有关的现金,是指企业除了上述各项以外,收到的其他与投资活动有关的现金流入。比如,企业收回购买股票和债券时支付的已宣告但尚未领取的现金股利或已到付息期但尚未领取的债券利息。这一项目金额通常不大或很少出现,对企业现金流量的总体影响不大。如果数额较大,应分析其来源和合理性。

2. 投资活动现金流出项目分析

(1)购建固定资产、无形资产和其他长期资产支付的现金

购建固定资产、无形资产和其他长期资产支付的现金,是指企业购买和建造固定资产、取得无形资产和其他长期资产所支付的现金,包括购买机器设备所支付的现金及增值税款、建造工程支付的现金、支付在建工程人员的工资等现金支出,不包括为购建固定资产、无形资产和其他长期资产而发生的借款利息资本化部分,以及融资租入固定资产所支付的租赁费。

该项目本身也与企业当期的日常运营没有太多直接的必然联系。该项现金流出量的发生,有可能预示着企业未来某些方面生产经营规模的调整与扩大。因此,该项目可表明企业扩大再生产能力的强弱,通过对该项目的分析,可以了解企业未来的经营方向和获利能力,揭示企业未来经营战略的发展变化。应注意的是,如果处置固定资产的收入大于购置固定资产的支出,则表明企业可能正在缩小生产经营规模或正在退出该行业,应进一步分析是由于企业自身的原因,还是由于行业的原因,以便对企业的未来进行预测。

(2)投资支付的现金

投资支付的现金,是指企业权益性投资和债权性投资所支付的现金,包括企业取得的除现金等价物以外的交易性金融资产、持有至到期投资、可供出售金融资产而支付的现金,以及支付的佣金、手续费等交易费用。企业购买债券的价款中含有债券利息的,以及溢价、折价购入的,均按实际支付的金额反映。

该项目作为企业当期的一笔现金流出,表明企业未来获得股息、利息、利润以及转让或出售投资所得的现金流入的潜在可能,体现企业参与资本市场运作、实施投资能力的强弱。如果金额较大,则表明企业可能处于扩张时期,意味着企业未来的收益将增加,但同时风险也会加大。

(3)取得子公司及其他营业单位支付的现金净额

取得子公司及其他营业单位支付的现金净额,是指企业在购买子公司或其他营业单位中用现金支付的部分,减去子公司或其他营业单位持有的现金及现金等价物后的净额。此项目发生时意味着企业进行扩张投资,未来获利能力、现金流入将增加。

(4)支付其他与投资活动有关的现金

支付其他与投资活动有关的现金,是指企业除了上述各项以外,支付的其他与投资活动有关的现金流出。如企业购买股票时实际支付的价款中包含的已宣告而尚未领取的现金股利,购买债券时支付的价款中包含的已到期尚未领取的债券利息等。此项目一般数额较小或几乎没有,对企业的现金影响也十分微弱。如果数额较大,应单列项目反映,并注意分析其合理性。

3. 投资活动产生的现金流量净额分析

投资活动产生的现金流量净额,即投资活动现金净流量,是企业当期投资活动产生的现

金流入量小计与现金流出量小计之间的差额。投资活动产生的现金净流量可以分以下几种情况进行分析：

(1)投资活动产生的现金净流量小于零

这种情况意味着企业在购建固定资产、无形资产和其他长期资产，进行权益性投资和债权性投资等方面所支付的现金之和，大于企业因收回投资，分得股利或利润，取得债券利息收入，以及处置固定资产、无形资产和其他长期资产等而收到的现金之和。这表明企业扩大再生产的能力较强，参与资本市场运作、实施股权及债权投资能力较强。

对于这种情况，应分析企业投资是否与企业发展阶段、企业长期规划及短期计划相吻合，以判断现金流量的质量。一般情况下，企业投资活动所需要的现金支付，可用下列五种方式解决：消耗企业现存的货币积累；挤占本来可以用于经营活动的现金，削减经营活动的现金消耗；利用经营活动积累的现金进行补充；在不能挤占本来可以用于经营活动的现金的条件下，进行额外贷款融资，以支持投资活动的现金需要；在没有贷款融资的条件下，只能采用拖延债务支付或加大投资活动引起的负债规模来解决。

(2)投资活动产生的现金净流量大于或等于零

这种情况意味着企业在投资活动方面的现金流入量大于或等于现金流出量。这种情况的发生，或者是由于企业在本会计期间的投资活动回收的规模大于投资活动支出的规模，这是比较好的现象，表明企业投资收效显著，投资回报及变现能力较强；或者是由于企业在经营活动与筹资活动方面急需资金而不得不处理手中的长期资产，这种情况必须予以关注。

6.2.3 筹资活动产生的现金流量

筹资活动现金流量是指导致企业权益性资本及借款规模和构成发生变化的活动所产生的现金流入与现金流出。如果筹资活动现金流入量大幅增加，说明企业从外部筹措了大量资金；如果筹资活动现金流出量大幅增加，则说明企业外部筹资的规模在减缩。企业筹资活动的现金流量与经营活动、投资活动的适应状况，反映了企业的融资状况和融资能力。

1.筹资活动现金流入项目分析

(1)吸收投资收到的现金

吸收投资收到的现金，是指企业以发行股票、债券等方式筹集资金时实际收到的款项净额，发行机构的佣金等发行费用已扣除。以发行股票方式筹集资本而由企业直接支付的审计、咨询等费用，不在本项目中反映，而在“支付的其他与筹资活动有关的现金”项目中反映；由金融机构直接支付的手续费、宣传费、咨询费、印刷费等费用，从发行股票取得的现金收入中直接扣除，以净额列示。

企业吸收投资收到的现金有发行股票和发行债券两种方式。企业若以发行股票方式筹集资金，在带来可供其长期使用而无须偿还的股权资金的同时，提高了企业对其债权人利益的保障程度，也为企业日后的债务筹资提供了可能；企业若以发行债券的方式筹集资金，则在带来目前可供使用的债务资金的同时，也造成了企业日后按期还本付息的资金压力。因此，如果发行债券获取现金金额过大，分析者就应充分考虑和分析该企业未来获取现金、偿付本息的能力，以及偿还时大量的资金流出给企业正常生产经营带来的负面影响。

(2)取得借款收到的现金

取得借款收到的现金，是指企业举借各种短期、长期借款收到的现金。与发行债券的方式筹集资金一样，企业在向银行或非银行金融机构借款、获得目前可供使用资金的同时，同样会造成日后按期还本付息的资金压力。即现时的现金流入会导致未来的现金流出。此项目数额的大小，表明企业通过银行等金融机构筹集资金能力的强弱，在一定程度上代表了企业商业信用的高低。

(3)收到其他与筹资活动有关的现金

收到其他与筹资活动有关的现金，是指企业除上述各项目外，收到的其他与筹资活动有关的现金流入，如接受现金捐赠等。这类现金流入通常在企业筹资活动现金流入量中所占比例很小，有时甚至不会出现。如果数额较大，应单列项目反映，并分析其合理性。

2. 筹资活动现金流出项目分析

(1)偿还债务支付的现金

偿还债务支付的现金，是指企业以现金偿还债务的本金，包括偿还金融企业的借款本金、偿还债券本金等。企业偿还的借款利息、债券利息不包括在本项目内，在"分配股利、利润或偿付利息支付的现金"项目中反映。另外，企业通过产品或劳务等非现金方式偿付的债务也不在本项目中，企业应将其在报表的附注中说明。

(2)分配股利、利润或偿付利息支付的现金

分配股利、利润或偿付利息所支付的现金，是指企业实际支付的现金股利、支付给其他投资单位的利润以及用现金支付的借款利息、债券利息等。使用别人的资金是需要付出代价的，企业以吸收投资或借款的方式获得对投资者或债权人资金的占有和使用权，自然也需要付出相应的使用代价，这种使用代价以用现金形式支付股东的股利、利润以及支付债权人的借款利息或债券利息等表现。企业以股票股利或财产股利的方式支付的利润不在本项目中反映。目前我国暂未使用财产股利的分红方式。

(3)支付其他与筹资活动有关的现金

支付其他与筹资活动有关的现金，是指企业除了上述各项外，支付的其他与筹资活动有关的现金流出，如以发行股票、债券等方式筹集资金而由企业直接支付的审计、咨询等费用，捐赠现金支出，融资租入固定资产支付的租赁费等。此项目数额一般较小，如果数额较大，应单列项目反映，并分析其变化的原因及合理性。

3. 筹资活动产生的现金流量净额分析

筹资活动产生的现金流量净额，即筹资活动现金净流量，是企业当期筹资活动产生的现金流入量小计与现金流出量小计之间的差额。筹资活动产生的现金净流量可以分以下几种情况进行分析：

(1)筹资活动产生的现金净流量小于零

这种情况意味着企业筹资活动的现金流入量小于现金流出量。这种情况的出现，可能是因为企业在本会计期间集中发生偿还债务、支付筹资费用、分配股利或利润、偿还利息、融资租赁等业务，也可能是因为企业经营活动与投资活动在现金流量方面运转较好，有能力完成上述支付。但是，企业筹资活动产生的现金净流量小于零，也可能是企业在投资和企业扩张方面没有更好作为的一种表现。

(2)筹资活动产生的现金净流量大于或等于零

这种情况意味着企业筹资活动的现金流入量大于或等于筹资活动的现金流出量，表明企业通过银行及资本市场筹资的能力较强。在企业初期和成长期，需要大量资金扩大投资

以及企业经营活动的现金净流量小于零的条件下，企业需要从外部筹集资金。分析一个企业筹资活动产生的现金净流量大于或等于零是否正常，关键要看企业的筹资目的：是企业管理当局以扩大投资为目标形成的，还是因为企业投资活动出现失误出现亏损或者经营活动现金流量长期入不敷出所致。同时，应密切关注资金的使用效果，防止企业未来无法支付到期的债务本息而陷入债务危机。

6.2.4　汇率变动对现金及现金等价物的影响

编制现金流量表时，应当将企业外币现金流量以及境外子公司的现金流量折算成记账本位币。外币现金流量以及境外子公司的现金流量，应当采用现金流量发生日的即期汇率或按照系统合理的方法确定的、与现金流量发生日即期汇率近似的汇率折算。

而现金流量表“现金及现金等价物净增加额”项目中外币现金净增加额是按资产负债表日的即期汇率折算的。这两者的差额即为汇率变动对现金的影响。汇率变动对现金的影响额应当作为调节项目，在现金流量表中单独列报。

在编制现金流量表时，对当期发生的外币业务，也可不必逐笔计算汇率变动对现金的影响，可以通过现金流量表补充资料中“现金及现金等价物净增加额”数额与现金流量表中“经营活动产生的现金流量净额”、“投资活动产生的现金流量净额”、“筹资活动产生的现金流量净额”三项之和比较，其差额即为“汇率变动对现金的影响额”。

6.2.5　现金流量表的补充资料

补充资料是现金流量表非常重要的组成部分，反映的内容也特别多，分析者要全面了解现金流量表的相关信息，就必须对补充资料所披露的信息进行分析。现金流量表附注的补充资料部分包括三方面内容：将净利润调节为经营活动现金流量；不涉及现金收支的重大投资和筹资活动；现金及现金等价物构成情况。上述三方面的内容均在一定程度上体现了现金流量的质量。

1. 将净利润调节为经营活动的现金流量

将净利润调节为经营活动现金流量，实际上就是前面所提到的以本期净利润为起算点，采用间接法调整不涉及现金的收入、费用、营业外收支以及有关项目的增减变动，据此计算出经营活动的现金流量净额，有助于分析净利润与经营活动现金流量之间在数量上出现差异的原因。

采用间接法列报经营活动产生的现金流量时，需要对四大类项目进行调整：实际没有支付现金的费用；实际没有收到现金的收益；不属于经营活动的损益；经营性应收应付项目的增减变动。

2. 不涉及现金收支的重大投资和筹资活动

不涉及现金收支的重大投资和筹资活动，反映企业一定期间内影响资产或负债但不形成该期现金收支的所有投资和筹资活动的信息。这些投资和筹资活动虽然不涉及本期现金收支，但对以后各期的现金流量有重大影响。例如，企业融资租入设备，虽然在当期并不支付设备款和租金，但以后各期必须为此支付现金，从而在一定期间内形成了一项固定的现金支出。

企业应当在附注中披露不涉及当期现金收支、但影响企业财务状况或在未来可能影响企业现金流量的重大投资和筹资活动，主要包括：①债务转为资本，反映企业本期转为资本的债务金额；②一年内到期的可转换公司债券，反映企业一年内到期的可转换公司债券的本息；③融资租入固定资产，反映企业本期融资租入的固定资产。

3. 现金及现金等价物的构成

企业应当在附注中披露与现金和现金等价物有关的下列信息：①现金和现金等价物的构成及其在资产负债表中的相应金额。②企业持有但不能由母公司或集团内其他子公司使用的大额现金和现金等价物金额。企业持有现金和现金等价物余额但不能被集团使用的情形多种多样，例如，国外经营的子公司，由于受当地外汇管制或其他立法的限制，其持有的现金和现金等价物，不能由母公司或其他子公司正常使用。

6.3 结构分析

现金流量的结构分析就是在现金流量表有关数据的基础上，进一步明确现金流入的构成、现金流出的构成及现金净流量的形成过程。现金流量的结构分析可以分为现金流入结构分析、现金流出结构分析和现金净流量结构分析。

具体分析时，是将现金流量表中某一关键项目的数字作为基数(即 100%)，再计算出该项目各个组成部分占总体的百分比，以分析各项目的具体构成，使各个组成部分的相对重要性明显地表现出来，从而揭示现金流量表中各个项目的相对地位和总体结构关系。

6.3.1 现金流入结构分析

现金流入结构反映企业全部现金流入中，经营活动的现金流入、投资活动的现金流入和筹资活动的现金流入分别所占的比重，以及各项业务活动中，不同渠道流入的现金在该类别现金流入量和总现金流入量中所占的比重。从而明确企业的现金究竟来自何处，要增加现金流入主要应在哪些方面采取措施等。一般来说，企业的现金流入总额中，经营活动流入的现金应当占有大部分比例，特别是其销售商品、提供劳务收到的现金应明显高于其他业务活动流入的现金。经营活动现金流入占总现金流入大的企业，也意味着其经营状况较好，财务风险较低，现金流入结构比较合理。但是对于经营风格差异较大的企业来说，这个比例也会存在较大的不同，需要区别对待。

6.3.2 现金流出结构分析

现金流出结构反映企业各项现金流出中，经营活动的现金流出、投资活动的现金流出和筹资活动的现金流出分别所占的比重，以及各项业务活动中，不同渠道流出的现金在该类别现金流出和总现金流出中所占的比重。现金流出结构具体地反映了企业的现金用于哪些方面。在一个企业的现金流出中，其经营活动的现金流出，如购买商品、接受劳务等活动支出的现金往往要占到较大的比重，且具有一定的稳定性，各期变化幅度不会太大。投资活动和筹资活动的现金流出则因公司的财务政策不同而存在很大的差异，且稳定性较差，具有偶发性，随着交付投资款、偿还到期债务、支付股利等活动的发生，当期该类活动的现金流出便会大幅增加。因此，在分析企业的现金流出结构时，应注意在不同企业、不同时期很难采用统一的标准，应当结合具体情况具体分析。

6.3.3　现金净流量结构分析

现金净流量结构反映公司经营活动、投资活动及筹资活动的现金净流量分别占企业全部现金净流量的比重，也就是在企业本年度创造的现金及现金等价物净增加额中，以上三类活动的贡献程度。通过分析，可以明确反映出本期的现金净流量主要为哪类活动所产生，以此说明现金净流量形成的原因以及是否合理。

因为不同行业或处于不同发展阶段的企业，其现金流量也呈现出不同的特点。从现金流量的结构看，通过投资活动、筹资活动现金流量与经营活动现金流量的比较，清楚地反映出企业所处的发展阶段。对于初创期的企业，现金流入结构中筹资活动产生的现金流入占绝大部分，现金流出结构中投资活动产生的现金流出占绝大部分；处于发展壮大期的企业，经营活动产生的现金流入会增加，筹资活动产生的现金流入比重开始下降，投资活动产生的现金流出也开始大幅下降，但小额投资可能仍在继续；处于成熟期的企业，现金流入结构中经营活动产生的现金流入占绝大部分，而现金流出结构中筹资活动产生的现金流出所占比例开始大幅上升，因为大量债务到了还本付息期，分红比例也在提高；处于衰退期的企业，经营萎缩，经营活动产生的现金流量大大减少，企业需要调整经营方向，否则将陷入财务困难状况。

案例6-1

根据表6-1中海天股份有限公司的现金流量表数据，依据结构分析，对其2009年度的现金流量情况进行评价。

表6-1　　海天股份有限公司现金流量表

2009年度　　单位：元

项　目	本期金额
一、经营活动产生的现金流量：	
销售商品、提供劳务收到的现金	1 312 500
收到的税费返还	0
收到其他与经营活动有关的现金	0
经营活动现金流入小计	1 312 500
购买商品、接受劳务支付的现金	392 266
支付给职工以及为职工支付的现金	300 000
支付的各项税费	174 703
支付其他与经营活动有关的现金	80 000
经营活动现金流出小计	946 969
经营活动产生的现金流量净额	365 531
二、投资活动产生的现金流量：	
收回投资收到的现金	16 500
取得投资收益收到的现金	30 000
处置固定资产、无形资产和其他长期资产收回的现金净额	300 300

（续表）

项　　目	本期金额
处置子公司及其他营业单位收到的现金净额	0
收到其他与投资活动有关的现金	0
投资活动现金流入小计	346 800
购建固定资产、无形资产和其他长期资产支付的现金	601 000
投资支付的现金	0
取得子公司及其他营业单位支付的现金净额	0
支付其他与投资活动有关的现金	0
投资活动现金流出小计	601 000
投资活动产生的现金流量净额	－254 200
三、筹资活动产生的现金流量：	
吸收投资收到的现金	0
取得借款收到的现金	560 000
收到其他与筹资活动有关的现金	0
筹资活动现金流入小计	560 000
偿还债务支付的现金	1 250 000
分配股利、利润或偿付利息支付的现金	12 500
支付其他与筹资活动有关的现金	0
筹资活动现金流出小计	1 262 500
筹资活动产生的现金流量净额	－702 500
四、汇率变动对现金及现金等价物的影响	0
五、现金及现金等价物净增加额	－591 169
加：期初现金及现金等价物余额	1 406 300
六、期末现金及现金等价物余额	815 131

编制并算出现金流入结构分析表（见表 6-2）。

表 6-2　　　　　　　　　现金流入结构分析表

项　　目	2009 年金额（元）	结构百分比	
		以现金流入合计为基数	以各现金流入小计为基数
一、经营活动产生的现金流量：			
销售商品、提供劳务收到的现金	1 312 500	59.14％	100％
收到的税费返还	0	0	0
收到其他与经营活动有关的现金	0	0	0
经营活动现金流入小计	1 312 500	59.14％	100％
二、投资活动产生的现金流量：			
收回投资收到的现金	16 500	0.74％	4.76％
取得投资收益收到的现金	30 000	1.35％	8.65％
处置固定资产、无形资产和其他长期资产收回的现金净额	300 300	13.53％	86.59％
处置子公司及其他营业单位收到的现金净额	0	0	0

（续表）

项目	2009年金额(元)	结构百分比	
		以现金流入合计为基数	以各现金流入小计为基数
收到其他与投资活动有关的现金	0	0	0
投资活动现金流入小计	346 800	15.63%	100%
三、筹资活动产生的现金流量：			
吸收投资收到的现金	0	0	0
取得借款收到的现金	560 000	25.23%	100%
收到其他与筹资活动有关的现金	0	0	0
筹资活动现金流入小计	560 000	25.23%	100%
四、现金流入合计	2 219 300	100%	

观察表6-2可知，2009年海天股份有限公司实现现金总流入2 219 300元。其中，经营活动产生的现金流入为1 312 500元，占总现金流入的比例为59.14%；投资活动产生的现金流入为346 800元，占总现金流入的比例为15.63%；筹资活动产生的现金流入为560 000元，占总现金流入的比例为25.23%。在经营活动产生的现金流入中，全部来自销售商品、提供劳务收到的现金，占100%。投资活动产生的现金流入中，收回投资收到的现金占4.76%，取得投资收益所收到的现金占8.65%；处置固定资产、无形资产和其他长期资产收回的现金占86.59%，是投资活动收回现金的主要部分。筹资活动产生的现金流入全部为取得借款收到的现金。

企业当年的现金流入，主要来自企业的经营活动，其次来自于筹资活动和投资活动。说明海天股份有限公司生产、销售稳步增长，显示良好的发展势头。因此，海天股份有限公司要增加现金流入量，主要还是依靠经营活动，特别是依靠来自销售商品和提供劳务的现金收入。值得注意的是，投资活动现金流入的绝大部分，是处置固定资产、无形资产和其他长期资产收回的现金，占86.59%，应结合其他情况，做出更细致的分析。

编制并算出现金流出结构分析表，如表6-3所示。

表6-3 现金流出结构分析表

项目	2009年金额(元)	结构百分比	
		以现金流出合计为基数	以各现金流出小计为基数
一、经营活动产生的现金流量：			
购买商品、接受劳务支付的现金	392 266	13.96%	41.42%
支付给职工以及为职工支付的现金	300 000	10.67%	31.68%
支付的各项税费	174 703	6.22%	18.45%
支付其他与经营活动有关的现金	80 000	2.85%	8.45%
经营活动现金流出小计	946 969	33.70%	100%
二、投资活动产生的现金流量：			
购建固定资产、无形资产和其他长期资产支付的现金	601 000	21.38%	100%
投资支付的现金	0	0	0

（续表）

项　目	2009 年金额（元）	结构百分比	
		以现金流出合计为基数	以各现金流出小计为基数
取得子公司及其他营业单位支付的现金净额	0	0	0
支付其他与投资活动有关的现金	0	0	
投资活动现金流出小计	601 000	21.38%	100%
三、筹资活动产生的现金流量：			
偿还债务支付的现金	1 250 000	44.48%	99.01%
分配股利、利润或偿付利息支付的现金	12 500	0.44%	0.99%
支付其他与筹资活动有关的现金	0	0	0
筹资活动现金流出小计	1 262 500	44.92%	100%
四、现金流出合计	2 810 469	100%	

观察表 6-3 可知，2009 年海天股份有限公司现金总流出为 2 810 469 元。其中，经营活动产生的现金流出为 946 969 元，占总现金流出的比例为 33.70%；投资活动产生的现金流出为 601 000 元，占总现金流出的比例为 21.38%；筹资活动产生的现金流出为 1 262 500 元，占总现金流出的比例为 44.92%。在经营活动产生的现金流出中，购买商品、接受劳务支付的现金占 41.42%，支付给职工以及为职工支付的现金占 31.68%，支付的各项税费占 18.45%，支付的其他与经营活动有关的现金占 8.45%。投资活动产生的现金流出，全部用于对内投资。在筹资活动产生的现金流出中，偿还债务支付的现金占 99.01%，分配股利、利润或偿付利息所支付的现金仅占 0.99%。

在企业的现金流出中，筹资活动所占的比重最大，特别是偿还债务所支付的现金，其次是经营活动和投资活动。说明企业现金流出总量中偿还债务占很大比重，这样企业的负债水平会相应减少，有利于企业优化资本结构。

编制并算出现金净流量结构分析表，如表 6-4 所示。

表 6-4　　　　现金净流量结构分析表

项　目	2009 年金额（元）	结构百分比
经营活动产生的现金流量净额	365 531	−61.83%
投资活动产生的现金流量净额	−254 200	43.00%
筹资活动产生的现金流量净额	−702 500	118.83%
现金净流量	−591 169	100%

观察表 6-4 可知，2009 年海天股份有限公司的现金净流量为−591 169 元。其中，经营活动产生的现金净流量为 365 531 元，占总现金净流量的−61.83%；投资活动产生的现金净流量为−254 200 元，占总现金净流量的 43.00%；筹资活动产生的现金净流量为−702 500元，占总现金净流量的 118.83%。说明企业经营活动产生的现金净流量能够满足其投资需要，但却不足以偿还大量的前期债务，企业已处于成熟期。

6.4　比率分析

现金流量表的结构分析固然很重要，但仅仅对现金流量表本身进行分析还远远不够，还需要将现金流量表与资产负债表、利润表结合起来，计算各种财务比率，以分析企业现金满足债务支付、发放股利、投资和日常经营活动需要的程度。下文将从偿债能力、支付能力和获取现金能力三个方面进行分析和说明。

6.4.1　现金偿债能力比率分析

运用现金流量分析企业的偿债能力，主要是将本期经营活动产生的现金净流量和企业所需偿付的债务进行比较，来确定企业的偿债能力。分析偿债能力的现金流量比率包括现金比率、现金流动负债比和现金债务总额比及现金到期债务比。

1. 现金比率

现金比率是指企业现金余额与流动负债的比率。其计算公式为

$$现金比率=\frac{现金余额}{流动负债}\times 100\% \tag{6-3}$$

这里的现金余额是指会计期末企业所拥有的现金及现金等价物的数额，可从现金流量表中的“期末现金及现金等价物余额”项目查到；式(6-3)中的流动负债可从资产负债表中的“流动负债合计”项目取得数据。

现金比率是衡量企业短期偿债能力的一个重要指标。在企业的流动资产中，现金及现金等价物的流动性最好，可直接用于偿还企业的短期债务。对于债权人来说，现金比率越高越好。现金比率越高，说明企业的短期偿债能力越强；反之，则越弱。如果现金比率达到或超过1，则表示现金余额等于或大于流动负债总额，亦即企业即使不动用其他存货、应收账款等，靠现金就足以偿还流动负债。对于债权人来说，这是最安全的。但是，对于企业的所有者和经营者而言，现金比率并不是越高越好。因为资产的流动性和其盈利能力成反比，流动性越强，盈利能力越差。现金的流动性最好，但盈利能力最低。保持过高的现金比率，可能丧失许多有利可图的流转机会和投资机会，从而丧失相应的周转利益和投资利益，也会带来较高的机会成本，因此不应该过长时间保持太高的现金比率。另外，分析该比率时还应结合流动比率和速动比率进行考察。

2. 现金流动负债比

现金流动负债比是指企业经营活动现金净流量与流动负债的比率，反映企业通过经营活动产生的现金流量偿还短期债务的能力。其计算公式为

$$现金流动负债比=\frac{经营活动现金净流量}{流动负债}\times 100\% \tag{6-4}$$

式中，经营活动现金净流量可以从现金流量表中的“经营活动产生的现金流量净额”项目取得数据。

现金流动负债比越大，表明企业的短期偿债能力越强。企业为了偿还即将到期的流动负债，固然可以通过出售投资、长期资产等投资活动取得现金流入或者通过筹资活动产生的现金流入来进行偿债，但最安全可靠的办法，仍是利用企业的经营活动产生的现金净流量。

另外，该指标不受流动资产变现能力的影响，用该指标评价企业的短期偿债能力比流动比率与速动比率更加谨慎严格。

3. 现金债务总额比

现金债务总额比是指企业经营活动现金净流量与债务总额的比率，反映企业用年度经营活动现金净流量偿付全部债务的能力，因此也是一个综合反映企业偿债能力的指标。其计算公式为

$$现金债务总额比=\frac{经营活动现金净流量}{债务总额}\times 100\% \tag{6-5}$$

其中，债务总额可以用期末的负债总额来衡量。

现金债务总额比是国外企业财务分析时常用的指标。一般来说，指标数值越高，表明企业的偿债能力越强，相应风险越小；反之亦然。

4. 现金到期债务比

现金到期债务比是指企业经营活动现金净流量与本期到期债务的比率。其计算公式为

$$现金到期债务比=\frac{经营活动现金净流量}{本期到期债务}\times 100\% \tag{6-6}$$

其中，本期到期债务是指本期到期的长期债务和应付票据的本金和利息，通常这两种债务是不能展期的，必须如数偿还。本期到期债务可以从资产负债表和相关的账簿记录中取得数据。

现金到期债务比指标是用来衡量企业到期债务可用经营活动创造现金支付的程度。该比率越大，表明企业偿还到期债务的能力越强。如果比率小于 1，则说明企业经营活动产生的现金不足以偿付到期债务，必须通过对外筹资或出售资产才能偿付到期债务。

6.4.2 现金支付充足性比率分析

现金支付充足性是指企业除了上面所讲的现金偿付债务外，还有多余的现金来支付如购买原材料支出、各项费用支出、职工薪酬支出等其他各项支出。企业若想正常经营，则必须具有较强的支付能力。这里所探讨的支付能力仅限于需要使用现金和现金等价物进行支付的范围，主要包括现金充分性比率、现金股利保障倍数和满足现金投资比率三个指标。

1. 现金充分性比率

现金充分性比率是对企业能否产生足够的现金来偿付到期债务、进行再投资以及支付现金股利和利息能力的综合衡量比率。其计算公式为

$$现金充分性比率=\frac{本期现金净流量}{债务偿还额+资本性支出额+支付股利利息额}\times 100\% \tag{6-7}$$

从计算公式可以看出，现金充分性比率必须保持在 1 以上，企业才有能力满足用现金偿付到期债务、进行投资和支付股利的基本现金需求；如果小于 1，则会出现现金短缺局面，可能会影响企业的正常经营。

2. 现金股利保障倍数

现金股利保障倍数是指每股经营活动产生的现金净流量与每股现金股利的比率。其计算公式为

$$现金股利保障倍数=\frac{每股经营活动现金净流量}{每股现金股利}\times 100\% \tag{6-8}$$

其中,现金股利是指本期已宣告分配的全部现金股利额,可从有关资料中取得数据。

该指标数值越大,说明企业支付的现金股利占创造经营现金的比重越小,企业支付现金股利的能力越强;反之,若比率小于1,说明企业靠自己的经营现金流入无法支付全部现金股利,企业只能靠借债或减少投资才能维持当前的股利水平。事实上,股利支付的多少受多种因素的制约,与企业既定的股利政策有关。当企业成长初期,投资机会较好时,可能倾向于少发放现金股利,而将大量现金用于投资活动,以期获得长期收益,从而提高企业价值。此时,现金股利保障倍数小,并不表明企业支付了大量的现金股利,只能说明企业每股经营活动产生的现金净流量小。

3. 现金满足投资比率

现金满足投资比率是指近五年经营活动现金净流量与近五年资本支出、存货增加和现金股利之和的比。采用五年或五年以上的总和计算,目的是消除某些特殊事项对经营活动现金净流量的影响,可以剔除周期性和随机性影响,得出的结论更有意义。其计算公式为

$$\text{现金满足投资比率}=\frac{\text{近五年经营活动现金净流量}}{\text{近五年资本支出、存货增加和现金股利之和}}\times 100\% \qquad (6\text{-}9)$$

该指标反映企业通过经营活动产生的现金净流量来满足投资需要的能力,用于衡量企业维持或扩大再生产经营规模的能力。该比率越大越好,说明企业资金自给率越高。如果现金满足投资比率大于或等于1,表明企业从经营活动中得到的资金,足以应付各项资本性支出、存货净投资和现金股利的需要,不需要外部筹资;如果该比率小于1,则表示企业来自经营活动的现金不能满足股利和经营增长的需要,不足的现金靠减少现金余额或增加外部筹资提供。此外,现金满足投资比率还可以反映出通货膨胀对企业现金需要的影响。

6.4.3 获取现金能力比率分析

企业获取现金的能力可通过经营现金流量净额和投入资源的比值来反映。投入资源可以是营业收入、总资产、净营运资金、净资产和普通股股数等。

1. 销售现金比率

销售现金比率是指经营活动产生的现金净流量与营业收入的比值。其计算公式为

$$\text{销售现金比率}=\frac{\text{经营活动现金净流量}}{\text{营业收入}}\times 100\% \qquad (6\text{-}10)$$

该指标反映企业在一定时期内每一元营业收入所能得到的现金净流量,是考核企业经营活动效益的一个指标。该比率指标越接近1,说明企业产品销售形势越好,信用政策合理,收益质量越高。

2. 每股经营现金流量净额

每股经营现金流量净额是指发行普通股的企业经营活动产生的现金净流量与普通股股数的比率,反映每股发行在外的普通股票所平均占有的现金流量,或者说是反映公司为每一普通股获取的现金流入量。其计算公式为

$$\text{每股经营现金流量净额}=\frac{\text{经营活动现金净流量}}{\text{普通股股数}}\times 100\% \qquad (6\text{-}11)$$

每股经营现金流量净额指标反映企业最大的分派现金股利能力,超过此限度,就要借款分红;其值越大越好。

该指标通常比每股收益要高，因为每股收益中扣除了折旧，但每股经营现金流量净额不能代替每股收益。该指标只是一个补充性指标，最好与每股收益配合使用分析，为投资者决策提供依据。

3. 全部资产现金回收率

全部资产现金回收率是指企业经营活动现金净流量与全部资产的比率，反映企业运用全部资产获取现金的能力。其计算公式为

$$全部资产现金回收率=\frac{经营活动现金净流量}{全部资产}\times 100\% \tag{6-12}$$

其中，全部资产是企业期初、期末的平均资产总额。

全部资产现金回收率指标反映企业运用资产获得经营活动现金流量的能力，用于衡量企业资产的实际利用效果。连续考察几期该指标的数据，可以观察资产利用效果的变化趋势。该比率越高，说明企业资产的现金回收能力越强。用该指标与总资产净利润率相比较，可以判断企业总资产盈利的现金充足性。

知识要点

• 现金流量表，是指反映企业在一定会计期间现金和现金等价物流入和流出的报表。它以现金及现金等价物为编制基础，反映企业一定期间内经营活动、投资活动和筹资活动所引起的现金流入和流出。

•《企业会计准则第 31 号——现金流量表》按照企业经营业务发生的性质将现金流量分为三类：经营活动产生的现金流量、投资活动产生的现金流量、筹资活动产生的现金流量。

• 现金流量表分析主要有以下几个方面的作用：可以分析企业创造未来现金流量的能力；可以了解企业的偿债能力、支付能力以及筹资能力；可以分析企业的收益质量；可以了解企业当期有关现金、非现金投资和筹资等事项对其财务状况的影响；可以了解企业的成长能力。

• 现金流量表的内容主要包括经营活动产生的现金流量、投资活动产生的现金流量、筹资活动产生的现金流量、汇率变动对现金及现金等价物的影响、现金流量表的补充资料五项内容。

• 现金流量的结构分析就是在现金流量表有关数据的基础上，进一步明确现金流入的构成、现金流出的构成及现金净流量的形成过程。现金流量的结构分析可以分为现金流入结构分析、现金流出结构分析和现金净流量结构分析。

• 分析偿债能力的现金流量比率包括现金比率、现金流动负债比和现金债务总额比及现金到期债务比；分析现金支付充足性的指标主要包括现金充分性比率、现金股利保障倍数和满足现金投资比率三个指标；分析企业获取现金能力的指标主要有销售现金比率、每股经营现金流量净额和全部资产现金回收率三个指标。

复习思考题

1. 选择题

(1)现金流量表的编制基础是(　　)。

A. 营运资金　　　　B. 流动资金

C. 现金及现金等价物　　　　　　　　D. 货币资金

(2)公司的经营活动、投资活动和筹资活动都可以产生现金流入,但这三类现金流入中以(　　)所产生的现金流入最能说明创造现金的能力。

A. 经营活动　　　　　　　　B. 投资活动

C. 筹资活动　　　　　　　　D. 以上都不是

(3)企业支付股票股利时(　　)。

A. 影响当期经营现金流量　　　　　　　　B. 影响当期投资现金流量

C. 影响当期筹资现金流量　　　　　　　　D. 不影响当期现金流量

(4)公司新近偿还了一笔到期的长期负债的本金,则此时的现金比率较偿还前(　　)。

A. 升高　　　　B. 降低　　　　C. 不变　　　　D. 不能确定

(5)(　　)是对企业进行综合衡量,是否有足够现金偿还债务、进行投资以及支付股利和利息能力的一个比率。

A. 现金债务总额比　　　　　　　　B. 现金充分性比率

C. 现金到期债务比　　　　　　　　D. 现金流动负债比

(6)对于处于(　　)的企业,现金流入结构中经营活动产生的现金流入占绝大部分,而现金流出结构中筹资活动产生的现金流出所占比例开始大幅上升,因为大量债务到了还本付息期,分红比例也在提高。

A. 初创期　　　　B. 发展期　　　　C. 成熟期　　　　D. 衰退期

(7)某公司本年经营活动净现金流量为 8 576 万元,投资活动净现金流量为－1.35 亿元,筹资活动净现金流量为 2.29 亿元,本年归还到期债务 1.37 亿元,支付利息 8867 万元,则公司现金到期债务比率为(　　)。

A. －59.82%　　　　B. 38%　　　　C. 79.66%　　　　D. 101.48%

(8)用于衡量企业维持或扩大再生产经营规模的能力的指标是(　　)。

A. 全部资产现金回收率　　　　　　　　B. 现金满足投资比率

C. 现金充分性比率　　　　　　　　D. 现金比率

2. 判断题

(1)经营活动产生的现金流量在企业总现金流量中所占的比重较大,一般具有较强的稳定性和再生性。　(　　)

(2)经营活动现金净流量大于零,企业一定处于盈利状态。　(　　)

(3)对于企业的所有者和经营者而言,现金比率总是越高越好。　(　　)

(4)对于初创期的企业,现金流入结构中筹资活动产生的现金流入占绝大部分,现金流出结构中投资活动产生的现金流出占绝大部分。　(　　)

3. 简答题

(1)简述现金流表分析的意义。

(2)简述现金流量表结构分析的意义及内容。

(3)如何评价企业经营活动现金净流量的变化?

(4)现金流量表财务比率分析主要包括哪些比率?

第7章 所有者权益变动表分析

引导案例

随着全球经济一体化的形成，企业的规模不断扩大，跨国经营是企业参与国际竞争的重要战略。然而各国在政治、经济、法律等方面的差异，使企业所面临的经营环境日趋复杂。金融工具的创新为企业带来了机遇，但同时也隐含着巨大的风险，在瞬息万变的金融大潮中，决策者应该及时了解金融工具带来的风险收益状况。由于历史成本、收入实现、谨慎性原则的限制，外币报表折算差额、可供出售金融资产公允价值变动等已确认未实现的利得和损失无法在利润表中列示，只能绕过利润表在资产负债表中的所有者权益中确认。这种做法破坏了资产负债表与利润表之间原本的逻辑关系，进而破坏了整个财务报告体系中各要素之间的内在联系。如果要恢复资产负债表与利润表之间的逻辑关系，就要彻底改变利润表一直遵循的历史成本原则、收入实现原则、谨慎性原则，这意味着要重新构建会计理论框架，目前还无法实现。一方面是财务报告使用者对相关信息的需求，一方面是会计理论发展的滞后，在这种情况下，所有者权益变动表担负起了资产负债表与利润表纽带的重任，通过所有者权益变动表搭建二者之间的钩稽关系，使财务报告体系中各要素之间能够继续保持着紧密的联系。可见所有者权益变动表的重要性源于会计理论发展相对于会计环境发展的滞后，体现了决策有用观与历史成本原则、收入实现原则及谨慎原则的矛盾。

本章将介绍所有者权益变动表的相关内容，与前面的资产负债表、利润表、现金流量表一样，构成财务报表的重要组成部分。

7.1 概 述

所有者权益变动表是反映企业当期所有者权益变动情况的报表。在新会计准则颁布以前，企业所有者权益变动情况是以资产负债表附表的形式予以体现的。新会计准则颁布后，根据《企业会计准则第 30 号——财务报表列报》的规定，企业财务报表体系包括资产负债表、利润表、现金流量表、所有者权益变动表和附注，所有者权益变动表是新增加的一张主要报表。

所有者权益变动表分析就是通过所有者权益的来源及其变动情况，了解会计期间内所有者权益总量增减变动的具体原因和所有者权益增减变动的重要结构性的信息，特别是要反映直接计入所有者权益的利得和损失(即其他综合收益)，让报表使用者准确了解所有者权益增减变动的根源，以判断构成所有者权益各个项目变动的合法性与合理性。

7.1.1　所有者权益变动表的性质与作用

1.所有者权益变动表的性质

所有者权益是企业资产扣除负债后由所有者享有的剩余权益，所有者权益变动表是反映构成所有者权益的各组成部分当期的增减变动情况的报表。所有者权益在股份公司又称股东权益，股东权益是公司股东对公司净资产的所有权，因此，所有者权益变动表也称股东权益变动表。

所有者权益是企业自有资本的来源，它的数量多少、内部结构的变动都会对企业的财务状况和经营发展趋势带来影响。因此，所有者权益变动表是报表使用者十分关注的主要报表之一。所有者权益变动表是根据所有者权益变动的性质，分别按照当期净利润、直接计入所有者权益的利得和损失项目、股东投入资本和向股东分配利润、提取盈余公积等情况分析填列的。所有者权益具有以下特点：

(1)所有者权益的性质不同于负债

所有者权益在企业经营期内可供企业长期、持续地使用，投资者只能依法转让，不能抽回其投资，且企业不必向投资人返还资本金，风险较小。负债的成本虽然相对较低，可以随借随还，能满足企业临时性的短期资金和持续性的长期资金周转需要，但企业必须按期还本付息给债权人，使企业面临还债压力，风险相对较大。

(2)所有者权益是企业风险承担的基础

企业在生产经营活动中，必然面临各种风险，这就要求企业具备相应的承担风险的能力，只有有了主权资本，才能以本负亏，维护债权人的利益，这也是法定要求。由此可见，企业所有者权益的数量所占比例的大小，可以反映企业承担经营风险和财务风险、应付来自市场和突发事件冲击的能力。

(3)所有者权益是衡量企业经济实力的依据

衡量一个企业的经济实力，应以净资产，也就是所有者权益为依据，而不能以总资产为尺度。因为总资产中有一部分是由负债形成的，负债是债务人借助债权人的资金形成的经营能力，不是企业本身的能力。

所有者权益可以从两个方面反映企业的经济实力：一是实收资本(或股本)和资本公积的多少，表明企业生产经营的基础规模；二是盈余公积和未分配利润，展示企业潜在的发展能力。

2.所有者权益变动表的作用

(1)反映企业抵御财务风险的实力，为报表使用者提供企业盈利能力方面的信息。所有者权益是企业的自有资本，也是企业生产经营、承担债务责任、抵御财务风险的物质基础。所有者权益的增减变动直接决定着企业经济实力的强弱变化，即企业承担债务责任、抵御财务风险的实力变化。而所有者权益的增减主要源于企业利润的增长，所以该表也间接地反映出企业的盈利能力，从而为报表使用者提供企业盈利能力方面的信息。

(2)反映企业自有资本的质量，揭示所有者权益增减变动的原因，为报表使用者正确地评价企业的经营管理工作提供信息。所有者权益的增减变动有多种原因，所有者权益变动表全面记录了影响所有者权益变动的各个因素的年初余额和年末余额。通过每个项目年末和年初余额的对比以及各项目的构成比例的变化，揭示所有者权益变动的原因及过程，从而为报表使用者判断企业自有资本的质量，正确评价企业的经营管理工作提供信息。

(3)反映企业股利分配政策及现金支付能力，为投资者的投资决策提供全面信息。所有者权益变动表更好地为资产负债表和利润表提供了辅助信息，该表既有资产负债表中的所有者权益项目内容，又有利润表中的净利润项目内容，还包括利润分配的内容。同时，该表通过反映利润分配情况，不仅向投资人或潜在投资人提供了有关股利分配政策和现金支付能力方面的信息，而且通过这一过程将新企业会计准则四大主要报表有机地联系在一起，为报表使用者全面评价企业的财务状况、经营成果和企业发展能力提供了全面信息。

(4)更加清晰地体现了会计政策变更和前期差错更正对所有者权益的影响。会计政策变更和前期差错更正对所有者权益本年年初余额的影响，原本主要在会计报表附注中体现，很容易被投资者忽略。而新的企业会计准则要求，除了在附注中披露与会计政策变更、前期差错更正有关的信息外，还在所有者权益变动表上直接列示会计政策变更和前期差错更正对所有者权益的影响，以使其得到更清晰的体现。

(5)体现企业综合收益。综合收益包括净利润和其他综合收益两部分，其中净利润是企业已实现并确认的收益，其他综合收益是指企业根据企业会计准则规定未在损益中确认的各项利得和损失扣除所得税影响后的净额。在所有者权益变动表中，净利润和其他综合收益均单列项目反映，体现了企业综合收益的构成。

7.1.2 一般企业所有者权益变动表的列报格式和列报方法

1. 一般企业所有者权益变动表的列报格式

(1)以矩阵的形式列报

为了清楚地表明构成所有者权益的各组成部分当期的增减变动情况，所有者权益变动表应当以矩阵的形式列示。一方面，列示导致所有者权益变动的交易或事项，改变了以往仅仅按照所有者权益的各组成部分反映所有者权益变动情况，而是按所有者权益变动的来源对一定时期所有者权益变动情况进行全面反映；另一方面，按照所有者权益各组成部分(包括实收资本、资本公积、盈余公积、未分配利润和库存股)及其总额列示交易或事项对所有者权益的影响。

(2)列示所有者权益变动表的比较信息

根据财务报表列报准则的规定，企业需要提供比较所有者权益变动表，因此，所有者权益变动表还就各项目再分为“本年金额”和“上年金额”两栏分别填列。在结构上，从左向右列示了所有者权益的组成项目；自上而下反映了各项目年初至年末的增减变动过程。

所有者权益变动表的具体格式参见第1章表1-4。

2. 一般企业所有者权益变动表的列报方法

(1)“上年年末余额”项目，反映企业上年资产负债表中实收资本(或股本)、资本公积、盈余公积、未分配利润的年末余额。

(2)“会计政策变更”和“前期差错更正”项目，分别反映企业采用追溯调整法处理的会计政策变更的累积影响金额和采用追溯重述法处理的会计差错更正的累积影响金额。

为了体现会计政策变更和前期差错更正的影响，企业应当在上期期末所有者权益余额的基础上进行调整得出本期期初所有者权益，根据“盈余公积”、“利润分配”、“以前年度损益调整”等科目的发生额分析填列。

(3)“本年增减变动额”项目分别反映如下内容：

①“净利润”项目，反映企业当年实现的净利润(或净亏损)金额，并对应列在“未分配利润”栏。

②“其他综合收益”项目，反映企业当年根据企业会计准则规定未在损益中确认的各项利得和损失扣除所得税影响后的净额，并对应列在“资本公积”栏。

③“净利润”和“其他综合收益”小计项目，反映企业当年实现的净利润(或净亏损)金额和当年其他综合收益金额的合计额。

④“所有者投入和减少资本”项目，反映企业当年所有者投入的资本和减少的资本。其中：

“所有者投入资本”项目，反映企业接受投资者投入形成的实收资本(或股本)和资本溢价或股本溢价，并对应列在“实收资本”和“资本公积”栏。

“股份支付计入所有者权益的金额”项目，反映企业处于等待期中的权益结算的股份支付当年计入资本公积的金额，并对应列在“资本公积”栏。

⑤“利润分配”各项目，反映当年对所有者(或股东)分配的利润(或股利)金额和按照规定提取的盈余公积金额，并对应列在“未分配利润”和“盈余公积”栏。其中：

“提取盈余公积”项目，反映企业按照规定提取的盈余公积。

“对所有者(或股东)的分配”项目，反映对所有者(或股东)分配的利润(或股利)金额。

⑥“所有者权益内部结转”各项目，反映不影响当年所有者权益总额的所有者权益各组成部分之间当年的增减变动，包括资本公积转增资本(或股本)、盈余公积转增资本(或股本)、盈余公积弥补亏损等项金额。为了全面反映所有者权益各组成部分的增减变动情况，所有者权益内部结转也是所有者权益变动表的重要组成部分，主要指不影响所有者权益总额、所有者权益的各组成部分当期的增减变动。其中：

“资本公积转增资本(或股本)”项目，反映企业以资本公积转增资本或股本的金额。

“盈余公积转增资本(或股本)”项目，反映企业以盈余公积转增资本或股本的金额。

“盈余公积弥补亏损”项目，反映企业以盈余公积弥补亏损的金额。

(4)上年金额栏的列报方法

所有者权益变动表“上年金额”栏内各项数字，应根据上年度所有者权益变动表“本年金额”栏内所列数字填列。如果上年度所有者权益变动表规定的各个项目的名称和内容同本年度不相一致，应对上年度所有者权益变动表各项目的名称和数字按本年度的规定进行调整，填入所有者权益变动表“上年金额”栏内。

(5)本年金额栏的列报方法

所有者权益变动表“本年金额”栏内各项数字一般应根据“实收资本（或股本)”、“资本公积”、“盈余公积”、“利润分配”、“库存股”、“以前年度损益调整”等科目的发生额分析填列。

企业的净利润及其分配情况作为所有者权益变动的组成部分，不需要单独设置利润分配表列示。

7.2 内容分析

所有者权益变动表的内容主要包括两部分：一部分是所有者权益的构成项目，包括实收资本(或股本)、资本公积、库存股、盈余公积和未分配利润;另一部分是影响所有者权益变动额的主要项目,包括会计政策变更、前期差错更正、净利润、直接计入所有者权益的利得和损失(其他综合收益)、所有者投入和减少资本、利润分配和所有者权益内部结转等。

7.2.1 各具体项目分析

1.实收资本(或股本)项目分析

实收资本(股本)是指投资者按照企业章程或合同、协议的约定,实际投入企业的资本,它是企业注册登记的法定资本总额的来源,它表明所有者对企业的基本产权关系。除非企业出现增资、减资等情况,实收资本在企业正常经营期间一般不发生变动。实收资本的变动将会影响企业原有投资者对企业的所有权和控制权,也会对企业的偿债能力、获利能力等产生重大影响。

实收资本(股本)的特点:所有者向企业投入的资本,在一般情况下无需偿还,可以长期周转使用;投资者投入企业的资本,只有盈利时才能分配利润,没有盈利或盈利较少时可以不分配利润,没有固定的利润支付率,即使利润很高,也可能不分配利润。由于企业组织形式不同,所有者投入资本在报表上的表述方式有所不同。除股份有限公司对股东投入的资本体现为股本外,其余企业均体现为实收资本,核算企业实际收到的投资人投入的资本。

对实收资本(股本)变动情况的分析:

对于一般企业,增加实收资本的途径有三条:一是将资本公积转为实收资本或者股本;二是将盈余公积转为实收资本或者股本;三是所有者(包括原企业所有者和新投资者)投入。这里需要注意的是,资本公积和盈余公积均属于所有者权益,转为实收资本或者股本时并不影响股东权益总额,但是公司的注册资本将会增大,为经营规模的扩大创造了条件。对于股份有限公司来说,资本公积转增资本和盈余公积转增资本还将造成可流通股票数量的增加,会带来股票价格下跌的风险。这是因为转增股以后,股票必须除权,如果行情不好,股价就会下跌。因此,对于股份有限公司来说,在分析资本公积和盈余公积转增资本的利弊时,要从公司的长远发展和股票市场的具体情况来进行。

另外,对于股份有限公司来说,股本的增加除了上述途径以外,还包括利润分配转入和发行新股等多种渠道。分析时需要注意的是:①公司分派股票股利,一方面增加了公司的股本,另一方面也增加了股东手中股票的数量,同样也会稀释股票的价格。②发行新股既能增加注册资本和股东权益,又可增加公司的现金资产,这是对公司发展最有利的增股方式。

实收资本项目的减少,一般极少发生,只有在企业出现资本过剩或发生重大亏损等情况时,才能依法减资。

2.资本公积项目分析

资本公积是企业收到投资者的超出其在企业注册资本(或股本)中所占份额的投资,以及直接计入所有者权益的利得和损失等。它是企业在非经营业务中产生的资本增值,在未按规定转增资本之前,是既无期限又无利息和回报要求的。

资本公积增加的原因:

一是资本(股本)溢价。资本溢价是指投资者缴付企业的出资额大于其在企业注册资本中所拥有份额的数额;股本溢价是指股份有限公司溢价发行股票时实际收到的款项超过股票面值总额的数额。

二是其他资本公积。其他资本公积，是指除资本溢价（或股本溢价）项目以外所形成的资本公积，其中主要包括直接计入所有者权益的利得和损失。而直接计入所有者权益的利得和损失主要由以下交易或事项引起：

（1）长期股权投资采用权益法核算的，在持股比例不变的情况下，被投资单位除净损益以外所有者权益的其他变动，企业按持股比例计算应享有的份额，如果是利得，应当增加长期股权投资的账面价值，同时增加资本公积（其他资本公积）。

（2）以权益结算的股份支付换取职工或其他方提供服务的，在行权日，应按实际行权的权益工具数量计算确定的金额，增加资本公积（其他资本公积）。

（3）企业将作为存货的房地产或自用的建筑物等转换为采用公允价值模式计量的投资性房地产时，按转换日的公允价值大于账面价值的差额，增加资本公积。

（4）可供出售金融资产公允价值变动形成的利得，除减值损失和外币货币性金融资产形成的汇兑差额外，增加资本公积。

（5）对于以公允价值计量的可供出售非货币性项目，如果期末的公允价值以外币反映，则应当先将该外币按照公允价值确定当日的即期汇率折算为记账本位币金额，再与原记账本位币的金额进行比较，其差额计入资本公积。

（6）将可供出售金融资产重分类为采用成本或摊余成本计量的金融资产，重分类日该金融资产的公允价值或账面价值作为成本或摊余成本，该金融资产没有固定到期日的，与该金融资产相关、原来直接计入所有者权益的利得或损失，应当仍然记入资本公积；将持有至到期投资重分类为可供出售金融资产，并以公允价值进行后续计量，重分类日，该投资的账面价值与其公允价值之间的差额记入资本公积；按照金融工具确认和计量的规定应当以公允价值计量，但以前公允价值不能可靠计量的可供出售金融资产，企业应当在其公允价值能够可靠计量时改为按公允价值计量，将相关账面价值与公允价值之间的差额记入资本公积。

资本公积减少的原因主要是转增资本，分析时要注意转增资本的额度，对股份有限公司还要注意其转增股本后的股数和新的股权比例情况。可通过转增股本前后的股本收益率、每股盈利、每股净资产等指标进一步加以分析。

3. 库存股项目分析

库存股是指已经认购缴款，由发行公司通过购入、赠予或其他方式重新获得，可供再行出售或注销之用的股票。这种股票既不分配股利，又不附投票权，一般只限于优先股，并且必须存入公司的金库，而公司解散时也不能变现。库存股不是公司的一项资产，而是所有者权益的减项。因此，再次发行库存股时，其所产生的收入与取得时的账面价值之间的差额不会引起公司损益的变化，而是引起公司所有者权益的增加或减少。

对库存股进行分析时，应该注意以下两个问题：

（1）库存股对公司的股价、资本结构、公司形象等的影响。从实质影响看，股票回购可以认为是将股利一次性支付给股东，属于间接股利分配，但它比高股利政策具有更大的财务影响：一是合理增加库存股能够进一步提高股票价格，吸引投资者。公司通过增加库存股可以减少发行在外的流通股，从而达到提高每股净收益和每股股利的目的，以保持或提高股价。二是合理增加库存股可减少股东人数，化解外部控制或减少施加重要影响的公司和企业，以避免公司自身被收购或者恶意运作。三是公司通过库存股的合理运用，可以调整自身的资本结构，保证股东和债权人的利益。

(2)相关的法律、法规、章程等规定的限制。如对发行在外的股票数量及金额的限制;因持有库存股而对其股利分配的限制;法律、法规、章程等对库存股所享有的股东权利的限制;有无利用股票回购内幕操纵股价、粉饰财务数据、误导投资者、满足公司管理层短期行为的动机等。

4. 盈余公积项目分析

盈余公积是指企业按规定从净利润中提取的各种累积资金。公司制企业的盈余公积分为法定盈余公积和任意盈余公积。法定盈余公积和任意盈余公积的区别就在于其各自计提的依据不同。前者以国家的法律或行政规章为依据提取;后者则由企业自行决定提取比例。按规定从本期净利润中提取的法定盈余公积和任意盈余公积是盈余公积增加的主要来源。

企业的盈余公积可以用于弥补亏损、转增资本(或股本)和扩大企业生产经营,具有期限长和无须支付利息的特点。因此,对于企业来说,在所有的资本来源中,盈余公积最为稳定,在盈利后进行的利润分配,应尽可能多地提盈余公积。

盈余公积减少的情况一般包括:一是用盈余公积弥补亏损。企业发生亏损时,应由企业自行弥补。企业可以用年度税前利润(小于等于五年)和税后利润(超过五年)弥补以前年度的亏损。为了维护公司形象,也可以用盈余公积先行弥补亏损,但应当由公司董事会提议,并经股东大会批准。二是用盈余公积转增资本。企业将盈余公积转增资本时,必须经股东大会决议批准。盈余公积如果不用来弥补亏损,则可永久性使用,无须到期还本。且在实际转增时,要按照股东原有持股比例结转。同时,国家规定转增后留存的盈余公积不能少于注册资本的25%。需要注意的是,企业提取的盈余公积,无论是用于弥补亏损,还是用于转增资本,只不过是在企业所有者权益内部作结构上的调整,并不引起企业所有者权益总额的变动。三是用盈余公积来分配股利。分配股利的形式主要有分派股票股利和现金股利两种。符合规定条件的股份制企业,也可以用盈余公积分派现金股利。经股东大会批准,公司也可用盈余公积派送新股。分派股票股利对公司而言,虽然股东分享了公司盈余,但无须分派现金,将留存大量现金供公司使用。而分派现金股利会使大量现金流出公司,但能使投资者获得真正的投资收益,能取信于股东,进一步树立公司形象。

5. 未分配利润项目分析

未分配利润是企业留待以后年度进行分配的结存利润,也是企业所有者权益的组成部分。相对于所有者权益的其他部分来讲,企业对于未分配利润的使用分配有较大的自主权。从数量上来讲,未分配利润是期初未分配利润,加上本期实现的净利润,减去提取的各种盈余公积和分出利润后的余额。它在所有者权益中的比例提高,一般在参加下一年度利润分配之前,可以作为资金的一部分使用,且无须支付利息,说明企业盈利能力增强。

未分配利润和法定盈余公积、任意盈余公积都是留存公司的经营积累资金,可用于公司的发展,但又具有不同的用途和特点。一般情况下,盈余公积只能用于弥补亏损和转增资本;未分配利润则是公司利润分配的最终结果,它没有特定的用途,既可以用于生产经营,又可以用于公司的扩张,还可以留待以后年度进行股利分配。

盈余公积和未分配利润共同构成企业的留存收益,因此,在对这两个项目进行分析时,应综合考虑留存收益的变动总额、变动原因和变动趋势,并评价其变动的合理性。留存收益的增减变化及变动金额的多少,取决于企业的盈亏状况和企业的利润分配政策。一般来说,盈利的企业,留存收益也会增加;反之,亏损的企业,留存收益就会减少。如果企业的利润分配政策是留多分少，保持较高的留存盈利比率，则留存收益增加的数额较多。留存收益的增加，将有利于资本的保全、增强企业实力、降低筹资风险、缓解财务压力。但由于留存收益的资金成本较高，它们的增加也会使企业的平均资金成本增加。

7.2.2 影响所有者权益变动额的主要项目

1.会计政策变更的分析

会计政策，是指会计主体在会计确认、计量和报告中所采用的原则、基础和会计处理方法。实质上包含了会计的基本假设、会计的一般原则和具体原则、会计处理方法，甚至还包含某些非会计假设。在我国，会计政策由会计准则规定，企业在法规允许的范围内选择适合自己实际情况的会计政策。会计政策具有强制性和多层次性的特点。

会计政策变更是指在特定的情况下，企业可以对相同的交易或事项由原来采用的会计政策改用另一会计政策。一般情况下，企业所采用的会计政策在每一个会计期间和前后各期应当保持一致，不得随意变更。但是，满足下列条件之一的，可以变更会计政策：①法律、行政法规或者国家统一的会计制度等要求变更。②会计政策变更能够提供更可靠、更相关的会计信息。

会计政策变更能够提供更可靠、更相关的会计信息的，主要应当采用追溯调整法进行处理，将会计政策变更累积影响数调整列报前期最早期初留存收益。其中，追溯调整法，是指对某项交易或事项变更会计政策，视同该项交易或事项初次发生时便采用变更后的会计政策，并以此对财务报表相关项目进行调整的方法。会计政策变更的累积影响数，是指按照变更后的会计政策，对以前各期追溯计算的列报前期最早期初留存收益应有金额与现有金额之间的差额。

会计政策变更的分析应结合其他资料进行，会计政策变更的分析主要包括会计政策变更的合法、合规、合理性分析和会计政策变更的累计影响数分析。

(1)会计政策变更的合法、合规、合理性分析

一方面，会计政策变更应当符合相关法律法规规定；另一方面，企业的会计政策在不同期间应保持一致，如果企业频繁变更会计政策，则可能意味着其存在人为操纵会计数据的情况，分析者应密切关注。

(2)会计政策变更的累计影响数分析

对会计政策变更的累积影响数的分析，主要目的在于合理区分属于会计政策变更和不属于会计政策变更的业务或事项。一般来说，不属于会计政策变更的业务或事项具体包括：①当期发生的交易或事项与以前相比具有本质差别而采用新的会计政策。比如，某企业在租入设备时，将经营租赁方式改为融资租赁方式，由于经营租赁与融资租赁具有本质区别，因而这种变化不属于会计政策变更。②对初次发生的或不重要的交易或事项而采用新的会计政策。比如，企业对第一次发生跨年度的劳务供应合同项目采取完工百分比法进行确认，虽然采取了新的收入确认方法，但这种做法不属于会计政策变更。又如，企业将原本计入管理费用账户的购买办公用品而发生的费用改计入物料用品账户，这种改变对资产、费用和利润的影响很小，属于不重要的事项，所以这种变更不必作为会计政策变更的内容进行专门披露。

2. 前期差错更正的分析

会计差错是指在会计核算时，在计量、确认、记录等方面出现的错误。当重要的会计差错直到下一期才被发现时，就形成了前期差错。重要的会计差错是指足以影响财务报表使用者对企业财务状况、经营成果和现金流量做出正确判断的会计差错。前期差错通常包括计算错误、应用会计政策错误、疏忽或曲解事实以及舞弊产生的影响以及存货盘盈、固定资产盘盈等发生的估计差错。

前期差错更正，是指企业在重要的前期差错发现后的财务报表中，调整前期的相关数据。前期差错更正主要采用追溯重述法，即在发现前期差错时，视同该项前期差错从未发生过，从而对财务报表相关项目进行更正的方法。

本期发现的以前期间相关的重大会计差错如果影响损益，应按其对损益的影响数调整发现当期的期初留存收益，会计报表其他相关项目期初数也应一并调整；如果不影响损益，应调整会计报表相关项目的期初数。对前期差错更正的分析，主要目的就在于及时发现并更正前期差错，合理判断和区分相关业务是属于会计政策变更还是属于会计差错更正，以达到信息的准确性。

会计差错发生的原因可归纳为三类：①会计政策使用差错。例如，按照国家统一的会计制度规定，为购建固定资产而发生的费用，在固定资产达到预定可使用状态后发生长期借款利息费用应计入当期损益。如果继续予以资本化，则属于采用了法律或会计准则等行政法规、规章所不允许的会计政策。②会计估计差错。受经济业务中不确定因素的影响，企业在会计估计过程中出现的差错。例如，国家规定企业可以根据应收账款期末余额的一定比例计提坏账准备，但企业有可能在期末多计提或少计提坏账准备，从而影响损益的计算。③其他差错。在会计核算中，企业有可能发生除以上两种差错以外的其他差错，如错记借贷方向、错记账户、漏记交易或事项、对事实的忽视和滥用等。

3. 净利润的分析

净利润反映企业当期实现的经营成果，是企业经营业绩的综合体现，反映当期的收入实现情况和费用耗费情况。报表分析者可以根据净利润的情况，判断资本的保值增值情况。企业实现的净利润是导致所有者权益增加最重要的来源。如果净利润为负，则会导致所有者权益减少。

4. 直接计入所有者权益的利得和损失(其他综合收益)的分析

利得是指由企业非日常活动所形成的、会导致所有者权益增加的、与所有者投入资本无关的经济利益的流入。损失是指由企业非日常活动所发生的、会导致所有者权益减少的、与向所有者分配利润无关的经济利益的流出。

一般来说，当期已实现确认的利得与损失计入利润表，未实现确认的利得与损失可能在资产负债表中确认，同时，所有者权益变动表涵盖了这些信息。在利润表中不予披露的未实现损益通常包括：①固定资产重估产生的未实现损益。公司对固定资产(比如房地产)进行重估时，资产负债表中资产的价值有可能会增加，资本公积也会随之增加。除非公司后来将该资产出售，否则这笔重估收益就一直无法实现，也不在利润表中体现。②货币折算价差产生的未实现损益。若中国某公司拥有一家美国子公司，在合并报表时，就要将该子公司资产价值折成等值的人民币。不同报表日的汇率不同，就会造成资产价值的升降。这种由于货币折算而产生的资产价值的增减变化也是一种未实现损益。③长期投资重估后产生的未实现损益。对非子公司、非联营企业和合资企业的其他公司的股权投资，若股票市场上被投资方的股价发生变化，那么股权投资的价值就会发生变化，因此将出现未实现损益。

在所有者权益变动表中，直接计入所有者权益的利得和损失的内容包括：可供出售金融资产公允价值变动净额；权益法下被投资单位其他所有者权益变动的影响；计入所有者权益项目相关的所得税影响等。

【例 7-1】 某公司 2009 年实现净利润 300 万元，分配股利 70 万元，增发新股 200 万元，长期投资于 A 单位，股权占 40%，A 单位本年亏损 30 万元，试确定所有者权益变动额。

项　目	人民币(万元)
税后利润	300
+直接计入所有者权益的利得和损失	−12 (30×40%)
−股利	70
+新增股本	200
所有者权益净增加额	418

即本期所有者权益变动额=300−12−70+200=418。

5. 所有者投入和减少资本的分析

所有者投入的资本，有可能会使实收资本(股本)增加，也有可能会使资本公积增加(产生资本溢价)，因此会使所有者权益增加。所有者投入资本的形式主要包括股份公司发行和增发股票、配股及债转股等，非股份公司可以是吸收投资者投资或者是债转股等。

所有者投入资本，会增加企业的自有资金，扩大企业资产规模，增强企业偿债能力等。在分析所有者投入资本时，首先要对投入资本的价值总额进行分析。其次要结合其他资料，对投入者的结构进行分析，以判断企业不同股东的力量对比情况及其对企业实际控制权的影响。最后要分析投入资本的形态，投入资本既可以是无形资产，如专利权、土地使用权等，也可以是有形资产，如现金、设备等。不同形态的资本对企业的影响程度和影响路径是不同的。

所有者减少资本，是指当企业出于各种原因减资或进行股份回购时，会造成企业实收资本(股本)、资本公积和未分配利润等项目的相应减少。

所有者减少资本，一方面会减少企业的自有资金，增加企业的财务风险，还可能使企业的举债能力受到不利影响；另一方面会缩小企业的资产规模。分析所有者减少资本时，首先要对减少的价值总额进行分析。其次要分析所有者资本减少的路径。减少资本可以采用实体出售的方式，也可以采用股份回购等方式。当企业采用实体出售方式时，分析者就应该关注企业的经营方向和经营战略是否发生转变。最后还应注意所有者的减资是否符合相关法律规定。当企业采用股份回购等方式时，减少在外流通的股份，可以防止浮动股票落人进攻企业手中，经常被作为一种重要的反收购措施运用。同时，回购一部分股份后，公司的资本得到了充分利用，每股收益也提高了，稳定了公司股价，有利于改善公司形象，股价在上升过程中，投资者又重新关注公司的运营情况，消费者对公司产品的信任增加，公司也有了进一步配股融资的可能。

6. 利润分配的分析

利润分配是企业经营活动的一个重要环节，分配关系到各方投资者的利益，影响各方的关系，会对企业未来发展产生重大影响。利润分配取决于企业的盈利状况和分配政策。所有者权益变动表中的利润分配项目包括提取盈余公积、对所有者（或股东）的支付和其他。

对利润分配进行分析时，主要从以下几个方面进行：

(1)利润分配的规模、结构的变动情况和利润分配的变动趋势分析

利润分配的规模及其变动分析，就是要对企业本期净利润分配的各项实际数额与前期的实际数额进行对比，以揭示各主要分配渠道分配额的增减变动情况，判断其增减变动的原因及其变动的合理性。

利润分配的结构及其变动分析。利润分配结构是指各分配渠道的分配额占可供分配利润总额的比重，通过结构分析可以反映利润分配项目与总体的关系及其变动情况。

利润分配的变动趋势分析，就是依据企业若干会计期间的所有者权益变动表所提供的利润分配情况，选择某一会计期间的资料作为基期，设该会计期间各个项目的数额为100%，然后将其他会计期间相同项目的数据按基期项目数的百分比列示，进行序时的、连续的对比，以了解其发展变化趋势。

(2)利润分配项目分析

利润分配项目分析，主要是对企业的留存收益项目和利润（或股利）分配进行分析，通过分析影响留存收益和利润（或股利）分配的因素，研究企业股利与留存收益之间比例关系确定的合理性。

企业留存收益包括盈余公积（法定盈余公积和任意盈余公积）和未分配利润，留存收益可以从我国法律环境、股东因素、公司因素及其他方面着手进行分析。股利是公司按股东所持股份的比例分配给股东的本期或累计盈余利润，对企业股利分配的分析可以结合企业生命周期的不同、企业收益的稳定性等方面进行分析。

(3)利润分配政策分析

利润分配政策分析主要是对利润分配政策和股利支付方式的选择进行分析，通过了解股利分配政策（如剩余股利政策、固定或持续增长的股利政策、固定股利支付率政策、不分配股利政策、正常股利加额外股利政策等）、股利支付方式的类型（如现金股利、财产股利、负债股利、股票股利等）及其优缺点，结合企业未来的投资机会、现金流状况、目标资本结构等因素，评价企业选择股利政策的适当性与合理性。

7. 所有者权益内部结转的分析

公司是法人，有独立的财产。公司的权益属于全体股东。一方面，股东享有的权利因其持有股票类型和份额的不同而不同；另一方面，股东也是动态变化着的。所以，所有者权益必须明确划分为不同项目，不同项目之间不可混淆，但不同项目在一定条件下应可以相互转换。

所有者权益内部结转的内容包括资本公积转增资本（或股本）、盈余公积转增资本（或股本）、盈余公积弥补亏损和其他。所有者权益内部各项目之间的结转不会引起所有者权益总额的变化。该项目的分析主要包括转换的合法、合规性分析，以及转变后所有者权益内部构成的变化分析。

7.3　所有者权益变动表一般分析

7.3.1　所有者权益变动表财务比率分析

对于投资者来说，投资报酬是他们投入权益资本获得的回报。衡量股东权益报酬主要采用资本收益率、资本保值增值率和资本积累率三个财务指标。

1. 资本收益率

资本收益率是企业一定时期净利润与平均资本（即资本性投入及其资本溢价）的比率，反映企业实际获得投资额的回报水平。其计算公式为

$$资本收益率=\frac{净利润}{平均资本}\times 100\% \tag{7-1}$$

其中

$$平均资本=[（期初实收资本+期初资本公积）+（期末实收资本+期末资本公积）]\div 2$$

$$资本公积=实收资本（股本）中的资本溢价（股本溢价）$$

需要说明的是，企业所有者权益的来源包括：所有者投入的资本、直接计入所有者权益的利得和损失、留存收益等。其中，所有者投入资本反映在所有者在投入资本中直接计入实收资本（股本）和资本公积（资本溢价或股本溢价）中的部分。也就是说，并不是资本公积中的所有金额都属于所有者投入的资本，只有其中的资本溢价（股本溢价）才属于资本性投入。比如，通过捐赠获得的资本公积不属于所有者的投入资本。

【例 7-2】 某公司 2007～2009 年的投入资本没变，实收资本均为 148 000 万元，资本公积均为 311 000 万元，2008 年和 2009 年实现的净利润分别为 52 800 万元和 67 000 万元。分别计算其 2008 年和 2009 年的资本收益率。

$$2008\text{ 年资本收益率}=\frac{52\ 800}{[(148\ 000+311\ 000)+(148\ 000+311\ 000)]\div 2}\times 100\%=11.5\%$$

$$2009\text{ 年资本收益率}=\frac{67\ 000}{[(148\ 000+311\ 000)+(148\ 000+311\ 000)]\div 2}\times 100\%=14.6\%$$

由计算结果可知，该公司 2009 年资本收益率比 2008 年上升了 3.1 个百分点，这是由于该公司的投入资本没变而净利润增加导致的。

2. 资本保值增值率

资本保值增值率是指企业扣除客观因素后的期末所有者权益总额与期初所有者权益总额的比率，反映企业在一定会计期间资本在企业自身努力下的保值增值水平，该指标是考核、评价企业经营绩效的重要依据。其计算公式为

$$资本保值增值率=\frac{期末所有者权益总额}{期初所有者权益总额}\times 100\% \tag{7-2}$$

一般来说，资本保值增值率越高，表明经营者的业绩越好，企业的资本保全状况越好，给所有者带来的财富就越多，债权人的债务越有保障。该指标通常应当大于 100%。

需要注意的是，引起所有者权益变动的原因有很多。例如，投资者追加投资虽然也增加了期末的所有者权益，但却不能作为资本增值或财富增加来看待；又如，接受捐赠虽然也增加了所有者权益和所有者的财富，但却与企业经营者的主观努力无关。因此，当采用资本保

值增值率指标来评价企业经营者的经营业绩时，应当参照财政部发布实施的《国有资本保值增值率结果计算和确认办法》的规定进行操作分析。

【例 7-3】 假定不存在投资者追加投资及接受捐赠等因素，企业所有者权益的变化均来自客观的企业经营因素。某公司 2009 年期初和期末的所有者权益分别为 623 000 万元和 663 000 万元，计算该公司 2009 年度的资本保值增值率为

$$资本保值增值率=\frac{663\ 000}{623\ 000}\times 100\%=106.42\%$$

3. 资本积累率

资本积累率是企业本期所有者权益增长额与期初所有者权益总额的比率，反映企业当年资本的积累能力，是评价企业发展潜力的重要指标。其计算公式为

$$资本积累率=\frac{本期所有者权益增长额}{期初所有者权益总额}\times 100\% \tag{7-3}$$

其中

本期所有者权益增长额＝期末所有者权益总额－期初所有者权益总额

资本积累率是企业当期所有者权益总的增长率，反映了企业所有者权益在当期的变动水平，体现了企业资本积累情况，是企业发展强盛的标志，也是企业扩大再生产的源泉，展示了企业的发展潜力。资本积累率还反映了投资者投入企业资本的保全性和增长性，该指标越高，表明企业的资本积累越多，企业资本保全性越强，应付风险、持续发展的能力就越大。该指标如为负值，表明企业资本受到侵蚀，所有者利益受到损害，应予以充分重视。

根据【例 7-3】的资料，可计算出该公司 2009 年度的资本积累率为

$$资本积累率=\frac{663\ 000-623\ 000}{623\ 000}\times 100\%=6.42\%$$

7.3.2 所有者权益变动表的一般趋势分析

所有者权益变动表的一般趋势分析，就是将所有者权益各个项目的本期数与基准数进行比较，以揭示公司当期所有者权益各个项目的水平及其变动情况，解释公司净资产的变动原因，并据此进行相关决策。海天股份有限公司 2009 年和 2010 年的所有者权益变动表分别如表 7-1 和表 7-2 所示。

表 7-1　　海天股份有限公司 2009 年所有者权益变动表　　单位：元

项　目	实收资本（或股本）	资本公积	减：库存股	盈余公积	未分配利润	所有者权益合计
一、上年年末余额	5 000 000	0	0	100 000	50 000	5 150 000
加：会计政策变更						
前期差错更正						
二、本年年初余额	5 000 000	0	0	100 000	50 000	5 150 000
三、本年增减变动金额（减少以“－”号填列）						
（一）净利润					225 000	225 000
（二）其他综合收益						
上述（一）和（二）小计					225 000	225 000

（续表）

项　　目	实收资本（或股本）	资本公积	减:库存股	盈余公积	未分配利润	所有者权益合计
(三)所有者投入和减少资本						
1.所有者投入资本						
2.股份支付计入所有者权益的金额						
3.其他						
(四)利润分配						
1.提取盈余公积				24 770.4	－24 770.4	0
2.对所有者(或股东)的分配					－32 215.85	－32 215.85
3.其他						
(五)所有者权益内部结转						
1.资本公积转增资本(或股本)						
2.盈余公积转增资本(或股本)						
3.盈余公积弥补亏损						
4.其他						
四、本年年末余额	5 000 000	0	0	124 770.4	218 013.75	5 342 784.15

表7-2　　海天股份有限公司2010年所有者权益变动表　　单位:元

项　　目	实收资本（或股本）	资本公积	减:库存股	盈余公积	未分配利润	所有者权益合计
一、上年年末余额	5 000 000	0	0	124 770.4	218 013.75	5 342 784.15
加:会计政策变更						
前期差错更正						
二、本年年初余额	5 000 000	0	0	124 770.4	218 013.75	5 342 784.15
三、本年增减变动金额(减少以“－”号填列)						
(一)净利润					300 000	300 000
(二)其他综合收益						
上述(一)和(二)小计						
(三)所有者投入和减少资本						
1.所有者投入资本						
2.股份支付计入所有者权益的金额						
3.其他						
(四)利润分配						
1.提取盈余公积				30 070.5	－30 070.5	0
2.对所有者(或股东)的分配					－36 065.65	－36 065.65
3.其他						
(五)所有者权益内部结转						
1.资本公积转增资本(或股本)						
2.盈余公积转增资本(或股本)						
3.盈余公积弥补亏损						
4.其他						
四、本年年末余额	5 000 000	0	0	154 840.9	451 877.6	5 606 718.5

根据表 7-1 和表 7-2 中的数据，可编制海天公司的所有者权益变动趋势分析表，如表7-3所示。

表 7-3　海天股份有限公司所有者权益变动趋势分析表

项　目	2010 金额/元	2009 年金额/元	变动额/元	变动率
一、上年年末余额	5 342 784.15	5 150 000	192 784.15	3.74%
加：会计政策变更				
前期差错更正				
二、本年年初余额	5 342 784.15	5 150 000	192 784.15	3.74%
三、本年增减变动金额（减少以"—"号填列）				
(一)净利润	300 000	225 000	75 000	33.33%
(二)其他综合收益				
上述(一)和(二)小计				
(三)所有者投入和减少资本				
1.所有者投入资本				
2.股份支付计入所有者权益的金额				
3.其他				
(四)利润分配				
1.提取盈余公积	0	0	0	0
2.对所有者(或股东)的分配	—36 065.65	—32 215.85	—3 849.8	11.95%
3.其他				
(五)所有者权益内部结转				
1.资本公积转增资本(或股本)				
2.盈余公积转增资本(或股本)				
3.盈余公积弥补亏损				
4.其他				
四、本年年末余额	5 606 718.5	5 342 784.15	263 934.35	4.94%

从表 7-3 可以看出，海天公司 2010 年所有者权益比 2009 年增加 263 934.35 元，增长幅度为 4.94%。这主要是由于当年净利润的增长引起的，海天公司 2010 年净利润比 2009 年高出 75 000 元，增长幅度高达 33.33%，这说明 2010 年该公司的经营状况还是比较好的。虽然向所有者分配的利润也有所增加，从 2009 年的 32 125.85 元增加到 2010 年的 36 065.65元，增长幅度为 11.95%。但因为利润大幅增长，该公司 2010 年的所有者权益还是有所增长，增长幅度小于净利润的增长幅度。

7.3.3 所有者权益变动表的结构分析

所有者权益变动表的结构分析，是指分析所有者权益各个项目占所有者权益总额的百分比及其变动情况。借此解释公司净资产构成的变动原因，揭示企业的经济实力和风险承担能力，进而为相关决策提供依据。

根据表 7-1 和表 7-2 可编制海天公司的所有者权益结构分析表，如表 7-4 和 7-5 所示。

表 7-4　　海天股份有限公司所有者权益结构分析表(1)

项　目	2010 年(%)	2009 年(%)	变动幅度
一、上年年末余额	95.29	96.39	−1.1
加:会计政策变更			
前期差错更正			
二、本年年初余额	95.29	96.39	−1.1
三、本年增减变动金额(减少以"一"号填列)			
(一)净利润	5.35	4.21	1.14
(二)其他综合收益			
上述(一)和(二)小计			
(三)所有者投入和减少资本			
1.所有者投入资本			
2.股份支付计入所有者权益的金额			
3.其他			
(四)利润分配			
1.提取盈余公积	0	0	0
2.对所有者(或股东)的分配	−0.64	−0.60	−0.04
3.其他			
(五)所有者权益内部结转			
1.资本公积转增资本(或股本)			
2.盈余公积转增资本(或股本)			
3.盈余公积弥补亏损			
4.其他			
四、本年年末余额	100	100	

表 7-5　　海天股份有限公司所有者权益结构分析表(2)

项　目	2010 年		2009		变动额	
	金额/元	比重/%	金额/元	比重/%	金额/元	比重/%
实收资本(或股本)	5 000 000	89.18	5 000 000	93.58	0	−4.4
资本公积	0	0	0	0	0	0
盈余公积	154 840.9	2.76	124 770.4	2.34	30 070.5	0.42
未分配利润	451 877.6	8.06	218 013.75	4.08	233 863.85	3.98
所有者权益(或股东权益)合计	5 606 718.5	100	5 342 784.15	100	263 934.35	0

从表 7-4 和表 7-5 可以看出,海天股份有限公司所有者权益增加的主要原因是其净利润所占比例提高引起的。在所有者权益的构成中,盈余公积和未分配利润的金额和比例也分别有不同程度的提高。这说明企业持有的自有资金增加,投资和债权的保证程度也得到提高,企业的盈利能力和偿债能力也相应提高。

影响所有者权益结构的因素主要有以下几点:

(1)利润分配政策。企业投入资本和留存收益的结构,直接受制于企业的利润分配政策。企业若采取高利分配政策,而盈余公积按照法定比例提取,则未分配利润的减少,必然会引起留存利润比重的降低;反之,采取低利润分配或暂缓分配政策,未分配利润的比重会因此提高,留存收益相对于投入资本比例提高。

(2)所有者权益规模。在其他条件相对稳定时,投资者追加投资、收回投资或者盈余公积转增资本、送配股等,都会引起所有者权益规模总量或其中某项目总量的变动,进而引起所有者权益及其内部结构的变动。

(3)企业控制权。企业的控制权掌握在持有一定股份的大股东手中,如果企业决定接受其他投资者的投资,就会稀释股权,分散企业的控制权。其结果必然引起所有者权益结构的变化。

(4)权益资本成本。企业的权益资本成本往往要高于负债资本成本,因为所有者承担的风险要大于债权人承担的风险,所以其要求的回报也要略高。在所有者权益的内部,投入资本的资本成本往往要高于留存收益的资本成本。因此,企业要降低筹资的综合资本成本率成本,应尽量利用留存收益,加大其比重,进而改变了所有者权益结构。

(5)外部因素。企业在选择筹资渠道时,往往不因企业的意志而定,还受到经济环境、金融政策、资本市场状况等因素的制约,这些因素影响企业的筹资方式,也必然影响所有者权益结构。

知识要点

• 所有者权益是企业资产扣除负债后由所有者享有的剩余权益,所有者权益变动表是反映构成所有者权益的各组成部分当期的增减变动情况的报表。

• 所有者权益具有以下特点:所有者权益的性质不同于负债;所有者权益是企业风险承担的基础;所有者权益是衡量企业经济实力的依据。

• 所有者权益变动表的作用:反映企业抵御财务风险的实力,为报表使用者提供企业盈利能力方面的信息;反映企业自有资本的质量,揭示所有者权益增减变动的原因,为报表使用者正确地评价企业的经营管理工作提供信息;反映企业股利分配政策及现金支付能力,为投资者的投资决策提供全面信息;更加清晰地体现了会计政策变更和前期差错更正对所有者权益的影响;体现企业综合收益。

• 所有者权益变动表的内容主要包括两部分:一部分是所有者权益的构成项目,包括实收资本(或股本)、资本公积、库存股、盈余公积和未分配利润;另一部分是影响所有者权益变动额的主要项目,包括会计政策变更、前期差错更正、净利润、直接计入所有者权益的利得和损失(其他综合收益)、所有者投入和减少资本、利润分配和所有者权益内部结转等。

• 对于投资者来说,投资报酬是他们投入权益资本获得的回报。衡量股东权益报酬主要采用资本收益率、资本保值增值率和资本积累率三个财务指标。

• 所有者权益变动表的一般趋势分析,就是将所有者权益各个项目的本期数与基准数进行比较,以揭示公司当期所有者权益各个项目的水平及其变动情况,解释公司净资产的变动原因,并据此进行相关决策。

• 所有者权益变动表的结构分析,是指分析所有者权益各个项目占所有者权益总额的百分比及其变动情况。借此解释公司净资产构成的变动原因,揭示企业的经济实力和风险承担能力,进而为相关决策提供依据。

• 影响所有者权益结构的因素主要有以下几点:利润分配政策;所有者权益规模;企业控制权;权益资本成本;外部因素。

复习思考题

1. 选择题

(1)直接计入所有者权益的利得和损失影响(　　)。

A. 股本　　B. 资本公积　　C. 盈余公积　　D. 未分配利润

(2)下列不能导致企业实收资本(股本)增加的是(　　)。

A. 资本公积转增实收资本　　B. 资本过剩

C. 盈余公积转增实收资本　　D. 所有者投入

(3)下列对库存股的描述不正确的是(　　)。

A. 库存股不分配股利

B. 库存股是由发行公司通过购入、赠予或其他方式重新获得的

C. 库存股附投票权

D. 库存股一般只限于优先股,并且必须存入公司的金库,而公司解散时也不能变现

(4)资本积累率反映了(　　)。

A. 反映了企业所有者权益在当期的变动水平,体现了企业资本积累情况

B. 该指标越高,表明企业的资本积累越少

C. 所有者投入资本的大小

D. 以上都不是

(5)下列不属于直接计入所有者权益的利得和损失的是(　　)。

A. 可供出售金融资产公允价值变动净额

B. 权益法下被投资单位其他所有者权益变动的影响

C. 计入所有者权益项目相关的所得税影响

D. 所有者增加的投资

(6)公司对房地产进行重估时,资产负债表中的资产增加,同时增加的是(　　)。

A. 股本　　B. 资本公积　　C. 盈余公积　　D. 未分配利润

(7)某企业本年度实现的利润总额为500万元,净利润为350万元,年初和年末的实收资本均为4 000万元,年初和年末的资本公积均为1 500万元,则该企业的资本收益率为(　　)。

A. 9.09%　　B. 6.36%　　C. 8.75%　　D. 12.5%

(8)下列项目中,不影响当期所有者权益变动额的项目是(　　)。

A. 净利润　　B. 所有者投入和减少资本

C. 所有者权益内部结转　　D. 利润分配

2. 判断题

(1)企业财务报表体系包括资产负债表、利润表、现金流量表、所有者权益变动表和附注,所有者权益变动表是新增加的一张主要报表。　　(　　)

(2)衡量一个企业的经济实力,可以以净资产,也就是所有者权益为依据,也可以以总负债为尺度。　　(　　)

(3)企业将作为存货的房地产或自用的建筑物等转换为采用公允价值模式计量的投资

性房地产时，按转换日的公允价值大于账面价值的差额，增加资本公积。（　）

(4)公司制企业的盈余公积分为法定盈余公积和任意盈余公积。两者的区别就在于其各自计提的依据不同。前者由企业自行决定提取；后者则以国家的法律或行政规章为依据提取。（　）

3. 简答题

(1)简述所有者(股东)权益的构成。

(2)会计政策变更对所有者权益的影响是什么？

(3)简述利润分配对所有者权益的影响。

(4)所有者权益的结构受哪些因素影响？

第三篇 财务报表分析的应用

第8章 财务报表的综合分析案例

引导案例

曾有人形象地将财务报表分析比作福尔摩斯破案:尽可能收集所有事实,然后坐下来思考和推理,山重水复疑无路,柳暗花明又一村,突然间灵光一闪,答案蹦了出来。只不过,福尔摩斯的答案是案件的真相和凶手;而财务报表分析的答案是报表分析者需要的真相。

报表分析的真相之一:到底为什么?我们想解释一些财务现象,了解问题的实质,即问题导向的综合分析。一些企业的经营实践给我们提出了一些有悖常理的问题:盈利企业为什么会破产?为什么有些亏损企业能够持续经营?亏损企业也会发放股利?经营净现金流量与经营净利润不相等?这类问题不是单一报表分析就能够解决的,需要把几张报表综合起来,才能解释这些问题。

报表分析的真相之二:到底值不值?我们想主动了解感兴趣的企业对象的经营情况,决策投资活动;或者作为银行的信贷经理决定是否给企业贷款;或者作为企业股东是否给管理者提升薪酬待遇等。这些都属于单目标导向的综合分析。这当然也需要对企业全部报表以及数据进行分析,从而做出明智的决策、值与不值的判断。

报表分析的真相之三:到底怎么办?我们想主宰企业的经营,及时发现优劣势,趋利避害,指导企业良性发展,最终实现创造更多财富、更长寿的目标,即多目标导向的综合分析。这种分析到了更加精细的层次,相比于前两者综合分析的内容也更加广泛,分析帮助我们决定到底怎么办。

或许,你还可以通过看财务报表了解其他的真相,但大致都可以归属于上述三个方面之一。

本章我们会以简单明了的案例学习财务报表综合分析的步骤和方法。

尽管投资者、债权人、企业管理者等各个不同的财务报表使用者进行财务分析的侧重点有所不同,但分析的目的可划分为三类,即:问题导向的综合分析、单目标导向的综合分析、多目标导向的综合分析。

8.1 问题导向的综合分析

8.1.1 福星公司的盈利破产

案例8-1

在我们的印象中,企业破产往往是因为不盈利导致的,只要有钱可赚,企业是不会倒下的。但是事实真是这样吗?

退休不久的老王最近遇上了一件令他既伤心又困惑的事。伤心的是:他于年初投资的福星公司,居然在不到一年的时间内破产了!困惑的是:赚钱的公司也会破产?!投资前,他曾查阅了该公司的利润表,其上还有280 000万元的销售收入,净利润达24 000万元,而资产负债表显示该公司应收账款与存资增加,厂房设备也增加,数据显示的结果似乎良好。

不解之余,他咨询一位在会计师事务所执业的朋友郑会计师,郑会计师让他找一张该公司的现金流量表来看看(见表8-1)。

表8-1　　福星公司的现金流量表　　单位:万元

项　目	金　额	
净利润	24 000	
调整项目:		
应收账款增加	(48 000)	
存货增加	(40 000)	
折旧费用	44 000	
经营活动产生的现金流量净额		(20 000)
投资活动产生的现金流量		
购买设备		(80 000)
筹资活动产生的现金流量		
短期借款		90 000
现金净增加额		(10 000)

你能从这张现金流量表给老王解释一下吗?

净利润不代表现金净流入,即账面盈利不代表企业有钱还债。在会计准则中,销售收入以权责发生制为原则,即只要确认产品销售出去了,那么就要记上一笔,不管是现销还是赊销。赊销的方式给企业带来的不是现金,而是风险更大的应收账款。如果一家企业实现的销售收入中应收账款太多,还债压力大却又不能融到资金,则很有可能因为现金流不足而不得不破产。

如果用财务综合分析来解释上述现象,可以从两个方面解释:

1.账面利润和剩余收益不同

账面利润忽视了"资本成本"。企业从事生产经营活动所需要的资本,主要包括权益资金和债务资金两部分。债务资金存在负债资本成本,也就是企业被要求定期承担的利息;同样,权益资金作为自有资金,也不是免费的,投资者承担了较大风险,因而要求获得较高的报酬，企业要支付较高的权益资本成本。账面利润减去这两部分资本成本，就构成了剩余收益，因而剩余收益一定是小于账面利润的。如果剩余收益小于零，那么企业没有创造任何的新价值，可能会产生“现金流中断”。正如著名的管理学大师彼得·德鲁克在 1995 年《哈佛商业评论》上撰文指出的：“我们通常所说的利润，其实并不是真正意义上的利润。如果一家企业未能获得超出资本成本的利润，那么它就处于亏损状态。”

2. 账面利润和现金流量之间存在差异

如果某公司收入是 100 万元，而成本费用为 60 万元，则利润为 40 万元。如果上述收入都是现金性收入，成本费用都是付现性项目，则利润与现金净流量都是 40 万元。但是，如果因为行业竞争激烈，该企业为了扩大销售而采用了大量赊销的政策，使得收入并不全部是现金收入，而只有 60%是现金收入，其余的 40%则表现为具有风险性的应收账款。这样，现金性收入不是 100 万元而是 60 万元，账面利润仍为 40 万元，但是现金净流量却变成了 0。这就是现金流量与利润间的差异性。

福星公司现金的净增加额为负，经营性现金流量净增加额为负的 20 000 万元，说明公司已经没有自我造血的能力。公司的净利润没有现金支撑，应收账款大幅增加，说明净利润只是一种纸面富贵。福星公司在这种情况下，还进行 80 000 万元的设备采购，增加了破产的风险。进一步，我们发现，企业筹集了 90 000 万元的短期借款，用于支持设备的投资支出，在企业面临经营状况不良时，以短期资金支撑长期设备投资计划，无异于刀刃上行走，终将自取灭亡。

8.1.2 常熟科弘案例

案例8-2

常熟科弘材料有限公司（简称常熟科弘）建于 2002 年底，是一家外商独资企业，其注册资本 2.1 亿美元，实到资金 1.3 亿美元，是新加坡上市公司中国金属（百慕大）有限公司（Ferrochina Limited，新加坡交易所代码：35844，以下简称“中国金属”）旗下的子公司，主营高技术含量的镀锌钢板等钢材、彩涂不锈钢板、新型建筑用墙体材料及配套件的生产。

常熟科弘高层十分看重企业发展速度，5 年间上马了多达 9 期的扩建项目，可只有常熟科弘 1 期、2 期及关联企业星岛新型材料有限公司（简称星岛）的 1 期、2 期在正常生产经营，其他项目都处在建设中，并未产生任何效益。由于科弘 1 期、2 期及星岛 1 期、2 期均已投产运营，在钢材价格不断攀升的背景下，公司的利税也屡创新高，仅 2007 年即实现销售收入 113 亿元，税收 1.7 亿元，净利 4 亿元，成为常熟第一利税大户；公司高层在 2008 年初宣称，年销售额将可能达到 160 亿至 180 亿元，目标是要在 2010 年达到 500 万吨镀锌钢铁的产能。常熟科弘在“2008 年中国制造业五百强”中，位列 373 位。

为了更快发展，常熟科弘在天津设立了一家名为“益源”的子公司并启动赴越南投资设厂计划。可是 2007 年以来，随着国内对外出口下滑、全球金融危机的加剧，国内同行新生产线的竣工更加剧了常熟科弘的市场压力，于是国内银行向常熟科弘催贷，外资银行也拒绝对其放贷———常熟科弘不得不“停产”。

2008 年 10 月 7 日晚，这家在当地和行业内都非常知名的企业的 20 名台湾高管集体携款潜逃。10 月 8 日，常熟市人民法院决定立即冻结常熟科弘银行账户存款 2.71 亿元或查封、扣押等值财务。10 月 10 日起，中国金属在新加坡交易所停牌。

常熟科弘的遭遇谁之过？

改编自：王舒. 公司财务困境防范策略思考———基于常熟科弘案例的启示. 财会通讯. 综合(中)2009 年第 7 期：147-14。

用财务综合分析来解释上述现象，可以从两个方面解释：

1. 高负债经不起经济波动

从中国金属财务报告中的数据可见，2007 年短期借款大约占了流动负债的 1/3，长期借款达到了长期负债的 95%以上，公司资产负债率为 51.4%，若除去 38 亿元商誉，实际资产负债率达到 73%左右。从资产负债率可以看到公司的资本结构存在较大的财务风险。而 2007 年以来，国内出口下滑、全球金融危机影响日益加重，市场走跌，银行意识到风险，准备收回即将到期贷款并停止贷款，紧缩银根，而中国金属依然在此低迷的环境下扩大投入，中国金属 2008 年 8 月 26 日的公告显示将通过全资子公司双赢集团追加 4 000 万的资金为其子公司常熟科弘用于运营资本需要。镀锌钢铁业这一行业所需资金密集，利润率却不高，毛利率只有 10%至 15%，资产负债率高，根本不足以支撑正常现金流，必然耗尽体力。

2. 扩张过快导致资金链断裂

首先，资金存量不足。2008 年二季度，中国金属报告显示，公司贸易及其他应收账款金额多达 29.14 亿元人民币，占到整个流动资产的二分之一；库存产品达 23.64 亿元人民币，已超过流动资产的三分之一；公司扩张所导致的流动资金比例明显不足。其次，资金增量为负。建筑、汽车等产业不景气致使钢铁需求放缓，中国金属的销售额因此锐减，经营活动并没有很好地改变资金状况。

8.2 单目标导向的综合分析

在实际生活中，投资者面对各种各样的投资对象，可以投资的公司对象遍布众多行业，如何判断是否投资，需要对企业多方面进行考察，做出综合判断。

除了投资决策，企业的重组决策等也需要财务综合评价为其提供依据，做出“是否”这样的单目标决策。这种决策是财务管理和企业管理的关键环节，财务综合分析为决策提供客观、有用的信息和全面、必要的依据。在投资决策中，通过财务综合分析可确定被投资企业在同行业中的水平和地位，可明确投资潜力与投资风险，最终决定是否投资。在企业重组决策中，通过财务综合分析可确定哪些企业应合并、哪些企业应分立、哪些企业应破产等，最终确定企业的方向。单目标导向的综合分析其分析判断的准确性和时效性最为重要。

案例8-3

2007年，投资者面对着一个投资选择。到底投资谁——微软还是三大汽车公司？

通用(GM)、福特(Ford)和戴姆勒克莱斯勒(Daimler Chrysler)三大汽车公司2006年合计的销售收入和资产余额分别为5 190亿美元和7 156亿美元，是微软(Microsoft)的10.2倍和11.3倍，三大汽车公司的员工总数高达91万人，是微软的12.9倍。截至2006年年末，三大汽车公司的股票市值只有946亿美元，相当于微软2 932亿美元股票市值的32%。

通用汽车公司简称"通用"，威廉·杜兰特创建于1908年9月16日，是世界上最大的汽车生产商，总部位于底特律，在全球汽车商业中心及辅助机构工作的员工342 000人。1931年至今已成为全球汽车销售量领先的汽车生产企业。现在，通用在全世界的32个国家拥有汽车生产工厂，其产品遍及190多个国家。2002年，通用的汽车和卡车销售量超过860万辆，占领全球汽车销售市场将近15%的份额。美国通用汽车公司先后联合或兼并了别克、凯迪拉克、雪佛兰、奥兹莫比尔、庞蒂克、克尔维特、悍马等公司，拥有铃木(Suzuki)3%股份。我们熟知的别克、雪佛兰、凯迪拉克、萨博、悍马、欧宝都是通用的著名品牌，见图8-1。

图8-1　图8-1　通用的著名品牌

福特汽车公司由亨利·福特先生创立于1903年。1908年福特汽车公司生产出世界上第一辆属于普通百姓的汽车-T型车，世界汽车工业革命就此开始。1913年，福特汽车公司又开发出了世界上第一条流水线，这一创举使T型车生产和销售达到了1 500多万辆，缔造了一个至今仍未被打破的世界纪录。T型车最初售价仅为850美元，最终降到了260美元。按照1914年，福特实行的日工资5美元的薪酬制度，也就是说T型车的价格是52天的工作报酬，当时技术工人104天的正常工作报酬，所以T型车是真正的普通百姓买得起的汽车，操作简单，结实耐用。福特先生为此被尊为"为世界装上轮子"的人。在1999年，《财富》杂志将他评为"二十世纪商业巨人"以表彰他和福特汽车公司对人类工业发展所作出的杰出贡献。亨利·福特先生成功的秘诀只有一个：尽力了解人们内心的需求，用最好的材料，由最好的员工，为大众制造人人都买得起的好车。2003年，福特汽车的328 000名雇员在世界各地200多个国家的福特汽车制造和销售企业中，共同创造了1 642亿美元的营业总收入。我们熟知的福特、路虎、捷豹、沃尔沃、林肯、马自达都是福特的著名品牌，见图8-2。

戴姆勒——克莱斯勒汽车公司(2007年10月04日公司更名为戴姆勒股份公司)由沃

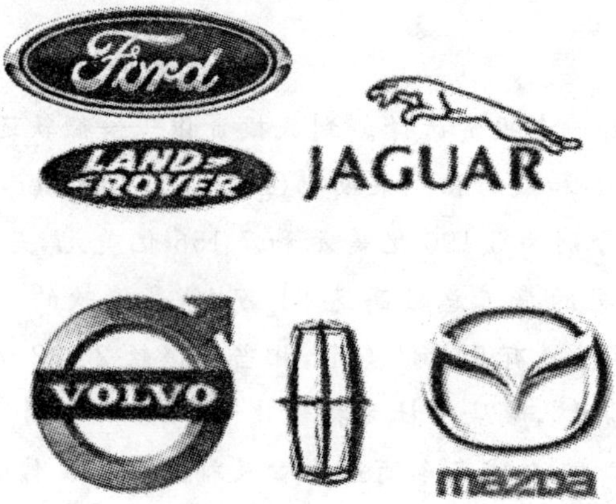

图 8-2　福特的著名品牌

尔特·克莱斯勒建于 1925 年 6 月 6 日。克莱斯勒是位技工，1916 年他曾任别克汽车一个分公司的总经理。1924 年沃尔特·克莱斯勒离开通用汽车公司进入威廉斯·欧夫兰公司，开始生产克莱斯勒牌汽车。1925 年他买下破产的马克斯维尔公司并改名组建自己的公司。凭借自己的技术和财力，他先后买下道奇、布立格和普利茅斯公司，逐渐发展成为美国第三大汽车公司。戴姆勒——克莱斯勒汽车公司制造了若干版本的 300－×（×为一英文字母）系列汽车，被称为'大功率轿车'的汽车时代开始了，所谓大功率轿车是由高性能 V8 型发动机驱动的低档车。我们熟知的梅赛德斯—奔驰、迈巴赫、克莱斯勒、普利茅斯、道奇都是其著名品牌，见图 8-3。

图 8-3　戴姆勒公司的著名品牌

微软（Microsoft）公司由比尔·盖茨与保罗·艾伦创建于 1975 年，是世界 PC（Personal Computer，个人计算机）机软件开发的先导，目前是全球最大的电脑软件提供商。其主要产品为 Windows 操作系统、Internet Explorer 网页浏览器、Microsoft Office 办公软件套件及 MSN Messenger 网络即时信息客户程序、游戏终端机。Windows 操作系统是微软公司最著名的产品，它占据了全世界几乎所有个人电脑的桌面。公司目前在60多个国家设有分公司，全世界雇员人数近91 000人。

试从其财务数据进行分析，并用现在的数据进行分析结论的验证。

1.行业分析

分析公司所处的行业发展状况和前景，判断行业将发生的变化对企业的影响是第一步。

三大汽车公司属于传统的制造行业，是“旧经济”的典型代表，目前处于成熟阶段，竞争异常激烈，销售收入和经营利润的成长性较低，经营风险较高。对于这类发展前景有限的上市公司，投资者当然不愿意为之付出太高的溢价，因而其市盈率和股票市值一般也较低。

微软属于高新技术行业，是“新经济”的典型代表，目前处于成长阶段，竞争虽然日趋激烈，但销售收入和经营利润仍然高速增长，经营风险相对较低。对于这类具有良好发展前景的上市公司，投资者往往愿意为其股票支付额外的溢价，因而其市盈率和股票市值通常也较高。

2002年至2006年，微软的市盈率介于22至52倍之间，而三大汽车公司的市盈率（剔除微利和亏损年度的影响）只有7至20倍，表明投资者愿意为高速成长的微软支付更高的价格。买股票就是买未来。尽管微软目前的市盈率较高，投资者还是期望高速增长的经营业绩最终将降低微软的市盈率。但只要微软的成长性符合投资者的预期，其股票价格和市盈率就会维持在较高的水平上。换言之，股票价格包含了投资者对上市公司发展前景的预期。

三大汽车公司2006年投入的人力资源（雇员人数）91万人，是微软的12.9倍，投入财务资源（资产总额）7156亿美元，是微软的11.3倍，但其为股东创造的产出（净利润）为—113亿美元，而微软为141亿美元。微软的人均净利润（人力资源投入产出比）大大高于三大汽车公司的人均净利润；微软的总资产回报率（财务资源投入产出比）也大大高于三大汽车公司总资产回报率。三大汽车公司是否是暂时性的经营失败，如果是，较低的市盈率也意味着价格的低估和更大的投资机会，因此，需要细致的财务分析。

2.财务比较分析

依据图8-4所示的逻辑框架，以1999～2006年四家公司的财务报表为基础数据，从盈利质量、资产质量和现金流量全面、系统财务分析。

①收入质量分析

收入质量分析侧重于观察企业收入的成长性和波动性。成长性越高，收入质量越好，说明企业通过主营业务创造现金流量的能力越强。波动性越大，收入质量越差，说明企业收入创造能力和核心竞争力越不稳定。

分析的办法是编制趋势报表，如表8-2。其编制方法是：以四家公司1999年的销售收入为基数，分别将2000年至2006年的销售收入除以1999年的销售收入，得到各年销售收入相对其1999年销售收入的比，以便分析其趋势走向。其中：戴姆勒——克莱斯勒汽车公司以下内容中简称戴克汽车。

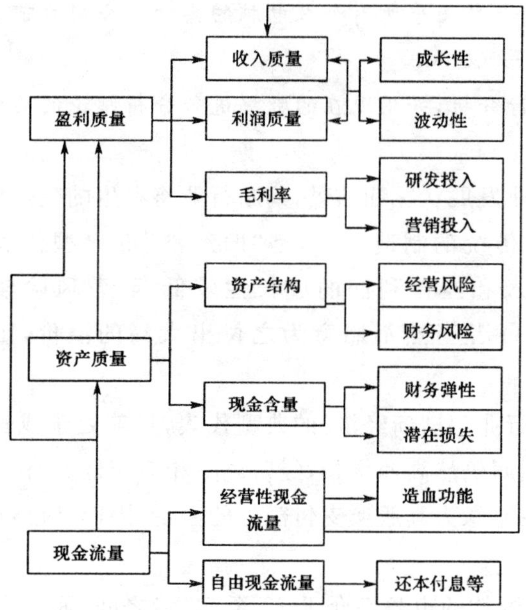

图 8-4　财务分析的逻辑框架

表 8-2　　　　四家公司 1999～2006 年的销售收入趋势报表

	1999	2000	2001	2002	2003	2004	2005	2006	
微软公司	亿美元	230	253	284	322	368	398	443	511
	趋势比	100%	110%	123%	140%	160%	173%	193%	222%
通用汽车	亿美元	1690	1739	1691	1773	1885	1935	1926	2073
	趋势比	100%	103%	100%	105%	110%	115%	114%	123%
福特汽车	亿美元	1601	1698	1609	1623	1642	1709	1771	1601
	趋势比	100%	106%	100%	101%	103%	107%	111%	100%
戴克汽车	亿欧元	1482	1603	1540	1474	1364	1421	1498	1516
	趋势比	100%	108%	104%	99%	92%	96%	101%	102%

微软销售收入的成长性——每年均达到两位数的增长；销售收入的波动性——稳步上升；三大汽车销售收入的成长性——围绕着 1999 年的水平徘徊不前，充分体现了成熟市场的基本特征，销售收入的波动性——起伏不定，表明其创造收入和市场竞争力的稳定性明显逊色于微软。结合 2001 年美国经济陷入低谷的宏观经济波动考察，微软的销售收入仍然比 1999 年和 2000 年分别增长了 23%和 13%，说明微软抗击宏观经济周期波动的能力较强。而三大汽车在遭遇逆境的 2001 年，销售收入迅速滑落，表明三大汽车公司抵御宏观经济风险的能力较为脆弱。

②利润质量分析

2000 年至 2006 年，微软（会计年度结束于每年 6 月 30 日）共计实现净利润 725 亿美元，而三大汽车实现净利润和为 128 亿美元，大大低于微软的利润水平。同时，净利润成长性越高，波动性越小，利润质量也越好，反之亦反。

分析的办法是编制趋势报表，见表 8-3。其编制方法是：以四家公司 1999 年的净利润为基数，分别将 2000 年至 2006 年的净利润除以 1999 年的净利润。

表 8-3　　　　四家公司 1999～2006 年的净利润趋势报表

		1999	2000	2001	2002	2003	2004	2005	2006
微软公司	亿美元	94	73	78	95	90	122	126	141
	趋势比	100%	78%	83%	101%	96%	130%	134%	150%
通用汽车	亿美元	60	45	6	17	38	28	−106	−21
	趋势比	100%	75%	10%	28%	63%	47%	−176%	−35%
福特汽车	亿美元	72	35	−55	−10	5	35	20	−124
	趋势比	100%	49%	−76%	−14%	7%	49%	28%	−172%
戴克汽车	亿欧元	57	79	−7	47	4	25	28	32
	趋势比	100%	139%	−12%	82%	7%	44%	49%	56%

对于净利润的成长性，戴克汽车 2006 年的净利润比 1999 年下降了 44%，而通用汽车和福特汽车分别在 2005 年和 2006 年发生了 106 亿美元和 124 亿美元的巨额亏损。与此形成鲜明对比的是，微软 2006 年的净利润比 1999 年增长了 50%。微软净利润的波动性明显小于三大汽车公司，除了 2000 年和 2001 年出现较大波动外，微软的净利润在其他年度没有出现较明显的波动，表明其经营风险较低。相反的，三大汽车公司的净利润却呈现出大起大落的变动趋势，表明它们的经营风险较高。

③毛利率分析

通用汽车和福特汽车毛利率的计算只涵盖汽车制造和销售业务，剔除了金融和保险业务。戴克汽车分部报告资料不太详细，无法剔除金融和保险业务，故直接以合并报表上的销售收入与销售成本作为毛利率的计算基础。微软的销售收入全部来自软件的开发和销售业务，无需剔除。

表 8-4　　　　四家公司 2001～2006 年的毛利率比较

会计年度	微软公司	通用汽车	福特汽车	戴克汽车
2001	86.3%	9.2%	1.8%	16.1%
2002	81.6%	7.8%	6.8%	18.8%
2003	81.2%	8.0%	6.2%	19.4%
2004	81.8%	6.9%	7.7%	19.3%
2005	84.4%	2.7%	5.8%	17.9%
2006	79.1%	4.8%	−3.9%	17.1%

微软高达 80%的毛利率是通用汽车和福特汽车远不能相比的，正是“新经济”与“旧经济”的差别之一。微软的销售成本主要包括拷贝费用、包装费用和运输费用，在总的成本费用中所占比例不大，广告促销和研究开发费用才是微软的重要成本费用项目，2006 年，广告促销和研究开发费用是销售成本的 1.94 倍。事实上，过去 10 年微软每年从销售收入中拿出 20%至 25%用于广告促销，15%至 20%用于研究开发活动。相比之下，三大汽车公司在广告促销和研究开发的投入，占销售收入的比例只有 10%左右。正是因为在广告促销和研究开发方面不断加大投入力度，微软盈利能力的可持续性使得三大汽车公司相形见绌。

④资产结构的分析

当所处行业竞争加剧、获利空间萎缩、发展前景不明时，企业通常面临两种选择：退出竞争或继续竞争。一般的，固定资产和无形资产占资产总额的比例越高，企业退出壁垒就越高，自由选择权就越小。固定资产和无形资产占资产总额比例不高的企业，选择退出竞争的策略需要付出的机会成本较小。

一方面，三大汽车公司的经营风险更大。三大汽车公司的固定资产占资产总额的比例较高，属于典型的资本密集型行业，而微软的固定资产所占比重则微不足道，属于典型的以知识为基础的行业。以2006年为例，通用汽车、福特汽车和戴克汽车固定资产占资产总额的比例分别为32.3%、24.5%和37.4%，而微软的固定资产占资产总额的比例仅为6.9%，这说明三大汽车公司的退出门槛明显高于微软。而且，固定资产占资产总额的比例越高，表明企业面临的技术风险也越大，遭受技术陈旧的可能性较大，特别是新技术的出现，容易导致资本密集型企业因技术陈旧而不得不对固定资产计提减值准备。此外，为了使其技术跟上行业发展的步伐，资本密集型的企业还必须将经营活动赚得的现金流量不断用于固定资产的更新换代，加大了未来期间的资金需求。

另一方面，三大汽车公司的财务风险更大。衡量财务风险，最重要的是净资产与资产总额的相对比例。以2006年为例，尽管微软净资产只有311亿美元，但净资产支撑的资产总额为632亿美元，净资产率高达49.2%，即负债率仅为50.8%。而三大汽车公司362亿美元的净资产，其资产总额却高达7 156亿美元，净资产率仅为5.1%，负债率高达94.9%。三大汽车公司负债率居高不下(过去五年均超过90%)，财务风险凸显。"三巨头"都习惯于依靠大量信贷来带动销量，继而引入现金流，以带动新车型的开发、维持企业日常运转。这种完全依靠金融信贷来支撑企业发展的路子，一遇到巨大的金融危机，自然就难有生路。实际上，美国汽车三巨头依靠金融信贷为生持续了多年，如果没有华尔街在金融上的支持，其实早已破产。

在分析微软公司与三大汽车公司的资产质量时，还应考虑未在资产负债表上体现的"软资产"。譬如，根据《商业周刊》对2007年全球100大品牌价值的评比，微软的品牌价值高达587亿美元，仅次于可口可乐(653亿美元)，远高于戴克汽车旗下的"奔驰"品牌(236亿美元)。这些账外的"软资产"，对于企业的价值创造和核心竞争力的维持是至关重要的。对于微软公司这类知识经济型的企业，其他未在资产负债表上反映的"软资产"还包括在人力资源和研究开发方面的投入。

⑤现金含量的分析

资产的现金含量越高，企业的财务弹性就越大。对于拥有充裕现金储备的企业而言，一旦市场出现投资的机会或其他机遇，就可迅速加以利用，而对于出现的市场逆境，也可以坦然应对。表8-5列示了微软公司和三大汽车公司过去六年的现金性资产(现金及现金等价物和随时可以变现的有价证券投资之和)及其占资产总额的比例。

表8-5　　四家公司2001～2006年现金性资产及其占资产总额的比例

		2001	2002	2003	2004	2005	2006
微软公司	现金性资产/亿美元	529	627	728	487	433	335
	占资产总额比例	78.2%	78.8%	77.1%	68.7%	63.6%	53.0%
通用汽车	现金性资产/亿美元	350	276	476	494	354	241
	占资产总额比例	10.9%	7.5%	10.6%	10.2%	7.4%	12.9%
福特汽车	现金性资产/亿美元	247	321	344	300	402	503
	占资产总额比例	8.9%	10.8%	11.0%	10.0%	14.6%	18.1%
戴克汽车	现金性资产/亿欧元	145	124	143	117	126	131
	占资产总额比例	7.0%	6.6%	8.0%	6.4%	6.3%	6.9%

过去六年微软公司资产总额中的现金含量介于53%至79%之间，有良好的财务弹性。而三大汽车公司资产总额中的现金含量很少超过15%，财务弹性较差。值得一提的是，微软公司2004年至2006年的现金含量之所以逐年下降，主要是因为2004年7月20日，微软公司宣布了760亿美元的一揽子现金分红计划，包括2004年一次性派发320亿美元的特别现金股利，在2005年和2006年又分别净回购了171亿美元和208亿美元的股票。

表8-6列示了微软公司和三大汽车公司应收账款的金额及其占资产总额的比例。

表8-6　　四家公司2001～2006年应收账款及其占资产总额的比例

		2001	2002	2003	2004	2005	2006
微软公司	应收账款/亿美元	51	52	59	72	93	113
	占资产总额比例	7.5%	6.4%	6.3%	10.2%	13.4%	17.9%
通用汽车	应收账款/亿美元	998	1 346	1 748	1 996	1 808	139
	占资产总额比例	30.6%	36.5%	39.9%	41.6%	38%	7.5%
福特汽车	应收账款/亿美元	1 102	970	1 100	1 125	1 114	1 108
	占资产总额比例	39.9%	32.9%	35.4%	37.6%	40.3%	39.8%
戴克汽车	应收账款/亿欧元	495	521	526	568	611	523
	占资产总额比例	23.9%	27.8%	29.5%	31.1%	30.3%	27.5%

三大汽车公司的应收账款金额比较大，占资产总额的比例远高于微软公司。应收账款居高不下，占用了三大汽车公司大量的营运资本，加重利息负担，而且增大了发生坏账损失的风险。2006年，通用将其从事金融保险业务的子公司GMAC出售，报表不再纳入合并报表，故应收账款大幅下降。

⑥经营性现金流量的分析

经营活动产生的现金流量相当于企业的"造血功能"，即不靠股东注资、不靠银行贷款、不靠变卖资产，企业通过其具有核心竞争力的主营业务能独立自主地创造企业生存和发展的现金流量。如果经营性现金流入明显大于现金流出，表明其"造血功能"较强，对股东和银行的依赖性较低。反之，如果经营性现金流量入不敷出（现金流出大于现金流入）且金额较大，表明企业的"造血功能"脆弱，对股东和银行的依赖性较高。

表8-7　　四家公司2001～2006年的经营性现金流量比较

会计年度	微软公司/亿美元	通用汽车/亿美元	福特汽车/亿美元	戴克汽车/亿欧元
2001	145	122	219	155
2002	158	84	178	180
2003	146	−23	208	165
2004	166	94	150	111
2005	144	−168	146	124
2006	178	−118	96	140

在经营策略上，汽车三巨头没有专注于汽车制造和市场拓展方面的突破，却期望通过收购等资本运作手段来实现盈利和发展。比如：通用公司收购了休斯飞机公司、悍马、铃木20%的股份和菲亚特20%的股份等，为此背上了沉重的债务。当世界进入"高油价时代"，消费者需求偏好发生转变，日本丰田、本田因先行开发节能车，扩大了在美国市场的份额，而三大巨头的产品仍然停留在油耗高、动力强的特点上。

从表8-7可以看出，三大汽车公司的"造血功能"弱于微软公司。如果再考虑销售规模差异的因素，则三大汽车公司的“造血功能”更是相形见绌。表 8-8 列示了三大汽车公司与微软公司经营性现金流量占销售收入的比例，也说明微软公司销售收入的质量明显优于三大汽车公司，因为其销售收入的含金量持续高于三大汽车公司。

表 8-8　　　四家公司 2001～2006 年的经营性现金流量占销售收入比较

会计年度	微软公司/亿美元	通用汽车/亿美元	福特汽车/亿美元	戴克汽车/亿欧元
2001	51.06%	7.20%	13.63%	10.30%
2002	49.07%	4.71%	10.95%	12.23%
2003	39.67%	−1.25%	11.74%	12.09%
2004	41.71%	4.86%	13.31%	7.79%
2005	32.51%	−8.75%	8.78%	7.51%
2006	34.83%	−5.69%	6.00%	9.23%

⑦自由现金流量的分析

经营性现金流量能揭示企业“造血功能”的强弱，但即使是正的经营性现金流量也未必代表企业可将其全部用于还本付息或支付股利。衡量还本付息和支付股利能力的重要指标是自由现金流量。

从定性角度看，自由现金流量是指企业在维持现有经营规模的前提下，能够自由处置（包括还本付息和支付股利）的经营性现金净流量。

从定量角度看，自由现金流量等于经营活动产生的现金流量减去维持现有经营规模所必需的资本性支出。即：经营活动产生的现金流量首先必须满足更新改造固定资产的现金需求，剩余部分才可用于还本付息和支付股利。将自由现金流量与企业还本付息、支付股利所需的现金流出比较，评价创造现金流量的真正能力。表 8-9 列示了三大汽车公司与微软公司 2001～2006 年自由现金流量及其与还本付息的对比情况。

表 8-9　　　四家公司 2001～2006 年自由现金流量与还本付息的比较

		2001	2002	2003	2004	2005	2006
微软公司	自由现金流量	137.39	149.06	135.17	157.93	128.26	155.32
	利息费用	0	0	0	0	0	0
	负债总额	154.66	168.20	195.43	227.00	294.93	320.74
通用汽车	自由现金流量	43.48	16.11	−94.21	16.03	−250.35	−196.92
	利息费用	83.17	75.03	94.64	119.80	157.68	169.45
	负债总额	3 027.05	3 622.39	4 239.16	4 525.61	4 614.83	1 916.33
福特汽车	自由现金流量	154.79	110.01	119.39	165.71	84.30	27.61
	利息费用	108.16	88.01	76.43	70.71	76.43	87.83
	负债总额	2 687.57	2 896.32	2 990.72	2 861.06	2 630.62	2 820.19
戴克汽车	自由现金流量	65.88	108.71	98.82	46.74	57.73	77.48
	利息费用	13.17	10.40	34.46	18.33	11.12	9.13
	负债总额	1 684.06	1 523.23	1 437.87	1 493.50	1 651.83	1 558.67

微软公司的自由现金流量较充裕，负债总额中没有任何银行贷款，不存在付息问题，利息费用为 0，其负债主要由不需付息的递延收入和应付账款组成。2006 会计年度末，微软公司的负债主要由递延收入（126.46 亿美元）、应付账款（32.47 亿美元）、应付税款（10.40 亿美元）和应计报酬（23.25 亿美元）组成，这四项负债约占负债总额的 60%。三大汽车公司的

自由现金流量相对于其利息支出和负债总额的资金需求，可谓杯水车薪。尤其是通用汽车，每年创造的自由现金流量连支付利息费用都不够，更不用说偿还高额的负债了。

3. 综合分析

三大汽车公司的盈利质量、资产质量和现金流量均明显逊色于微软公司，其股票价格表现更令人失望。通用汽车过去 10 年的股价除在少数交易日"跑赢"大势(道琼斯指数)外，大部分交易日均落后于股票市场的整体走势。2001 年以来，三大汽车公司的股价走势与股票市场整体走势的背离呈扩大趋势。相反的，微软公司过去 10 年的股价表现均明显优于股票市场的整体走势，尤其是 2000 年其股票价格的涨幅是道琼斯指数的 8 倍多。这在一定程度上表明微软公司的盈利质量、资产质量和现金流量得到了股票市场上广大投资者的认可。

微软公司与三大汽车公司的案例分析表明，从财务的角度看，盈利质量、资产质量和现金流量是系统、有效地分析财务报表的三大逻辑切入点。任何财务报表，只有在这个逻辑框架中进行分析，才不会发生重大的遗漏和偏颇。必须指出的是，盈利质量、资产质量和现金流量是相互关联的。盈利质量的高低受资产质量和现金流量的直接影响。如果资产质量低下，计价基础没有夯实，报告再多的利润都是毫无意义的。如果企业每年都报告利润，但经营性现金流量却入不敷出，那么，这种没有真金白银流入的利润，实质上只能是一种"纸面富贵"。这种性质的利润，要么质量低下，要么含有虚假成分。同样的，资产质量也受到现金流量的影响。根据资产的定义，不能带来现金流量的资产项目，充其量只能称为"虚拟资产"。严格来说，这样的资产项目是不应该在资产负债表上确认的。

4. 目前情况

通用汽车 2008 年第三季度业绩报表充斥令人触目惊心的数字：营业收入 379 亿美元，同比下降 13%；当季亏损 42 亿美元，每股股票净亏损 4.45 美元，第三季度现金流大幅减少 69 亿美元，使公司手头现金只剩 162 亿美元，这点钱已接近维持日常运转所需现金的底线。美国工业的这一标杆企业面临破产，"自救"希望渺茫。根据美联社报道，通用汽车旗下员工约 4.9 万人，退休员工约 50 万人。美国汽车研究中心估计，每个汽车行业就业岗位能带动 7.5 个零部件等附属行业岗位。这样一来，通用汽车所影响的就业岗位数量将达 200 万。这是美国社会和经济不可承受之重，2009 年 6 月 1 日，通用汽车宣布申请破产保护，创造了美国迄今为止最大的制造业企业破产保护案。另外两家汽车巨头情况同样不容乐观。

2009 年 4 月 30 日，克莱斯勒公司宣布申请破产保护；福特公司从 2006 年到 2008 年连续三年累计亏损 300 亿美元，虽暂无破产之虞，却也风雨飘摇。

与之相反，尽管经济形势不佳，微软五年平均股本回报率仍保持了增长。这表明该公司要么通过降低成本来实现这一目标，要么进入了新的高回报领域。通过推出 Windows 7 以及新版 Office，微软将继续实现增长。由世界品牌实验室独家编制的 2009 年度(第六届)《世界品牌 500 强》微软击败哈佛大学从去年的第七名跃居第一名，美国最受赞赏公司排行榜第十位。在 2008 年度《财富》全球最大五百家公司排名中名列第三十五名。

因此，看来财务报表分析对于指导未来的投资是有效的。

8.3 多目标导向的综合分析

在对一家企业的经营状况分析时，常常涉及财务表现、发展风险、产品情况、经营策略等多个方面，也就是多目标约束下的全面分析。仅在财务表现上，包括对筹资活动、投资活动、经营活动、分配活动的综合分析评价，涉及企业偿债能力、运营能力、盈利能力和增长能力等多个方面。

案例8-4

万科股份有限公司，简称万科或万科集团，证券代码：000002，证券简称：万科 A。总部位于中国深圳市，现任董事长为王石，总经理为郁亮。请依据万科网上的公开报表资料对万科股份有限公司的经营状况综合分析。

1. 行业分析

分析公司所处的行业发展状况和前景，判断行业将发生的变化对企业的影响是第一步。

房地产行业是拉动我国经济增长的支柱产业之一，也是一个基础性很强、产业关联性很大的行业，其持续健康的发展有利于带动整个国民经济的快速发展。但房地产市场一旦脱离实际经济基础，出现过快过热增长，则有可能引发房地产泡沫，最终导致金融危机，极大危害整个国民经济的运行。如日本 20 世纪 80 年代至 90 年代初的房地产泡沫、香港 90 年代的房地产泡沫等造成的影响至今仍然没有完全消除，目前全球经历的这场金融危机更是最好的例证。自 2001 年新一轮的房地产周期启动以来，我国房地产价格出现了持续上涨势头。部分热点城市或地区的房价甚至上涨了几倍。在这样的大背景下，国家对房地产市场做出了更多的调控。

政府干预房地产市场，能够部分克服市场失灵，提高资源配置效率，防范金融风险，实施社会保障功能。

我国国务院 2010 年先后发布《国务院办公厅关于促进房地产市场平稳健康发展的通知》、《国务院关于坚决遏制部分城市房价过快上涨的通知》等，遏制部分城市房价、地价又出现过快上涨势头、投机性购房的再度活跃，实行更为严格的差别化住房信贷政策，依法加快处置闲置房地产用地，加强对房地产开发企业购地和融资的监管、加大交易秩序监管力度等规定，对房地产企业的发展提出了新的要求，这可能是机遇也可能是挑战。

2. 辨别系统性风险和非系统性风险

要辨别出哪些问题是行业普遍存在的问题，哪些问题是公司自身存在的个别问题，前者称为系统性风险，后者称为非系统性风险。企业一般无法通过自身的力量避免系统性风险，但是可以通过自身的努力减少系统性风险对企业的危害。而对非系统性风险，企业可以通过自身的努力消除。

土地是房地产开发的基础，构成房地产企业发展的系统风险。我国的土地供应属于政府垄断型，城市政府对一级市场实施垄断和总量控制，土地供应控制在合理的范围内，房地产的总体供应量才不会脱离市场需求太远，不会形成大规模的积压，不会形成社会资源的巨大浪费。2009 年下半年以来，为进一步规范土地市场秩序，提高土地利用效率，国土资源部加大了对闲置土地的监管和处理力度。同时，为继续完善土地出让招拍挂制度，加强对土地供应开发的管理，12 月，五部委出台《关于进一步加强土地出让收支管理的通知》，要求分期缴纳全部土地出让价款的期限原则上不超过一年，特殊项目可约定在两年内全部缴清，以及首次缴纳比例不得低于全部土地出让价款的50%等。政策实施后，企业在获取项目时需要更加谨慎地评估资金成本，这将促使企业在拿地时更加理性，有助于抑制部分城市土地市场的过热趋势。

为了有效地规避系统性风险，万科2009年在项目获取上更加谨慎。在部分房价、地价上涨较快的城市，公司坚持“宁可错过，决不拿错”的原则，规避了竞争过于激烈的地块。2009年公司新增项目44个，大多位于房价上涨较少、自住需求占主导地位的二三线城市。公司2009年新增项目的平均楼面地价约2 401元/平方米，较2007年下降29.5%。截至2009年末，公司规划中项目按万科权益计算的建筑面积为2 436万平方米，基本可满足未来二至三年的开发需要。

3.公司财务分析与比较

在同行业的公司中，比较分析法可以帮助我们了解一家公司的竞争地位。在同一行业中，无论是龙头企业还是落后企业，他们的财务数据和财务指标都不会明显地偏离同业平均值。如果一家企业的财务数据和财务指标明显偏离同业平均值，必须分析原因，通过比较同业企业的财务指标、主营产品结构、经营策略等，从而判断企业的竞争实力、盈利能力和发展空间。

万科作为全国最大的房地产企业，其财务状况可以代表我国房地产业的基本状况和发展前景。这里，主要是将万科近几年的数据进行比较分析。

(1)经营情况分析

表8-10所示为万科营业收入和净利润分析。采用环比分析的方法，计算营业收入和净利润的增长率，即后一年的增长量与前一年数据的比。并计算净利润占比营业收入的情况，即净利润率。

表8-10　　万科营业收入和净利润　　单位：亿元

	营业收入		净利润		净利润率
	金额	增长率	金额	增长率	
2005	105.59	38%	13.50	53.79%	12.79%
2006	179.18	70%	24.23	79.43%	13.52%
2007	355.27	98%	53.18	119.46%	14.97%
2008	409.92	15.38%	46.40	−12.74%	11.32%
2009	488.81	19.25%	64.30	38.58%	13.15%

资料来源：万科年度报告。

2005～2009年，万科的营业收入持续增长。2009年万科的营业收入达到488.81亿元，同比增长19.25%，增速在2008年下降后有所回升；2005～2009年，万科的净利润除了2008年以外，都有显著的大幅增长。2009年实现净利润64.30亿元，同比增加38.58%。2005～2009年，万科的净利润水平持续稳定增长，在11%～14%之间，在2008年小幅下降后，重新增长。

万科的资产结构分析见表8-11。以当年的资产总计为100%做结构比例分析。

表 8-11　　　　万科资产结构分析　　　　单位：亿元

	资产总计	流动资产	负债总计	存货	已完工开发产品	在建开发产品	拟开发产品
2005	219.92	198.85	134.11	148.49	21.95	54.40	69.92
	100%	90.42%	60.98%	67.52%	9.98%	24.73%	31.79%
2006	499.20	482.63	324.66	341.79	29.67	147.62	164.39
	100%	96.68%	65.04%	68.47%	5.94%	29.57%	32.93%
2007	1 000.94	954.33	661.75	664.73	46.66	338.77	278.78
	100%	95.34%	66.11%	66.41%	4.66%	33.85%	27.85%
2008	1 192.37	1 134.56	804.18	858.99	79.01	444.71	347.19
	100%	95.15%	67.44%	72.04%	6.63%	37.30%	29.12%
2009	1 376.09	1 303.23	922.00	900.85	53.20	417.03	436.27
	100%	94.71%	67.00%	65.46%	3.87%	30.31%	31.70%

万科的流动资产占比超过90%，固定资产少，经营弹性大。继2008年万科的负债率持续上升后，2009年的负债率小幅下降0.44个百分点。公司2009年获得建设银行500亿元授信额度。流动资产中，65%以上是存货，已完工开发产品、在建开发产品、拟开发产品、原材料构成了存货的全部，因原材料所占比重很小，不予考虑，存货中主要是在建开发产品和拟开发产品。2009年在公司各类存货中，已完工开发产品（现房）53.20亿元，占存货比6%；在建开发产品417.03亿元，占存货比46%；拟开发产品436.27亿元，占存货比48%。2009年存货结构比较合理，已完工开发产品占总资产的3.87%；在建开发产品占总资产的30.31%；拟开发产品占总资产31.70%左右。其中：已完工开发产品占总资产的比例与前几年相比最低，公司实际完成竣工面积低于年初计划，主要因为2008年市场低迷，开发企业被迫普遍削减开工，导致2009年新房供应量持续低于市场成交水平。同时，报告期内公司部分项目受城市道路改造或举办运动会等意外因素影响，以及根据市场需要实施产品改造、因强化质量管理按标准工期调整开发节奏等原因，施工周期有所延长。

(2)公司的主营产品分析

主营产品决定企业利润。主营产品分析包括主营产品的技术生命周期、市场空间和竞争力等。

万科2008年按地域划分销售收入见表8-12。

表 8-12　　　　万科2008年按地域划分销售收入

		销售面积/万平方米	销售金额/亿元	均价/(元/平方米)	销售面积占比	销售金额占比
珠三角地区	2008	182.0	176.2	9 681.32	32.7%	36.8%
	2009	174.4	194.0	11 123.85	26.3%	30.6%
长三角地区	2008	173.6	166.0	9 562.21	31.2%	34.7%
	2009	189.3	203.8	10 765.98	28.5%	32.1%
环渤海地区	2008	137.9	97.5	7 070.34	24.8%	20.4%
	2009	201.5	166.1	8 243.18	30.4%	26.2%
其他地区	2008	63.6	39.0	6 132.08	11.4%	8.1%
	2009	98.4	70.3	7 144.31	14.8%	11.1%

2009年相比于2008年，万科在销售面积和均价同时增长的情况下，获得销售收入的大

幅增长。公司在环渤海地区、其他地区和长三角地区的销售面积均有显著增长，销售金额在所有地区均实现大幅增长，销售均价明显提高，环渤海地区以及其他地区给公司带来了明显的销售面积和金额的增长。

2009 年，公司销售额首次突破 600 亿元，实现销售面积 663.6(174.4＋189.3＋201.5＋98.4) 万平方米，销售金额 634.2(194＋203.8＋166.1＋70.3) 亿元，分别比 2008 年增长 19.1％和 32.5％。实现结算面积 605.2 万平方米，结算收入 483.2 亿元，同比分别增长 34.1％和 19.3％。其中，珠三角地区实现销售面积 174.4 万平方米，销售收入 194.0 亿元，分别占公司整体的 26.3％和 30.6％，实现结算面积 190.4 万平方米，结算收入 164.3 亿元，分别占公司整体的 31.5％和 34.0％，实现净利润 19.2 亿元，占公司整体的 32.5％；长三角地区实现销售面积 189.3 万平方米，销售收入 203.8 亿元，分别占公司整体的 28.5％和 32.1％，实现结算面积 177.0 万平方米，结算收入 151.2 亿元，分别占公司整体的 29.2％和 31.3％，实现净利润 20.2 亿元，占公司整体的 34.2％；环渤海地区实现销售面积 201.5 万平方米，销售收入 166.1 亿元，分别占公司整体的 30.4％和 26.2％，实现结算面积 168.1 万平方米，结算收入 120.3 亿元，分别占公司整体的 27.8％和 24.9％，实现净利润 13.2 亿元，占公司整体的 22.3％；其他地区实现销售面积 98.4 万平方米，销售收入 70.3 亿元，分别占公司整体的 14.8％和 11.1％，实现结算面积 69.7 万平方米，结算收入 47.3 亿元，分别占公司整体的 11.5％和 9.8％，实现净利润 6.5 亿元，占公司整体的 11.0％。

截至 2009 年末，公司尚有 374.5 万平方米已销售资源未竣工结算，合同金额总计382.3 亿元。其中合并报表范围内已售未结面积 343.5 万平方米，合同金额 356.5 亿元。鉴于报告期内市场形势明显好转，预计待结算资源的盈利水平将有较大提升。上述待结算资源绝大部分将在 2010 年参与结算，为公司 2010 年实现良好的收益水平提供了有力的支撑。

4. 经营策略分析

分析企业的经营策略即决定企业盈利能力的重要因素。企业经营策略分析包括市场定位、销售策略，等等。

2009 年，万科持续推进装修房战略，装修房占公司新开工面积的比例由 2008 年的 60％提高到 79.5％。相对于传统的毛坯房，推广装修房一方面为客户装修改造节约了大量的资金成本和时间成本，另一方面也有利于减少客户分散装修过程中的二次污染，降低建筑能耗，符合节能环保的发展理念。目前，一些地区和城市已经陆续出台各种措施促进住宅全装修的普及。未来，随着市场消费心态的日益成熟，装修房占住宅产品的比例将不断提升，公司作为率先启动装修房战略的企业，在相关领域所积累的经验和口碑将成为未来市场竞争中的一项重要优势。同时，公司结合低碳经济的发展趋势，积极参与绿色建筑的研发和推广，“做卓越的绿色企业”已经成为公司的中长期发展战略中重要的组成部分。公司根据国家《绿色建筑评价标准》，初步编制了《万科住宅性能标准》，并在公司的项目中付诸实施。

2009 年《财富》(中文版)公布的“十大绿色公司”名单中，公司因在探索工业化与城市低收入住宅方面的成绩入选。2009 年在《欧洲货币》评选的“全球最佳房地产开发企业”榜单中，万科获得全球住宅类开发企业第一名。

5. 综合分析

随着可售资源的不断消化，市场存货量在 2009 年内不断下降，目前多数城市的存货量处于近年来的历史低位。可售资源的不足，加大了热点城市住宅价格上涨的压力。大量中小房地产企业或竞争能力弱的大型企业将退出房地产业，行业市场集中度将明显提高，房地产企业的品牌效应越来越重要，商品房质量显著提高。2010 年万科公司必将在稳健经营的同时，获得业绩增长和市场地位的提升，推动公司向绿色企业转型。

知识要点

• 尽管投资者、债权人、企业管理者等各个不同的财务报表使用者进行财务分析的侧重点有所不同，但分析的目的可划分为三类，即：问题导向的综合分析、单目标导向的综合分析、多目标导向的综合分析。

• 企业某一时期的净利润等于企业该时期的收入减去该时期的费用，而企业某一时期的现金净流量等于现金流入量减去现金流出量。如果企业在某个时期的收入数等于现金流入数、费用数等于现金流出数，则净利润与现金流量同步。否则，净利润与现金流量就会产生差异。

• 在进行财务比较分析时，通常可以从盈利质量（收入质量、利润质量、毛利率）、资产质量（资产结构、现金含量）和现金流量（经营性现金流量、自由现金流量）等方面进行。

• 在进行综合分析时，要辨别系统性风险与非系统性风险。行业普遍存在的问题，称为系统性风险；公司自身存在的个别问题，称为非系统性风险。

• 在同一行业中，无论是龙头企业还是落后企业，他们的财务数据和财务指标都不会明显地偏离同业平均值。如果一家企业的财务数据和财务指标明显偏离同业平均值，必须分析原因，通过比较同业企业的财务指标、主营产品结构、经营策略等，从而判断企业的竞争实力、盈利能力和发展空间。

复习思考题

1. 选择题

(1)某公司的收入为 100 万元，其中现金收入比例为 65%，成本费用为 40 万元，其中现金流出比例为 70%，则账面利润和现金净流量之间的差额为（　　）。

A. 0 万元　　B. 37 万元　　C. 25 万元　　D. 23 万元

(2)下列不属于判断企业盈利质量高低的影响因素的是（　　）。

A. 收入质量　　B. 利润质量　　C. 毛利率　　D. 资产结构

(3)下列描述中，不正确的是（　　）。

A. 资产的现金含量越高，企业的财务弹性就越小

B. 成长性越高，收入质量越好，说明企业通过主营业务创造现金流量的能力越强

C. 波动性越大，收入质量越差，说明企业收入创造能力和核心竞争力越不稳定

D. 固定资产和无形资产占资产总额比例不高的企业，选择退出竞争的策略需要付出的机会成本较小

(4)衡量还本付息和支付股利能力的重要指标是（　　）。

A. 经营性现金流量　　B. 自由现金流量

C. 投资性现金流量　　D. 筹资性现金流量

2. 判断题

(1)净利润不代表现金净流入,即账面盈利不代表企业有钱还债。 ( )

(2)剩余收益一定是小于账面利润的。 ( )

(3)一般的,固定资产和无形资产占资产总额的比例越低,企业退出壁垒就越高,自由选择权就越小。 ( )

(4)即使是正的经营性现金流量也未必代表企业可将其全部用于还本付息或支付股利。 ( )

(5)企业一般无法通过自身的力量避免系统性风险,但是可以通过自身的努力消除非系统性风险。 ( )

3. 简答题

(1)简要说明财务报表综合分析的基本步骤。

(2)同行业公司进行财务比较时,通常选择什么方法?是如何进行比较的?

(3)什么是系统性风险和非系统性风险?请举例说明。

第9章 基于财务综合评价的企业价值评估

引导案例

某公司为一家以水利工程承包建设为主业的上市公司。2002 年 5 月，该公司曾以 7 亿元巨额中标三峡工程二期的水布垭大坝和溢洪道工程。

随着三峡工程二期工程的完成，三峡工程施工高峰已经过去，该公司能否再创辉煌？答案在数年前就似乎已经确定，当时该公司决策层未雨绸缪，确定继续发挥在建筑施工方面的优势，积极调整产业结构，在全力打造水利工程承包施工的基础上，加大基础产业投资和经营力度，积极向其他基础设施产业延伸和发展。其中，主要是围绕高速公路和水电站两大基础产业进行投资经营，争取在几年内逐步达到投资经营总长约 450 公里的高速公路产业和几个小型水电站构成的发电产业，形成规模较大的现金流和持续稳定的投资收益。

为此该公司制定了以下规划：2007 年以后，以资本扩张为主，通过资本扩张进一步壮大公司规模，主营业务在同行业处于领先地位，并继续寻找机会不断向朝阳产业和新兴产业扩张，保持企业的成长性和利润的增长，总资产规模达到 200 亿元以上，主营业务收入达到 25 亿元以上，净资产收益率达到 6%以上。

面对该公司的雄心壮志，一方面希望其“有志者事竟成”，另一方面也应保留一份清醒，借助于财务报表综合评价及企业价值评估的方法，透过以往的财务资料来分析其未来的成长性，看其是否具备发展潜力，是否具备投资价值。因此，对企业的价值进行综合评判是很有必要的。

本章以此为背景，探讨企业财务综合评价及企业价值评估的相关方法。

分析单一财务指标，不足以全面评价企业的财务状况和发展趋势，若仅据此对企业的财务状况和经营成果做出判断，可能会陷入“盲人摸象”的误区。为了对企业财务状况和经营情况等进行全面、系统、综合的剖析、解释和评价，需要将这些分散的、孤立的财务分析指标有机地联系起来，整合成复合指标进行评价。在此基础上，对企业的价值进行评估，从而判断企业的优劣。

9.1　企业价值评估概述

企业价值评估具有广泛的用途。企业价值评估简称价值估价或企业估值，目的是分析和衡量一个企业或一个经营单位的公平市场价值，并提供有关信息以帮助投资者或管理当局改善决策。

9.1.1　企业的价值

进行企业价值评估，首先要明确企业价值评估的对象是什么。价值评估的一般对象是企业整体的经济价值，企业整体的经济价值是指企业作为一个整体的公平市场价值。公平市场价值是指在公平的交易中，熟悉情况的双方，自愿进行资产交换或债务清偿的金额。资产被定义为未来的经济利益。所谓"经济利益"，其实就是现金流入。资产就是未来可以带来现金流入的东西。由于不同时间的现金不等价，需要通过折现处理，因此，资产的公平市场价值就是未来现金流入的现值。

企业整体价值可以分为实体价值和股权价值、持续经营价值和清算价值、少数股权价值和控股权价值等类别。它们是不同的评估对象，有不同的用途，需要使用不同的方法进行评估。

1. 实体价值与股权价值

企业全部资产的总体价值，称为企业实体价值。企业实体价值是股权价值与债务价值之和。股权价值在这里不是所有者权益的会计价值（账面价值），而是股权的公平市场价值。债务价值也不是它们的会计价值（账面价值），而是债务的公平市场价值。

大多数企业并购是以购买股份的形式进行的，因此评估的最终目标和双方谈判的焦点是卖方的股权价值。而买方的实际收购成本等于股权成本加上所承接的债务。

2. 持续经营价值与清算价值

企业能够给所有者提供价值的方式有两种：一种是由营业所产生的未来现金流量的现值，称为持续经营价值；另一种是停止经营，出售资产产生的现金流，称为清算价值。这两者的评估方法和评估结果有明显区别，必须明确拟评估的企业是一个持续经营的企业还是一个准备清算的企业，评估的价值是其持续经营价值还是其清算价值。在大多数的情况下，评估的是企业的持续经营价值。

一个企业的公平市场价值，应当是持续经营价值与清算价值较高的一个，如图 9-1 所示。

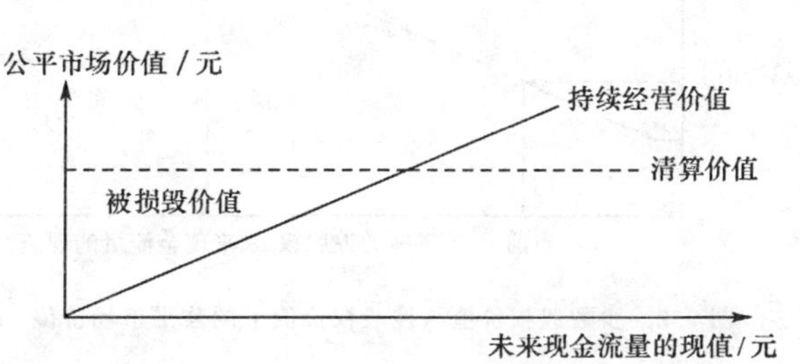

图 9-1　持续经营价值与清算价值下的公平市场价值

企业持续经营的基本条件之一，是其持续经营价值超过清算价值。当未来现金流的现值大于清算价值时，投资者会选择持续经营。反之，当未来现金流的现值低于清算价值时，投资者会选择清算。当企业的持续经营价值已经低于其清算价值时，本应当进行清算。但是，也有例外情况：控制企业的人拒绝清算，企业得以持续经营。这种持续经营，损毁了股东本来可以通过清算得到的价值。

3. 少数股权价值与控股权价值

企业的所有权和控制权是两个不同的概念。首先，少数股权对于企业事务发表的意见无足轻重，基本上没有决策权，只有获取控制权的人才能决定企业的重大事务。其次，从世界范围看，多数上市企业的股权高度分散化，没有哪一个股东可以控制企业，此时掌握有效控制权的是董事会和高层管理人员，所有股东没有实际决策权。

在股票市场上交易的只是少数股权，大多数股票并没有参加交易。掌握控股权的股东，不参加日常的交易。我们看到的股价，通常只是少数已经交易的股票价格。它们衡量的只是少数股权的价值。少数股权与控股股权的价值差异，明显地出现在收购交易当中。一旦控股权参加交易，股价会迅速飙升，甚至达到少数股权价值的数倍。在评估企业价值时，必须明确拟评估的对象是少数股权价值，还是控股权价值。

买入企业的少数股权，是承认企业现有的管理和经营战略，买入者只是一个旁观者。买入企业的控股权，投资者获得改变企业生产经营方式的充分自由，或许还能增加企业的价值。可以这样认为：同一企业的股票在两个分割开来的市场上交易。一个是少数股权市场，它交易的是少数股权代表的未来现金流量；另一个是控股权市场，它交易的是企业控股权代表的现金流量。获得控股权，不仅意味着取得了未来现金流量的索取权，而且同时获得了改组企业的特权。在两个不同市场里交易的，实际上是不同的资产。

如图 9-2 所示，从少数股权投资者来看，V(当前)是企业股票的公平市场价值。它是现有管理和战略条件下企业能够给股票投资者带来的现金流量现值。对于谋求控股权的投资者来说，V(新的)是企业股票的公平市场价值。它是企业进行重组，改进管理和经营战略后可以为投资者带来的未来现金流量的现值。新的价值与当前价值的差额称为控股权溢价，它是由于转变控股权增加的价值。

$$控股权溢价 = V(新的) - V(当前)$$

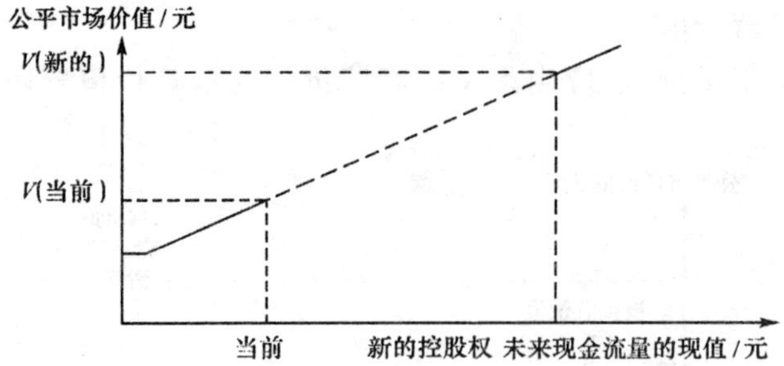

图 9-2　少数股权价值与控股权价值下的公平市场价值

9.2.2　企业价值评估提供的信息及意义

1. 企业价值评估提供的信息

(1)企业价值评估提供的信息不仅仅是企业价值一个数字，还包括评估过程产生的大量信息。如，企业价值具有哪些因素驱动，销售净利率和提高投资资本报酬率对企业价值的影响有多大等。即使企业价值的最终评估值不是很准确，这些中间信息也是很有意义的。因此，不仅要关注最终评估结果，也要关注评估过程产生的其他信息。

(2)价值评估提供的是有关“公平市场价值”的信息。价值评估不否认市场的有效性，但不承认市场的完善性。在完善的市场中，企业只能取得投资者要求的风险调整后收益，市场价值与内在价值相等，价值评估没有什么实际意义。价值评估认为市场只在一定程度上有效，也就是并非完全有效。价值评估正是利用市场的缺陷寻找被低估的资产。此时，评估人必须提供令人信服的评估值，必须十分慎重地评估价值与市场价格相差悬殊的情况，特别是对于评估价值比市场价格高的评估，要更加明确地说出原因。

(3)企业价值受企业自身和市场状况的影响，随时都会变化。企业价值评估依赖的企业信息和市场信息在不断流动，新信息的出现随时会改变评估的结论。因此，企业价值评估提供的结论具有很强的时效性。

(4)企业价值与股东价值既有联系，又有区别。企业价值是指企业全部资产的价值。股东价值，亦称资本价值，是指企业净资产价值。由于“资产＝负债＋所有者权益(净资产)”，因此，无论评估企业价值，还是评估股东价值，都是相互关联的。我们既可从评估企业价值入手评估股东价值，也可从评估股东价值入手评估企业价值。但应注意其评价中所需要信息的不同。

2. 企业价值评估的意义

价值评估作为企业业绩评价的手段或方法，已被越来越多的人所接受或采用。

(1)价值评估可以用于投资分析

价值评估是投资基础分析的核心内容。相信基础分析的投资者认为企业价值与财务数据之间存在函数关系，这种关系在一定时间内是稳定的，证券价格与价值的偏离经过一段时间的调整会向价值回归。他们据此原理寻找并且购进被市场低估的证券或企业，以期获得高于市场平均报酬率的收益。因此，价值评估在各种各样的投资分析中至关重要。如，企业合并和杠杆收购；证券商为原始股定价；潜在投资者选择新的投资机会；公司选择股票回购的最佳时机；信用分析师了解贷款风险等，都需要进行价值评估。

(2)价值评估可以用于战略分析

战略是指一整套的决策和行动方式，包括刻意安排的有计划的战略和非计划的突发应变战略。战略管理是指涉及企业目标和方向、带有长期性、关系企业全局的重大决策和管理。战略管理可以分为战略分析、战略选择和战略实施。战略分析是指使用定价模型清晰地说明经营设想和发现这些设想可能创造的价值，目的是评价企业目前和今后增加股东财富的关键因素是什么。价值评估在战略分析中起核心作用。例如，收购属于战略决策，收购企业要估计目标企业的合理价格，在决定收购价格时要对合并前后的价值变动进行评估，以判断收购能否增加股东财富，以及依靠什么来增加股东财富。

(3)价值评估可以用于以价值为基础的管理

现代企业财务目标存在股东价值最大化与企业价值最大化的争论。其实二者并不一定矛盾。一般来说,股东是公司中为增加自己权益而同时增加其他利益方权益的唯一利益主体。这说明股东要使其自身价值增加,必须保证其他利益主体的价值增加。如果把企业的目标设定为增加股东财富,而股东财富就是企业的价值,那么,企业决策正确性的根本标志是能否增加企业价值。不了解一项决策对企业价值的影响,就无法对决策进行评价。在这种意义上说,价值评估是改进企业一切重大决策的手段。为了搞清楚财务决策对企业价值的影响,需要清晰描述财务决策、企业战略和企业价值之间的关系。在此基础上实行以价值为基础的管理,依据价值最大化原则制定和执行经营计划,通过度量价值增加来监控经营业绩并确定管理者的相应报酬。

价值是业绩评价的最佳标准,一是因为它是要求完整信息的唯一标准。为进行价值评估,就需要有企业长期的资产负债表、利润表和现金流量表的信息,没有这种完整的信息,就无法准确评估企业价值。而其他业绩衡量标准,都不需要完整信息。二是因为价值评估是面向未来的评估,它考虑长期利益,而不是短期利益。

企业价值评估的方法有很多种,本章主要介绍现金流量折现法和经济增加值法。

9.2 现金流量折现法

现金流量折现法是通过估计目标公司未来将产生的收益或现金流量,然后用合适的风险折现率加以折现来确定公司价值的一种方法。以现金流量作为价值评估基础,以现金流量折现作为价值评估方法形成的模型,统称为现金流量模型。现金流量模型是企业价值评估使用最广泛、理论上最健全的模型。

9.2.1 现金流量模型的种类

任何资产都可以使用现金流量折现模型来估价,基本模型为

$$价值=\sum_{t=1}^{n}\frac{现金流量_t}{(1+资本成本)^t}$$

n为产生现金流量的年限。从理论上说,产生现金流量的年限应当等于资产的年限。企业的年限是不确定的,通常假设企业将无限期地持续下去。

资本成本是计算现值使用的折现率。折现率是现金流量风险的函数,风险越大则折现率越大,因此折现率和现金流量要相互匹配。

不同资产的未来现金流量表现形式不同,债券的现金流量是利息和本金,投资项目的现金流量是项目引起的增量现金流量。在价值评估中可供选择的企业现金流量有三种:股利现金流量、股权现金流量和实体现金流量。依据现金流量的不同种类,企业估价模型也分为股利现金流量模型、股权现金流量模型和实体现金流量模型三种。

1.股利现金流量模型

股利现金流量模型的基本形式如下:

$$股权价值=\sum_{t=1}^{\infty}\frac{股利现金流量_t}{(1+股权资本成本)^t}$$

其中，股利现金流量是企业分配给股权投资者的现金流量。

由于股利分配政策有较大变动，股利现金流量很难预计，所以股利现金流量模型在实务中很少被使用。

2. 股权现金流量模型

股权现金流量模型的基本形式如下：

$$股权价值 = \sum_{t=1}^{\infty} \frac{股权现金流量_t}{(1+股权资本成本)^t}$$

股权现金流量是一定期间企业可以提供给股权投资者的现金流量，它等于企业实体现金流量扣除对债权人支付后剩余的部分。有多少股权现金流量会作为股利分配给股东，取决于企业的筹资和股利分配政策。如果把股权现金流量全部作为股利分配，则上述两个模型相同。股权资本成本是与股权现金流量相匹配的等风险投资的机会成本。

3. 实体现金流量模型

实体价值评估模型的基本思想是：先评估企业的实体价值，然后评估企业的债务价值，用实体价值减去债务价值得到股权价值。实体现金流量模型的基本形式如下：

$$实体价值 = \sum_{t=1}^{\infty} \frac{实体现金流量_t}{(1+加权平均资本成本)^t}$$

$$股权价值 = 实体价值 - 债务价值$$

$$债务价值 = \sum_{t=1}^{n} \frac{偿还债务现金流量_t}{(1+等风险债务成本)^t}$$

其中，实体现金流量是企业全部现金流入扣除成本费用和必要的投资后的剩余部分，它是企业一定期间可以提供给所有投资者（包括股权投资者和债权投资者）的税后现金流量，即经营现金净流量，因此，实体现金流量模型也称为经营现金净流量模型。它是大多数的企业估价最为常用的模型。

9.2.2　现金流量模型参数的估计

1. 现金流量的估计

如果将企业未来现金流量定义为企业所有资本提供者（包括所有者和债权者）的现金流量，则现金流量现值反映的是企业价值。从企业价值中减去债务价值才能得到企业股东价值。为了全面说明股东价值的来源，通常是在评估企业价值的基础上，减去债务价值，得到股东价值。财务理论认为，企业价值应该与企业未来资本收益的现值相等。企业未来资本收益可用股利、净利润、息税前利润和净现金流量等表示。不同的表示方法，反映的企业价值内涵是不同的。利用净现金流量作为资本收益进行折现，被认为是较理想的价值评估方法。因为净现金流量与以会计为基础计算的股利及利润指标相比，更能全面、精确反映所有的价值因素。

现金流量来自各期的预期现金流量。而预测无限期的现金流量数据是很困难的，为了避免预测无限期的现金流量，大部分估价将预测的时间分为两个阶段：①详细预测期（简称“预测期”），是有限的、明确的预测期，在此期间需要对每年的现金流量进行详细预测，并根据现金流量模型计算其预测期价值；②后续期（简称“永续期”），预测期以后的无限时期，在此期间假设企业进入稳定状态，有一个稳定的增长率，可以用简便方法直接估计后续期价值。这样，企业价值被分为两部分：预测期价值和后续期价值。预测期价值主要通过预测经营净现金流量来估计。其中，经营净现金流量的计算公式如下：

经营净现金流量＝税后经营利润＋折旧与摊销－经营营运资本增加－资本支出

其中，"折旧与摊销"是指在计算利润时已经扣减的固定资产折旧和长期资产摊销数额；"经营营运资本增加"是指流动资产和无息流动负债差额的增加额；"资本支出"是指用于购置各种长期资产的支出，减去无息长期负债的增加额。长期资产包括长期投资、固定资产、无形资产和其他长期资产。无息长期负债包括各种不需要支付利息的长期应付款、专项应付款和其他长期负债等。

由于资本支出和经营营运资本增加都是企业的投资现金流出，因此它们的合计称为本期总投资。即：本期总投资＝经营营运资本增加＋资本支出。本期总投资扣除折旧与摊销后的剩余部分，称为本期净投资。因此，经营净现金流量可以看作是本期税后经营利润与本期净投资之差。

案例9-1

已知两家公司的资料如表9-1和表9-2所示，假设两者的寿命期都是六年，现在评估公司对两者的价值进行比较，一些人认为两者价值相等，一些人认为两者价值不等。你怎么看？

表 9-1　　A公司与B公司预计净利润　　单位：万元

A公司	年度1	年度2	年度3	年度4	年度5	年度6
营业收入	1 000	1 050	1 100	1 200	1 300	1 450
现金支出	(700)	(745)	(790)	(880)	(970)	(1 105)
折扣	(200)	(200)	(200)	(200)	(200)	(200)
净利润	100	105	110	120	130	145
B公司	年度1	年度2	年度3	年度4	年度5	年度6
营业收入	1 000	1 050	1 100	1 200	1 300	1 450
现金支出	(700)	(745)	(790)	(880)	(970)	(1 105)
折扣	(200)	(200)	(200)	(200)	(200)	(200)
净利润	100	105	110	120	130	145

表 9-2　　A公司与B公司预计净现金流量　　单位：万元

A公司	年度1	年度2	年度3	年度4	年度5	年度6	累计
净利润	100	105	110	120	130	145	710
折旧	200	200	200	200	200	200	1 200
资本支出	(600)	0	0	(600)	0	0	(1 200)
应收款增加	(250)	(13)	(13)	35	45	(23)	(219)
净现金流量	(550)	292	297	(245)	375	322	491
B公司	年度1	年度2	年度3	年度4	年度5	年度6	累计
净利润	100	105	110	120	130	145	710
折旧	200	200	200	200	200	200	1200
资本支出	(200)	(200)	(200)	(200)	(200)	(200)	(1 200)
应收款增加	(150)	(8)	(8)	(15)	(15)	(23)	(219)
净现金流量	(50)	97	102	105	115	122	491

从表 9-1 可看出，两个公司各年度无论是营业收入还是净利润都完全相等。如果以此资料为基础评估企业价值，可得出两个公司价值完全相同的结论。但从表 9-2 可看出，虽然两个公司各年度净利润和营业收入完全相等，累计资本支出和应收款增加额也相同，但其各年净现金流量及变动趋势却不同。因此，以现金流量折现法评估的两个公司价值就可能不同。显然，以现金流量为基础的评估方法更科学，它考虑了资本支出时间不同对资本收益的影响。

2. 实际现金流量的分析

未来的现金流量是通过财务预测取得的。财务预测可以分为单项预测和全面预测。单项预测容易忽视财务数据之间的联系，不利于发现预测假设的不合理之处。全面预测是指编制成套的预计财务报表，通过预计财务报表获取需要的预测数据。由于计算机的普遍应用，人们越来越多地使用全面预测。预测销售收入是全面预测的起点，因此，实际现金流量分析的核心问题是销售增长率分析。

销售增长率的预测以历史增长率为基础，根据未来的变化进行修正。在修正时，要考虑宏观经济、行业状况和企业的经营战略。如果预计未来在这三个方面不会发生明显变化，则可以按上年增长率进行预测。如果预计未来有较大变化，则需要根据其主要影响因素调整销售增长率。

在各项成本费用与销售收入的比率不变的条件下，息前税后利润与销售收入的增长率相同。在各项资产与销售收入同步增长的情况下，净投资与销售收入的增长率相同。在这种情况下，使用净投资扣除法预计实际现金流量很方便。

3. 后续期价值的估计

后续期价值是指预测期结束时企业的价值，其估计方法有许多种，这里只讨论现金流量折现的永续增长模型。模型如下：

后续期价值＝现金流量 $t+1$/(资本成本－现金流量增长率)

在稳定状态下，可以根据销售增长率估计现金流量增长率。根据竞争均衡理论，后续期的销售增长率大体上等于宏观经济的名义增长率。如果不考虑通货膨胀因素，宏观经济的增长率大多为 2%～6%。

9.2.3　企业价值的计算

由

企业价值＝预测期现金流量现值＋后续期现值

$$\text{预测期现金流量现值} = \sum \text{各期现金流量现值}$$

其中，从预测的准确性、必要性角度考虑，通常预测期为 5 ～ 10 年。

$$\text{后续期终值} = \text{现金流量}_{(t+1)} / (\text{资本成本} - \text{现金流量增长率})$$

$$\text{后续期现值} = \text{后续期终值} \times \text{折现系数}$$

$$\text{股权价值} = \text{实体价值} - \text{债务价值}$$

其中，企业经营现金净流量的折现率的高低，主要取决于企业资本成本的水平。一般采用的加权平均资本成本的计算公式是：

加权平均资本成本＝平均股权资本成本×股权资本构成＋

平均负债资本成本×负债资本构成

可见进行加权平均资本成本估算,一要确定资本结构或资本成本加权权数;二要估算股权资本成本;三要估算负债资本成本。

估计债务价值的标准方法是折现现金流量法,最简单的方法是账面价值法。

案例9-2

巍巍公司预计 2011 年的经营现金净流量为 160 万元,其后 10 年之内每年可以增长 30 万元,公司的资本成本率为 10%。在预测期之后,公司净现金流量的增长水平为 5%,其中预测期后第一年现金净流量为 460 万元。请对巍巍公司的企业价值进行评估。

我们可以通过表 9-3 来说明企业价值的估计。

表 9-3　企业价值评估表　单位:万元

年份	企业经营现金净流量	折现系数(10%)	企业经营现金净流量现值
2011	160	0.909	145.44
2012	190	0.826	156.94
2013	220	0.751	165.22
2014	250	0.683	170.75
2015	280	0.621	173.88
2016	310	0.565	175.15
2017	340	0.531	174.42
2018	370	0.467	172.79
2019	400	0.424	169.60
2020	430	0.386	165.98
后续期价值	9 200	0.386	3 551.2
企业价值			5 221.37

其中,后续价值的计算为

$$后续期价值=\frac{460}{10\%-5\%}=9\ 200\ (万元)$$

可见,采用现金流量折现法评估企业价值,涉及预测期、估计明确预测期后现金流量水平及其增长率、加权平均资本成本估算等问题。

9.3 经济增加值法

当今社会,任何资源的取得和使用都需要付出代价。从股东角度,股东投资于企业必须取得资本回报;反过来,从企业角度即为权益资本成本。如果企业不能取得与其风险相对应的必要资本回报,则意味着企业是在消耗股东价值;如果企业所创造利润大于股东期望的必要回报水平,则增量部分超过回报后就产生了价值增值,这部分价值增值即为企业为股东创造的“剩余收益”。经济增加值指标就是用于衡量价值增值多少的指标。

经济增加值(Economic Value Added,EVA)是 20 世纪 90 年代发展起来的一种新的绩效评定方法,正在全球范围内被广泛应用,并逐渐成为一种世界通用的衡量标准。美国《财富》杂志把经济增加值称为 20 世纪 90 年代最热门的话题和最炙手可热的财务理念,并且预言它将会越来越热。目前，世界上一些著名的大公司，像西门子、可口可乐和索尼等，都采用了经济增加值方法。在我国，2007 年、2008 年、2009 年分别有 87 户、93 户、100 户中央企业参与国务院国资委的经济增加值考核试点。从 2010 年开始，在央企全面实行经济增加值考核。

在 2008 年的金融危机中，国际上一些大企业相继破产或陷入困境，其中一个共性的原因就是过分追求规模扩张，低效资本占用过多，盲目并购，大量资本投资于低效的领域，资本使用效率不高。为此，应用经济增加值的评价方法显得更加迫切。

9.3.1　经济增加值的定义及计算

1. 经济增加值的定义

美国管理之父彼得·德鲁克在《哈佛商业评论》上撰文指出："作为一种度量全要素生产率的关键指标，经济增加值反映了管理价值的所有方面。"

《财富》杂志上评价，"经济增加值是创造财富的真正关键所在。"

《财富》杂志高级编辑埃巴曾指出："经济增加值是现代公司管理的一场革命，一场真正的革命。经济增加值不仅仅是一个高质量业绩指标，它还是一个全面财务管理的架构，也是一种经理人员薪酬的奖励机制，它可以影响一个公司从董事会到基层上上下下的所有决策，它可以改变企业文化。经济增加值改善了组织内部每一个人的工作环境，它可以帮助管理人员为股东和自己带来更多的财富。"

经济增加值，比较简单的定义是指在扣除产生利润而投资的资本成本之后所剩下的利润，被经济学家长期称之为"剩余收入"。经济增加值是一种基于税后净营业利润、产生这些利润所需要的资产投入和资产投资成本(或资本加权平均成本)的经营绩效财务评定方法。经济增加值是对真正"经济"利润的评价，或者说，是表示净营业利润与投资者用同样资本投资其他风险相近的有价证券的最低回报相比，超出或低于后者的量值。

经济增加值与其他业绩计量指标的不同之处在于，它考虑了带来收益的所有资金的成本。传统的会计收益，只扣除了有息负债的利息，而没有考虑权益资本。用公式表示，即：

经济增加值＝税后净营业利润－全部资本成本(包括债务资本成本和权益资本成本)

因此，经济增加值公认的标准定义是指公司税后净营业利润扣除债务成本和股权资本成本后的利润余额。

2. 计算公式

在计算经济增加值时，所用到的三个要素为：税后净营业利润、资产投入和资本成本率。根据定义，可以推导出 EVA 的计算公式。

其中　R_P——税后利润调整额；

C——资本投入额；

K_{WACC}——加权平均资本成本率。

(1)计算税后利润调整额

$$R_P=R+A-A\times T=R+A\times(1-T)$$

其中　R——税后净营业利润；

A——利息费用；

T——所得税率。

(2)计算加权平均资本成本率

$$K_{WACC}=\frac{S}{S+L}\times K_S+\frac{L}{S+L}\times K_L$$

其中 S——权益资本总额；

L——债务资本总额；

K_S——权益资本成本率；

K_L——债务资本成本率。

(3)EVA 的扩展计算公式

$$\text{EVA}=[R+A\times(1-T)]-C\times\left(\frac{S}{S+L}\times K_S+\frac{L}{S+L}\times K_L\right)$$

通过对公式的推导可以看出，EVA 的大小受企业净利润、利息、所得税率、投资资本中权益资本和债务资本比例以及权益资本成本率和债务资本成本率的影响。

3. 计算调整

为了降低会计扭曲，反映经济现实，鼓励正确经营决策，目前，关于经济增加值的研究资料中，已经确认的对会计准则和企业内部会计可做的调整多达 160 多种，非常繁杂。这里，仅介绍相对重要的调整。

(1)资本化费用

具体的调整方法是将研究发展费用、广告营销支出、培训支出等此类费用资本化，并按一定受益期限摊销，这样可以鼓励管理人员对这些有益于公司长期发展和提高公司发展后劲的费用的投入。

(2)营业外收支

具体的调整方法是将当期的营业外收支(包括资产处置带来的收益或损失，重组费用，不可抗力带来的损失、补贴收入等)从税后利润调整额 R_P 中剔除并资本化处理；同时调整对所得税的影响。这样来保证最终核算结果真正反映公司的营业状况。任何一项营业外收支是股东所必须承担的损失或收益，需使其与公司的未来收益或损失相匹配，由股东永久性承担。

(3)会计准备

具体的调整方法是将会计准备冲回，按实际损失发生额计入相应的会计期间；并相应进行所得税的调整。这些会计准备包括坏账准备、存货跌价损失准备、短期投资跌价损失准备、长期投资变现准备。这种调整避免了将并未发生、今后或然发生的一部分费用提前计入损益，不能真实反映公司的营业状况。由于会计制度的变化和会计方法的灵活性，容易引起会计操纵和对营业状况的不真实反映，限制了管理层会计操纵行为。

(4)无报酬要求资产、非营业性资产

具体调整方法：将在建工程和非营业现金从资本总额中剔除，不计算资本成本；非营业现金的相关收益也从税后利润调整额 R_P 中减除。此类资产需从资本总额中减除，不计其资本成本。因为，在建工程在转为固定资产之前不产生收益，对其计资本成本会导致此项资本成本无相关的收益相匹配；非营业现金为公司营业中的现金溢余，由于其不参加营业价值创造，固需要将其从资本总额中剔除。这样剔除在建工程的投资和非营业现金对管理层业绩的影响，鼓励管理层投资于未来，并充分使用资金。

9.3.2 经济增加值的优点及局限性

1. 经济增加值的优点

用于反映企业经营绩效的传统指标主要有投资报酬率、股权回报率、每股收益以及以销售和资产为基础的增长率指标等。与传统企业价值评估指标相比，EVA有以下优点：

(1)真实全面考虑了企业经营的全部成本

资本成本是经济增加值最突出、最重要的一个方面。在传统的会计利润条件下，大多数公司都在盈利。但是，许多公司实际上是在损害股东财富，因为所得利润是小于全部资本成本的。财务会计理论虽然承认资本成本的存在，但只能对权益资本的取得成本(如发行股票的费用)加以计量，因而权益资本成本在会计核算时往往低于借款、发行债券等负债资本成本，甚至有些企业把权益资本当作无成本资本来使用。事实上，权益资本成本大于负债资本成本，因为购买股票的风险高于购买其他有价证券的风险，所以股东的期望报酬率高于其他有价证券利率；如果股东得不到预期报酬，就会转向其他投资，权益资本成本等于转向其他投资收益的机会成本，会计核算不能确认机会成本，因而低估了当期成本而高估了当期“实际利润”，当会计利润小于资本成本的情况下，实质上没有利润。

而EVA真实全面地考虑了企业经营的全部成本，包括权益资本成本在内，体现了在某个时期企业财富价值的增加量，即股东角度所定义的利润。

(2)最直接地与股东财富的创造联系起来

经济增加值是一种高效的财务衡量尺度。经济增加值的可持续性增长将会带来公司市场价值的增值。追求更高的经济增加值，就是追求更高的股价。对于股东来说，经济增加值越多越好。在这个意义上说，它是唯一正确的业绩计量指标，它能连续地度量企业业绩。相反，销售收益率、每股盈余甚至投资报酬率等指标，有时会侵蚀股东财富。管理学大师彼得·德鲁克在《哈佛商业评论》上的文章曾指出：“我们称之为利润的东西，也就是企业为股东留下的金钱，通常根本不是利润，只要有一家公司的利润低于资金成本，公司就是处于亏损状态，尽管公司仍要缴纳所得税，好像公司真的盈利一样。相对于消耗来说，企业为国民经济的贡献太少，在创造财富之前，企业一直在消耗财富。”如果没有对资本成本做出估计并在成本中扣除，这会给报表使用者造成一种幻觉，误以为盈利企业都会或多或少地为股东增加财富。经济增加值纠正了这个错误，并明确指出，管理人员在使用资本时，必须为资本付费，就像支付工资一样。

经济增加值显示了一个企业在每个报表时期创造或损害了的财富价值量。换句话说，经济增加值是股东定义的利润。假设股东希望得到10%的投资回报率，他们认为只有当他们所分享的税后营运利润超出10%的资本金的时候，他们才是在“赚钱”，在此之前的任何事情，都只是为达到企业投资的可接受报酬的最低量而努力。

(3)是一种全面财务管理和薪金激励体制的框架

经济增加值的优势还在于概念简单，易于向非财务管理人员解释，这是由于它是从人们熟知的营运利润中减去用于投资整个公司或经济单位，甚至单独一座厂房、一间办公室或一条生产线的资本成本。通过评估对使用资本的收费，经济增加值使管理者开始重视管理资产和收入，帮助他们恰当地权衡两者关系。这种关于企业经济学的更开阔、更全面的观点将使企业状况发生惊人的变化。

经济增加值不仅仅是一种业绩评价指标，还是一种全面财务管理和薪金激励体制的框架。经济增加值的吸引力主要在于它把资本预算、业绩评价和激励报酬结合起来了。以经济增加值为依据的管理，其经营目标是经济增加值，资本预算的决策基础是以适当折现率折现的经济增加值，衡量生产经营效益的指标是经济增加值，奖金根据适当的目标单位的经济增加值来确定。这种管理变得简单、直接、统一与和谐。

(4)避免了多目标引起的混乱

大多数公司用于表达财务目标的方法又多又杂。公司的战略规划通常建立在所得收入或市场占有增加的基础之上。在评估个体产品或生产线时，公司常常以毛利率或资金流动为标准；在评价各业务部门时，则根据总资产回报率，或是预算规定的利润水平。财务部门通常根据净现值分析资本投资，但是在评估可能的并购活动时则又常常根据对收入增长的可能贡献为衡量指标。除此之外，生产线管理人员和业务部门负责人的奖金每年都要基于利润计划重新评估。这些标准和目标前后并不一致，通常会导致战略计划缺乏可执行性。

经济增加值仅使用一种财务衡量指标，把所有决策过程归结为一个问题，就是如何提高经济增加值。经济增加值为各个营运部门的员工提供了相互交流的渠道，使得所有管理决策得以被制定、监督、交流，并得到控制。由于一切活动都基于单独一种前后一致的指标，而且这一指标总是以为股东投资增加价值为标准，因此，它有助于不同部门的经理为企业的整体利益协同一致地工作。

经济增加值框架下的综合财务管理系统，可以指导公司的每一个决策，包括营业预算、年度资本预算、战略规划、企业收购和公司出售等。经济增加值是一个独特的薪金激励制度的关键变量，它第一次真正把管理者的利益和股东利益统一起来，使管理者像股东那样思维和行动。

总之，经济增加值是一种治理公司的内部控制制度。在这种控制制度下，所有员工可以协同工作，积极地追求最好的业绩。在经济增加值的框架下，公司可以向投资者宣传他们的目标和成就，投资者也可以用经济增加值选择最有前景的公司。经济增加值还是股票分析家手中的一个强有力的工具。

2. 经济增加值的局限性

由于不同的企业有不同的资本成本，所以经济增加值的缺点是不具有比较不同规模企业的能力。

经济增加值也有许多和投资报酬率一样误导使用者的缺点，例如，处于成长阶段的公司经济增加值较少，而处于衰退阶段的公司经济增加值可能较高。

在计算经济增加值时，对于计算和调整的范围以及资本成本的确定，还没有一个统一的规范。而缺乏统一性的业绩评价指标，只能在一个企业的历史分析以及内部评价中使用。

9.3.3 基于 EVA 的企业价值评估应用

基于 EVA 的企业价值评估，是指导资金运用、业绩、薪酬等评价的较好的财务指标，便于企业建立以价值增长为目标的全面财务管理的框架。下面结合国内探讨比较多的青岛啤酒的 EVA 管理来说明其应用。

案例9-3

青岛啤酒的EVA管理

青岛啤酒股份有限公司(简称青岛啤酒)始建于1903年,是中国历史最为悠久的啤酒生产厂,1993年完成改制,并于同年7、8月在香港和上海公开发行了H股和A股,成为首家在香港上市的中国企业。从1997年开始,青岛啤酒开始了扩张之路,先后收购兼并了多家啤酒生产企业,2001年覆盖17个省市,拥有48家啤酒生产企业和3家麦芽厂,成为全国龙头啤酒集团,公司品牌价值跃升至全国啤酒行业榜首。但2001年年报显示,在规模急剧膨胀的同时,青岛啤酒当年的净利润与预计实现目标净利润相差甚远,净资产收益率和每股收益等指标也不理想。2001年底,青岛啤酒决定采纳思腾思特(全球著名的管理咨询和资本顾问公司)提出的以EVA为核心的管理方案。

那么,EVA能够给青岛啤酒带来什么好处?

1. 建立以EVA为中心的全面财务管理框架

建立以EVA为中心的目标管理体系,改变了公司用于表达财务目标的方法多而混乱的局面,EVA是衡量公司所有决策的单一指标,EVA也为各个营运部门的员工提供了相互交流的统一标准,使得所有管理决策变得更有效。战略规划、资本分配、业务组合、并购和撤资的估价、投资计划等管理决策都必须围绕EVA来进行操作,即:管理层必须以EVA衡量出的企业价值增长为中心,进行价值判断,推动公司价值创造,避免盲目扩张。新增项目的可行性可以根据有关预测指标项目存续期的各年EVA或EVA折现是否大于零来判别,项目投产后计算实际的EVA以决定存续或撤销该项目。EVA为负值时要区别情况加以分析,例如,处于初创或扩张阶段的公司在短期内往往投放大量资金,EVA可能是负值,不一定表明其业绩不佳。

青岛啤酒几年来的高速扩张,规模急剧增长,既充满前途,又充满风险。一方面规模扩张需要大量的资金,另一方面,庞大规模下的一些低效经营部分,不仅不产生效益,还要消耗企业的资金。面对企业增产不增收的困境,2001年下半年,青岛啤酒将“做大做强”的战略调整为“做强做大”战略,放慢扩张步伐,和EVA的理念不谋而合。增产增收不增资,这正是EVA价值管理所要达到的目标。EVA能够更好地整合现有资源,是预防高速扩张规模而导致的“大企业病”的一剂良方。公司改善EVA指标的决策有:①在现有资本基础上,提高资本报酬率,也就是促进营业利润的增长;②追加新的投资以获取“额外利润”(EVA＞0的利润);③从EVA＜0的投资中撤出资金和对这种项目进行清算。

2. 用于业绩评价和薪酬管理

在传统财务评价体系下,内部业务单位(子公司)之间为争取公司(母公司)的投资而展开竞争以获取包括利润增加在内的许多好处,母公司在资金分配上由于缺乏合理的依据往往采取“政策分配”的办法,致使资金闲置或低效使用;而EVA方法从根本上解决了这一难题:分别考核内部各个业务单位的资本投入和资本收益,便可测算出各业务单位的创造价值的能力,然后以排序来评价各下属管理单位以及部门经理的业绩。内部业务单位争取到的资金必须创造正的EVA,如果EVA为负,就需要其他业务的EVA或利润来补偿,因此,内部业务单位在没有多大把握实现正的EVA的情况下,不会争取公司的过度投资。以EVA

为核心的业绩考核体系，考虑了带来利润的所有资金成本及其风险。如果EVA的值为正，则表明内部业务单位获得的收益高于为其投入的资本加权平均成本及其风险，即为股东创造了新的价值；反之，若EVA的值为负数，则表明内部业务单位获得的收益低于为其投入的资本加权平均成本及其风险，其业绩是不佳的。因此，EVA比传统指标更能体现投资者的利益和企业的运作状况。

近年来，我国越来越多的企业不断尝试年薪制、股票期权制等激励制度。然而，再好的激励制度如果没有科学的评价体系为后盾也是枉然。年薪制多单纯以利润为中心来考核，忽略了资本成本的消耗。以EVA为中心设计的激励制度使经理层更加注重资本利用率，致力达到增加股东价值的目标。

2002年起，青岛啤酒在经理层实施了以EVA为中心的考核和激励制度，避免了企业总部和内部单位之间目标不协调的现象，使经理层更加注重资本利用率，并弥补了青岛啤酒现有年薪制的漏洞，实行分为基本年薪和风险收入年薪两部分的年薪制，完成EVA目标的80%拿基本年薪，超出部分则按一定比例提取风险收入年薪。由于资本成本直接和管理者的收入挂钩，管理者将更为精明审慎地利用资本，这对管理者每次决策都会产生影响，即尽量提高企业的资本运作效率，这也意味着使用相同资本创造的价值更多。

3. 用于管理诊断

看青岛啤酒的会计报表，显示出其2000年到2002年一直在盈利，似乎经营良好。

但每年的经济增加值(EVA)却为负值，这说明，它不是在创造财富，而是在毁灭股东的财富。究其原因是多方面的，EVA的计算给相应的管理诊断提供了依据。

比如：青岛啤酒原有金字塔式结构就是原因之一，它已经无法适应公司日益扩大的规模。原有组织结构存在信息传递迟钝、控制不灵等缺点。进行以EVA为基础的业务流程再造，整合组织结构，撤销原直属青岛啤酒集团总部的生产部，成立青岛啤酒集团第九个事业部——青岛事业部，这意味着青岛本地几个企业的直接经营权将从青岛啤酒总部职能体系中完全剥离，使青岛啤酒“总部—事业部—子公司”三层管理架构显得更加明晰和条理化，改变机构过于庞大臃肿的情况，统一供销、统一市场管理、统一财务核算，将工作重心全部集中到了EVA创造上，建立了一个基于EVA的扁平化的组织结构，公司变得更加透明。

但在应用过程中，EVA虽与会计利润不同，但其数据仍来源于财务报表，依赖于信息披露的可靠性，若报表数据存在水分，会导致EVA评价的效果大打折扣。另外，EVA计算过程的数据获得也是其应用的一个障碍，一些调整项目的数据较难获得，加权平均资本成本的估算没有一个比较具体科学的计算方法。这些缺陷都需要在实践应用中注意避免。

知识要点

企业价值评估简称价值估价或企业估值，目的是分析和衡量一个企业或一个经营单位的公平市场价值，并提供有关信息以帮助投资者或管理当局改善决策。

价值评估的一般对象是企业整体的经济价值，企业整体的经济价值是指企业作为一个整体的公平市场价值。企业整体价值可以分为实体价值和股权价值、持续经营价值和清算价值、少数股权价值和控股权价值等类别。它们是不同的评估对象，有不同的用途，需要使用不同的方法进行评估。

现金流量折现法是通过估计目标公司未来将产生的收益或现金流量，然后用适合的风险折现率加以折现来给定公司价值。现金流量模型包含股利现金流量模型、股权现金流量模型和实体现金流量模型三种。

经济增加值是一种基于税后净营业利润、产生这些利润所需要的资产投入和资产投资成本（或资本加权平均成本）的经营绩效财务评定方法。基于EVA的企业价值评估，是指导资金运用、业绩、薪酬等评价的较好的财务指标，便于企业建立以价值增长为目标的全面财务管理的框架。

复习思考题

1. 选择题

(1)主营业务利润率的计算公式为（　　）。

A. 主营业务利润/主营业务收入净额

B. 营业利润/主营业务收入净额

C. 利润总额/主营业务收入净额

D. 净利润/主营业务收入净额

(2)成本费用利润率属于下列哪一类指标（　　）。

A. 财务效益状况　　B. 资产营运状况

C. 偿债能力状况　　D. 发展能力状况

(3)企业价值评估的一般对象是（　　）。

A. 股权价值　　B. 清算价值　　C. 控股权价值　　D. 整体的经济价值

(4)下列计算公式不正确的是（　　）。

A. 企业价值＝预测期价值＋后续期价值

B. 实体现金流量＝税后经营利润＋折旧与摊销－经营营运资本增加－资本支出－税后利息费用

C. 股权现金流量＝实体现金流量－税后利息支出

D. 经济增加值＝税后净营业利润－全部资本成本（包括债务资本成本和权益资本成本）

2. 判断题

(1)永续增长模型的使用条件：企业必须处于永续状态。（　　）

(2)企业实体价值是股权价值与债务价值之和。（　　）

(3)一个企业的公平市场价值，应当是持续经营价值与清算价值较高的一个。（　　）

(4)EVA的大小受企业净利润、利息、所得税率、投资资本中股权资本和债务资本比例，以及股权资本成本和债务资本成本的影响。（　　）

3. 简答题

(1)企业价值评估提供了哪些信息？

(2)经济增加值法的优点及局限性。

第 10 章　虚假财务报表识别

引导案例

新业公司为了加强自身的竞争实力，站稳脚跟，决定向某一兄弟企业投资。合作前，新业公司只提出一个要求，希望对方能提供一份近期财务状况的报表，表示只要对方财务状况良好，就会投资。对方很快将一份详细、清晰、完整的财务报表送达。看过报表之后，新业公司老总当即拍板，一锤定音："这家公司财务状况不错，可以投资。"于是，大量资金不断流入对方的账户。然而，投资不久，却传来了被投资方宣布破产的消息，新业公司的一切投资也随之化为乌有。

显然，新业公司老总上了虚假财务报表的当。因此，为了保护自身利益，认识粉饰财务报表的动机，提高识别虚假财务报表的能力，具有重要意义。

虚假财务报表是指由企业有意或无意不遵循会计报表编制准则，提供的被隐瞒或被歪曲的会计报表。虚假财务报表可以说是会计舞弊行为中的一个重灾区。虚假会计报表会误导投资者的投资决策，损害其利益；导致金融部门做出错误信贷决策，产生大量不良资产，加大金融风险；虚假财务报表还会使国家错误地把握国民经济的总体运行情况，做出错误的计划和调控决策，从而破坏社会经济正常有序发展。因此，各利益相关者要了解粉饰财务报表的动机和方法，洞悉报表粉饰的惯用方法，学会虚假财务报表的识别方法，减少不必要的损失。

10.1　粉饰财务报表动机

世界各国陆续爆出财务丑闻，从美国知名的安然、世界通讯、意大利食品巨人帕玛拉特，到韩国鲜京集团子公司 SK GLOBE。我国也不例外，郑百文、黎明股份、红光实业、麦科特、银广夏等，不胜枚举。从大量的财务舞弊和报表粉饰案例中，可归纳出粉饰财务报表的动机主要有以下几种：

1. 为业绩考核而粉饰财务报表

考核企业的经营业绩，一般以财务指标为基础。比如，我国国有资本金绩效评价指标体系，财务指标（基础指标和修正指标）的权重占 80%，非财务指标（评议指标）权重仅为 20%，且这 20%的非财务指标中也有与财务直接相关联的指标，如产品市场占有能力等。该指标体系中的财务指标包括财务效益状况、资产营运状况、偿债能力状况和发展能力状况的基础指标和修正指标共 20 项，如国有资产保值增值率、资产周转率、销售利润率等。这些财务指标的计算和确定均离不开财务报表。行业排行榜等外部经营业绩考核，主要也是根据财务报表涉及的销售收入、资产总额、利润总额来加以确定的。

除了企业外部经营业绩考核外，更为重要的是企业内部经营业绩的考核。企业内部经营业绩考核不仅涉及企业总体经营情况的评价，还涉及企业经营管理业绩的评定，并影响到企业内各人员的晋升、奖金福利等激励机制方面。激励机制是现代企业经营机制的重要组成部分，包括所有者对管理者的激励机制、高层管理者对部门管理者的激励机制以及管理者对职工的激励机制等。通过企业财务综合评价可明确管理者的经营业绩水平；通过部门财务综合评价可以明确部门管理者的经营业绩水平。

因此，为了使企业的经营业绩得到更高的内外部评价，企业就有可能对财务报表进行粉饰。这也是最常见的粉饰财务报表的动机。

2. 为获取信贷资金和商业信用而粉饰财务报表

与发达国家相比，我国的证券市场仍属于新兴市场，企业需要的资金，绝大部分都是来自于银行等金融机构。能否取得借款，往往关系到一个企业的生死存亡。而在市场经济条件下，银行等金融机构出于风险考虑和自我保护的需要，一般不愿意贷款给亏损、财产担保力不强和缺乏资信的企业。在这种情况下，经营状况不佳又急需资金的企业，为了获得外界的融资，自然就容易产生操纵会计信息、粉饰财务报表去获取金融机构的信贷资金和供应商的商业信用的动机。对于这些企业，粉饰财务报表可以说是不得已的行为。一些经营前景极佳但正处于迅速发展期的企业，可能因为经济效益还没有体现出来，向银行申请贷款亦十分困难，为了解决资金短缺的问题，也可能通过操纵会计信息来获取贷款。

3. 为发行股票筹资而粉饰财务报表

股票发行分为首次发行(IPO)和后续发行(SEO，如配股和增发)两种情况，而无论是首次发行还是后续发行都需要达到一定的业绩标准。我国的《公司法》等法律规定，公司必须连续三年盈利且经营业绩比较突出才可取得上市发行股票的资格。此外，股票发行价格的高低也与盈利能力有关。这样，准备上市的企业为了能够顺利通过发行审核，尽可能多募集资金，也很可能对财务报表进行包装、粉饰。

在配股情况下，1999 年前我国规定上市公司获取配股资格的最低标准为最近三年的每年净资产收益率不得低于 10%，1999 年后该标准降为 6%(但平均不低于 10%)。这样，6%的配股就成了上市公司的“生命线”。特别是在某些企业中，三年时间里只有一两年达到要求，“功亏一篑”，他们迫切需要粉饰财务报表，以求达到配股要求。同时，上市公司在证券市场进行配股等再融资，证监会也有严格的规定。一些企业为达到在证券市场发行股票、上市交易和配股等融资的目的，自然会产生通过粉饰财务报表来发行股票筹资的动机。

根据证监会的有关规定，上市公司上市后财务状况和经营状况恶化等原因将被特别处理、暂停交易，直至退市。这样，上市公司为了避免被特别处理和暂停交易，也在一定程度上会有粉饰财务报表动机。

4. 为偷逃税款而粉饰财务报表

所得税的上缴，是在会计利润的基础上，通过纳税调整来计算的。具体方法是，将会计利润调整为应纳税所得额，再乘以企业适用的所得税税率。一些企业为了达到偷税、漏税、减少或推迟纳税的目的，往往会对财务报表进行粉饰。

5. 为某种政治企图而粉饰财务报表

有些企业的会计报表，主要是对主管部门和政府部门负责的。对于这种企业而言，粉饰会计报表的目的，就是为了某种政治企图。如我国的国企扭亏为盈，创造良好经营业绩已成为一项政治任务。在这种政治压力下，一些亏损的国企很有可能粉饰财务报表。

6. 为推卸企业和个人责任而粉饰财务报表

主要情形表现在以下几个方面：

(1)企业在调动高级管理人员的时候，一般要进行离任审计。离任审计的时候，离任者根据“需要”调节会计报表，暴露或者不暴露业已存在的许多问题。新任领导就任当年，为了明确责任或者推卸责任，往往要对陈年老账进行大幅度的清理，这时候同样也会存在会计报表上的造假。

(2)会计准则、会计制度发生重大变化的时候，要根据新制度的要求，重新编制和调整会计报表。这时可能诱发企业粉饰财务报表，提前消化潜亏，并将责任归咎于新的会计准则和会计制度。

(3)当企业发生自然灾害的时候，或者高级管理人员卷入经济案件的时候，企业也很可能利用这种机会对会计报表进行粉饰，以便推卸责任。

10.2 财务报表粉饰方法

1. 利用资产重组粉饰财务报表

这是最常见的一种会计报表粉饰方法。

资产重组本来是上市公司为了优化资本结构、调整产业结构、完成经营战略转移等目的而实施的资产置换和股权置换。然而，资产重组现已被广为滥用在企业调节利润的场合，以致于一提起资产重组，人们就会想到做假账，似乎两者已经成为一个联合体。近年来，特别在上市公司中，资产重组已被广泛用于粉饰财务报表。

资产重组往往具有使上市公司一夜扭亏为盈的神奇功效，特别是在会计年度即将结束前进行的重大资产买卖，其转移利润的动机更加明显。利用资产重组粉饰报表的方法主要有以下几种：①借助关联交易不等价交换，由非上市的关联股东以优质资产置换上市公司的劣质资产，进行以“垃圾换取黄金”的利润转移；②由非上市的关联股东将盈利能力较高的下属企业廉价出售给上市公司；③将闲置资产或亏损子公司高价出售给关联股东，确认暴利；④将不良债权和股权出售给关联股东；⑤与关联方互购资产，哄抬利润和资产价值；⑥剥离资产和负债。

案例10-1

某公司 2008 年 6 月将其拥有的账面价值 56 万美元的子公司 40％的股权作价 4 000 万元人民币，与其关联企业进行股权置换。

本次股权置换使该股份公司 56 万美元的不良资产转化为 4 000 万元的优质资产，仅此一项就为该股份公司增加了 3 500 多万元的收益，不仅使该公司 2008 年上半年度免于亏损，而且在弥补了以前年度 2 558 万元的亏损后，还可剩余相当一部分可分配利润。

2. 利用关联交易粉饰财务报表

我国的许多上市公司由国有企业改组而成，在股票发行额度有限的情况下，上市公司往往通过对国有企业局部改组的方式设立。股份制改组后，上市公司与改组前的母公司及母公司控制的其他子公司之间普遍存在着错综复杂的关联关系和关联交易。利用关联交易粉饰财务报表，调节利润已经成为上市公司频繁使用的财务报表粉饰手段。

利用关联交易调节利润，其主要方式包括：

(1)虚构经济业务，人为抬高上市公司业务收入和效益。例如，一些股份制改组企业因主营业务收入和主营业务利润状况不佳，通过将其商品高价出售给其关联企业，人为抬高其主营业务收入和利润。

(2)采用大大高于或低于市场价格的方式，进行购销活动以及资产置换或股权置换等资产重组活动。

(3)以旱涝保收的方式委托经营或受托经营，虚构上市公司经营业绩。例如，某股份有限公司以 800 万元的代价向关联企业承包经营一个农场，在不到一年内获取 7 200 万元的利润。

(4)以低息或高息发生资金往来，调节财务费用。

(5)以收取或支付管理费或分摊共同费用调节利润。如某集团公司替其控股的上市公司承担了 4 500 多万元的广告费，理由是上市公司做的广告也有助于提升整个集团的企业形象。

(6)隐瞒关联关系，为关联企业提供贷款担保。

利用关联交易粉饰财务报表的最大特点是，亏损企业可在一夜之间变成盈利企业，且关联交易的利润大都体现为"其他业务利润"、"投资收益"或"营业外收入"。利用关联交易调节利润的另一个特点是，交易的结果是非上市的国有企业的利润转移到上市公司，导致国有资产流失。

3. 利用虚拟资产粉饰财务报表

资产是指能够给企业带来未来经济利益的经济资源。一些公司将一些已经实际发生的费用或损失暂时计入待摊费用、长期待摊费用、待处理财产损益等资产科目。而这些项日严格地说并不能给企业带来未来的经济利益，因此，不是企业的真实资产，而是一种虚拟资产。广义的虚拟资产还包括资产潜亏，如潜在的坏账损失、潜在的存货跌价损失、潜在的长期资产(如长期股权投资、固定资产、在建工程和无形资产)的价值减损等。这种虚拟资产的存在，为企业操纵利润提供了一个已经发生的费用和损失的"蓄水池"。不及时确认、少摊销或不摊销已经发生的费用和损失，即通过增加不良资产来虚增利润，已成为一些国有企业和一些上市公司粉饰财务报表、虚盈实亏的常用手法。而制造虚盈实亏的借口也较多，如权责发生制、收入与成本配比原则、地方财政部门批示等。

4. 利用资产评估粉饰财务报表

按照会计制度的规定和谨慎原则，企业的潜亏应当依照法定程序，通过利润表予以体现。然而，许多企业往往在股份制改组、对外投资、租赁、抵押时，通过资产评估，将坏账、滞销和毁损存货、长期投资损失、固定资产损失以及递延资产等潜亏确认为评估减值，冲抵"资本公积"，从而达到粉饰财务报表、虚增利润的目的。

案例10-2

一家企业前三年报告的净利润分别为2 850万元、3 375万元和4 312万元。过去三年连续盈利，符合上市条件。

然而，该企业为达到上市的目的，以股份制改组所进行的资产评估为契机，将潜亏资产全部作为资产评估减值，与固定资产和土地使用权的评估增值18 680万元相冲抵，使其过去三年体现高额利润。审计发现：前三年的应收账款中，账龄超过三年以上、无望收回的款项计7 563万元；过期变质的存货损失约3 000万元；递延资产中含逾期未摊销的待转销汇兑损失为1 150万元。

5. 利用利息资本化粉饰财务报表

根据现行会计制度的规定，按照收入与成本配比原则，应该区分资本性支出和收益性支出。具体而言，企业为在建工程和固定资产等长期资产而支付的利息费用，在这些长期资产投入使用之前，可以予以资本化，计入这些长期资产的成本。在这些长期资产达到可使用状态时，发生的利息费用作为收益性支出计入当期损益。然而，在实际工作中，有一些国有企业和上市公司滥用利息资本化的规定，蓄意调节利润。

利用利息资本化调节利润的更隐秘的做法是，利用自有资金和借入资金难以界定的事实，通过人为划定资金来源和资金用途，将用于非资本性支出的利息资本化。

案例10-3

金路公司在1997年年报中，以多计资本化利息、少转财务费用等手段虚增利润3 415.47万元，原四川德阳会计师事务所出具了无保留意见的审计报告。2001年，中国证监会根据有关证券法规，对其处以警告并罚款100万元，对相关责任人处以警告并罚款；对原四川德阳会计师事务所做出了没收20万元并罚款20万元的处罚，对签字注册会计师分别做出罚款并暂停证券从业资格一年的行政处罚。

渝汰白，于1997年将汰白粉工程建设项目建设期间的借款利息8 064万元资本化为在建工程成本。然而，实际上，该工程已于1995年下半年开始试产，1996年已经生产出合格的产品。8 064万元的借款利息应计入1997年的损益。结果被注册会计师出具了否定意见的审计报告。

6. 利用其他应收款和其他应付款粉饰财务报表

其他应收款和其他应付款主要用于反映除应收账款、预付账款、应付账款、预收账款以外的其他款项。正常情况下，它们期末余额不应过大。然而，一些国有企业和上市公司的其他应收款和其他应付款期末余额巨大，往往与应收账款、预付账款、应付账款和预收账款的余额不相上下，甚至超过这些项目的余额。此时，其他应收款和其他应付款被用来调节利润。事实上，其他应收款、其他应付款往往被称为会计报表中的“垃圾桶”和“聚宝盆”，前者隐瞒潜亏，后者隐瞒利润。

案例10-4

某黄金企业是否隐藏利润

自2003年上市以来，某黄金企业的经营业绩却总是低于分析师的预期。2005年4月

26日，该黄金企业发布业绩预增的公告，预计上半年净利润同比增长50%以上。7月13日，公司又公告修正预测，称经测算上半年业绩与去年同期基本持平（略有增长），戏剧化的场面令投资者瞠目结舌。

2005年前三季度经营性应收项目增加了8 413万元，2003年至2005年三季度合计增加了10 136万元，然而从具体项目来看，与生产经营密切相关的应收账款增加不多，与生产经营关系不那么密切的其他应收款却增加了不少。

2005年前三季度"其他"项目为经营活动贡献了6 331万元的现金流，占了经营活动产生的现金流量净额一半以上。由于"其他"项目的敏感性，绝大部分上市公司现金流量表补充资料中"其他"项目一栏是空的，或者仅是一个非常小的数；而该黄金企业在季报中出现金额如此巨大的"其他"项目，却又没有任何解释。

上述情况有三种可能：一是报表编制错误，不过，若真如此，足以动摇人们对该黄金企业财报数字的已有信心；二是实施隐藏利润的一系列安排之后，却难以在收付实现制下的现金流量表上自圆其说；三是其他原因。

7.利用股权投资粉饰财务报表

由于我国的产权交易市场还不很发达，对股权投资的会计规范还处于起步阶段，有不少国有企业和上市公司利用股权投资调节利润。除了借助资产重组之机，利用关联交易将不良股权投资以天价与关联公司置换股权获取暴利外，还有一些企业利用会计政策的选择，如成本法和权益法的变换粉饰会计报表。典型的做法是，对于盈利的被投资企业，采用权益法核算，而对于亏损的被投资企业，即使股权比例超过20%，仍采用成本法核算。

此外，近年来一些上市公司迫于利润压力，经常在会计年度即将结束之际，与关联公司签订股权转让股协议，按权益法或通过合并会计报表，将被收购公司全年的利润纳入上市公司的会计报表。值得庆幸的是，财政部已发布通知明确规定，股权转让时，收购企业只能从收购之日起以权益法或合并报表的方法确认被收购企业的利润，收购之日前被收购企业实现的利润只能作为收购成本，收购企业不得将其确认为投资收益。这一规定，无疑将抑制一些企业利用股权投资调节利润、粉饰会计报表的发生。

8.利用调整收入、费用粉饰财务报表

一些企业通过混淆会计期间，利用时间差提前确认收入、推迟结转成本，或提前确认成本费用、推迟确认收入，或错误运用会计原则，将非销售收入列为销售收入，或虚增销售业务等方法，来增加本期利润以达到利润操纵之目的。

案例10-5

从蓝田股份现金流量表"支付给职工以及为职工支付的现金"栏中看出，2000年度该公司职工工资支出人均每月收入仅144.5元，2001年上半年人均收入为185元。如此低廉的收入水平，不论是对于员工30%以上为大专水平的蓝田股份职工，还是对于历年业绩如此优异的蓝田股份而言，都难以合乎情理，这存在利用工资调减费用、虚增利润的嫌疑。

9.利用合并报表粉饰财务报表

根据我国《合并财务报表暂行规定》，凡是能够为母公司所控制的被投资企业均属于其合并范围。合并财务报表时粉饰财务报表的手段主要有：合并报表的编制范围不当，如将尚未开业或尚未正常经营的子公司由于没有利润不予合并，将盈利的子公司但不符合编制合并报表条件的予以合并或不按规定正确合并；合并资产负债表的抵消项目不完整，尤其是内部债权债务不区分集团内部和外部的往来，使合并抵消时不能全部抵消；合并利润表中内销和外销部分没有正确区分，使得内部交易金额不能全部抵消，出现内部销售利润计算错误等现象。

10.3 虚假财务报表识别方法

10.3.1 关联交易剔除识别法

关联交易剔除识别法，是指将来自关联企业的营业收入和利润总额予以剔除，分析某一特定企业的盈利能力在多大程度上依赖于关联企业，以判断这一企业的盈利基础是否扎实、利润来源是否稳定、未来的成长性是否可靠等。如果企业来源于关联企业的营业收入和利润所占比例过高，会计信息使用者就应当特别关注关联交易的定价政策、关联交易发生的时间、关联交易发生的目的等，分析企业是否以不等价交换的方式与关联企业发生交易进行会计报表粉饰。

运用这一方法进行判断分析，需要注意以下几点：

1.识别关联方交易

由于企业往往漏报和隐瞒关联方交易，找出企业所有的关联方关系，成为关联方分析的前提条件。关联方的认定必须进行公司的外部组织结构调研，以确定公司的“终极股东”。具体分析的时候，分析人员可以实施以下程序找出关联方关系：①向管理人员询问全部关联者的名称；②向董事会、股东会和高级职员询问同其他单位的隶属关系；③检查股东大会和董事会的会议记录；④检查以前年度的分析工作底稿，查明关联者的名称或向前任分析师询问他们知道的关联者；⑤审查分析期间的重大投资交易，并根据交易的性质及程度，决定是否构成了新的关联者；⑥检查股东登记簿，取得主要股东名单，查阅主要个人股东家庭成员的简历；⑦检查被分析单位的所得税申报表。

我国税法要求企业同关联方的业务往来，要按同独立企业之间的业务往来一样收取或支付费用。因此，企业存在的关联交易有时会在所得税申报表中反映出来。在确定了关联方以后，应将被分析单位与其全部关联方在往来账款、投资、购销交易等的审查中随时对照，以便找出关联交易。判断关联交易是否存在，应遵循“实质重于形式”的原则，只要关联方之间发生了资源转移或发生了权利义务，不论是否有价款支付，都应视为发生了关联交易。

其次，会计信息使用者需要关注报表附注中披露的关联方交易信息。对于一次性交易，应了解其交易的性质和内容，并据以判断该交易的真实性。一般而言，上市公司利用一次性交易调节利润的可能性较大。对于持续性交易，应注意其资源和义务的转移价格，如公司业务交易中的转移价格略高于或低于市场价格是正常的，一般不存在不良企图，对利润的影响也是合理的；若交易中的转移价格严重背离市场价格，则说明公司极可能是通过虚假交易来粉饰利润。

另外，还应确定关联交易是否进行了非关联化，关键在于查清交易中的“关键控制人”。“关键控制人”是指那些名义上没有控制，但实际有控制权的法人和自然人，如国有股股东的上级行政主管部门和炒作上市公司的“庄家”。有时候“关键控制人”并不一定是“终极股东”。例如，某上市公司与一家公司进行交易，表面上两家并无关联关系，但实际上两家却属于同一行政主管部门领导，在主管部门的行政干预下，两家公司才进行了交易，其公允性则令人怀疑。再比如，两家公司的股票都受同一“庄家”控制，两家上市公司进行交易，实际上进行交易的目的往往是为了方便“庄家”的炒作。

2. 判断关联交易是否必要

关联交易是否必要取决于是否由于企业的正常经营活动而产生。当关联交易具备以下几个要素时，视其为正常经营活动产生的，是一种合法的商业交易行为：①关联交易是自愿的；②交易的价格是市场价格或比照市场价格为基础制定的价格；③交易的条件公平合理，不仅参与交易的双方愿意接受，而且给予其他市场参与者同样的交易机会；④交易的动机不是出于不良目的，如操纵市场、转移价格或财产、粉饰报表、逃避税收、骗取信用等；⑤交易的后果没有损害公司及非关联方的利益。

总之，判断关联交易是否必要，要区分经常性关联交易和特别性关联交易。经常性关联交易主要表现为：这类交易行为符合市场规律，如交易对象、结算与其他非关联方之间的交易并没有区别；这类交易是资源的有效整合，与企业的核心竞争力有关系，有利于上市公司的长远发展。特别性关联交易主要表现在：这类交易行为不符合市场规律，有明显的不良动机；金额大，货款收回难以保证；控股股东是否有可能以各种名义，蓄意侵吞上市公司财产。如对高新技术企业、免税企业、弥补亏损企业，当其获利水平高于同行业水平时，应当确认其有无转入利润的可能。在识别重点上，要加强对经营收入和存货购销环节的分析，以确认其是否有非公允市价交易等事项的存在。

3. 分析关联交易是否产生资金流

根据关联交易对上市公司利润的影响方向，可将非公允关联交易划分为两类：①虚增上市公司经营业绩的关联交易；②转移上市公司经营业绩的关联交易。一般来说，无论哪类关联交易，关联交易只要有现金流回笼产生收益，就应该确认为收入和利润。如果是特别性交易，且粉饰财务报表动机明显，又没有现金回笼，就不能确认为收入。如果关联方欠款未还，信用不好，则估计该款项难以收回。即使本次有现金流入，也应该先抵偿先前欠款，所以这类收益不能确认为收入。同时，分析关联方交易未结算金额分别占关联方交易总额和未结算总金额的比例是否正常。如果母公司合并财务报告的利润总额远低于企业的利润总额，就可能意味母公司通过关联交易，将利润“包装”注入企业。

4. 关注关联交易的定价政策

分析企业是否以不等价或非公允价格进行交易或交换。因为交易价格的高低，直接影响企业的收入和利润水平。按一般商业法则，关联方之间的交易应按市场运作规则定价，以客观公正地反映企业经营业绩。但事实上，关联方往往会根据其自身的需要制定交易价格，借以达到粉饰报表的目的。在分析关联交易定价政策时，首先要注意关联交易资产评估方法的选择，因为采用不同的资产评估方法可以得出不同的结论。其次要特别关注价格反常现象，比如购销价格反常、售后短期内又重新购回、货款未清又赊欠等购销业务；资金拆借低于或高于市场利率、借给不具备偿债能力的企业、逾期不还等资金融通业务；劳务、咨询、管理费价格不合理，对不存在或无法实现的咨询服务费等费用支出业务；反常的投资收益、利息收入、租金收入等。

同时,还要与同类资产价值和同类商品的市场价格相比较。通过对同类公司的同类资产的价值和收益状况加以类比,可以发现严重有失公允的状况。要考察关联方之间购销交易占公司业务总量的比重以及开放市场上的合理购销价格。当公司间的关联性较高,而且与开放市场价格相差较大的时候,就要特别关注。开放市场价格以及非关联方之间的购销价格可以被认为是相对公允的价格,如果与其相比,关联方定价相差较大就存在有失公允的可能。

5. 根据实质重于形式的原则进行合理判断

在实际工作中,判断是否存在关联方关系,应当视交易的实质而不仅仅是法律形式,即应当根据实质重于形式原则进行合理判断。是否存在关联方交易,不仅要看是否符合关联方交易的定义,更要注重他们之间的实际交易过程和方法。

(1)从利润表的结构比率分析是否存在关联方交易

正常的商品交易计入主营业务收入,关联方之间发生的资金占用费、债务重组收益、转让股权或其他资产的收益一般是计入"财务费用"、"营业外收入"或"投资收益"账户。因此当存在关联方交易业务形成的利润时,利润表的结构比例就会失衡,上述项目相关金额的绝对数和相对数就会增加很多倍。这样,通过分析性复核的方法就能发现是否存在异常的利润项目,然后有针对性地查找业务发生的原始记录以及董事会的会议记录或双方签订的资产转让协议、托管协议等,查明关联交易行为的真相。

(2)从支付方式是否合乎常规分析识别关联交易

关联交易产生的主要风险因素在于法律形式与经济实质的偏差,在两者发生冲突时,会计准则要求实质重于形式。因而,要判断会计报表是否披露了重要关联交易的经济实质。在很多与财务报告陷阱相关的关联交易中,企业往往会做如下交易:①以远高于账面价值的价格将下属公司转让给控股股东,但收取少量或未收取现金;②在未花费代价或很少代价的情况下,收购控股股东下属的子公司;③将大量的款项贷给控股股东,款项回收不理想,或者以高于市场利率计息;④控股股东减少客户的利息费用或减免债务;⑤控股股东以非现金资产认缴股份,而且作价价格远高于账面价值;⑥股东以向公司借款认缴股份或虚构银行进账单认缴股份。

(3)通过股权关系确认经济行为"实质"

实质重于形式原则的意义更多地体现在实质为关联交易的经济行为中。由于公司治理方面的缺陷,一些上市公司与大股东之间存在通过关联交易转移经济利益的行为,而为规避监管,公司常常以不违规的形式来掩盖其不合规的实质。由于关联关系大多以资本为纽带,因此,通过股权关系可以确认经济行为"实质"。例如,新的发行制度下要求披露实际控制人在连环担保中对担保终极受益人的认定,可以帮助判断其实质。

(4)关注关联交易的披露是否充分、适当

①在存在控制关系的情况下,需注意企业会计报表附注中是否披露了如下事项:企业所持股份或权益及其变化;企业类型;法定代表人和企业注册地;注册资本及其变化;企业主营业务。②当企业与关联方发生交易时,注意分析企业会计报表附注中是否披露了关联方关系的性质、交易类型及交易的金额以及相应的定价政策。③在实质性测试中,应重点分析企

业所持股份或权益的变化过程是否充分披露，即要分析会计报表是否披露了有关项目的年初数、本年增加数、减少数和年末数。另外，分析会计报表披露关联方交易的金额或相应比例时，应披露前后两年的比较数据。④分析相同类型关联方交易的合并披露是否恰当，有无可能对会计报表使用者造成重大误解的情况。

案例10-6

根据实质重于形式原则进行关联方关系合理判断。

A公司是上市公司，2009年将其拥有的B企业50%的股份转让给A公司持有10%股份的C企业，D企业为A公司的子公司。A公司将拥有的B企业的股份转让给了C企业后，D企业又将A公司已转让的股份从C公司买回，通过这样的转让程序，原来由A公司拥有的B企业50%股份，变为由A公司的子公司(D公司)持有B企业50%的股份。

从这一交易看，虽然按照持股比例，A公司与C企业不存在关联方关系，A公司将拥有的B企业股份转让给C企业不属于关联方交易，但从该项交易的实质和结果看，A公司将股权转让给C企业是为了达到最终转让给D企业的目的，即A公司与C企业的交易并没有真正完成，只有将股权转让给了D企业，该项交易才算完成。由于D企业受A公司控制，D企业从C企业购回的B企业的股份完全是受A公司操纵所为。从该项交易的结果看，A公司将拥有的B企业的股份转让给了其子公司D企业，因此，上述A公司转让B企业股权的交易仍属于母子公司之间的交易。在这项交易中，由于A公司未将股权直接转让给D企业，而是通过C企业转手，使问题变得复杂。同时，从另一角度看，C企业从A公司购入B企业的股份，然后再转让给D企业，C企业为什么愿意在这项交易中起桥梁作用，也可能是由于A公司对C企业具有重大影响所致。因此，是否属于关联方交易，应当按照实质重于形式原则加以判断，对于上述交易，应当视为关联方交易予以披露。

案例10-7

2009年12月20日，甲上市公司的母公司与乙企业(乙企业为甲公司的常年客户，其与甲公司及其母公司不存在任何关联方关系)协商，将甲公司的库存商品按超过市价50%的价格出售给乙企业，其后，甲公司的母公司将所持甲公司股权中20%的股权以较低价格出售给乙企业。

在这一案例中，如果仅从甲公司出售库存商品给乙企业的交易看，由于甲公司与乙企业不存在关联方关系，该项交易不属于关联交易。但从实质上看，乙企业为何愿意出高价从甲公司购入商品，其目的是为了今后从甲公司的母公司处以较低的价格获得甲公司的股份。因此，从实质上看，甲公司与其母公司和乙企业之间存在关联方关系。

由于上市公司关联交易的类型比较多，交易方式也富有个性化的特征，很难加以全面概括，以上对关联交易陷阱的识别只能起到抛砖引玉的作用，准确的分析识别需要投资者和分析人员的长期观察和实战经验。

10.3.2 异常利润剔除识别法

公司的利润构成主要有主营业务利润、其他业务利润、投资收益等，而主营业务利润直接涉及公司的核心竞争力的问题。所以，如果公司的利润不是来源于主营业务利润的话，那么就意味着该公司缺乏核心竞争力，进而就没有持续性的发展空间。异常利润剔除识别法就是将其他业务利润、投资收益、补贴收入、营业外收入从企业的利润总额中剔除，以分析和评价企业利润来源的稳定性。

运用这一方法进行判断分析，需要注意以下几点：

(1)明确非经常性损益项目。一直以来，非经常性损益就被喻为调节公司业绩的“魔法棒”。一些公司依赖短期收益提升经营业绩的现象已经越来越普遍，一些公司的利润来自于所得税返还、增值税部分返还政策等，而事实上这部分公司持续赢利的能力并没有得到真正的提升，一些公司扣除非经常性收益后的净利润为负值，扭亏后复亏的现象屡见不鲜。

(2)在对上市公司盈利能力进行分析时，要特别关注其他业务利润、投资收益、补贴收入、营业外收入占利润总额的比重。公司能否保持主要业绩稳定将是其稳定发展的关键，许多亏损大多因主营业务不佳而步履维艰。如果主营业务利润占利润总额的比重不足50%，那么该企业的利润来源就存在极大的不稳定性。因为一些上市公司为达到配股、增发的目的会利用当地政府干涉银行，采用减免息等政策来操纵上市公司利润。

分析者不仅要关注企业表面业绩，更要仔细分析其利润的构成、财务状况构成等多方面因素。如果把非经常性损益和经常性损益结合起来考察上市公司的盈利能力和经营成果，将会有助于抑制上市公司财务粉饰的行为。

10.3.3 报表对应关系识别法

投资者在进行公司财务报表分析时，对关联公司间的购销比较关注，而对非关联公司间因上下游产品关系、生产性企业和其他企业间的业务往来而形成的购销、应收应付等报表的对应关系关注较少。其实因产品、劳务等形成的“关联”公司间的应收应付项目的急剧变动，或者双方应收应付项目出现的不对应等情况都隐含很多问题。因此报表对应关系识别法提醒分析者在对公司进行分析时，不妨也关注一下类似的报表对应关系，以便能及早发现问题，规避投资风险。

报表对应关系识别法的要点是：分析者看一家公司的年报可能找不出什么错误，但假如将几家公司的年报结合起来一起看，就可发现其中的问题。

案例10-8

中天企业与宁波成功

中天企业的年报披露，宁波成功信息股份有限公司(简称宁波成功)持有中天企业股票2 328 480股，且没有列明是法人股还是公众股，宁波成功的年报中在投资栏目中列明公司参股中天企业，且是法人股，两者的数字相差100多万股。

那么这100多万股的差额是法人股还是公众股，谁也不清楚，在宁波成功的年报中也丝毫找不到有关的数据说明公司参与了中天企业股票二级市场的炒作，因为投资收益栏目中没有表示。在此情况下，宁波成功当年每股收益0.6元中有多少来自中天企业股票的收益，或是为下一年的利润埋下伏笔，谁也弄不懂。

案例10-9

大唐电信与中关村科技

2000年，中关村科技向大唐电信采购了价值6亿元的设备。正是这批设备的交易成为三年来两家公司争论的焦点，双方在账务的处理上也截然不同。大唐电信2000年年报显示，在“应收账款”科目下有中关村科技6亿元的欠款，而且注释为应收销货款。业内人士认为，这表明大唐电信已经在当期确认了该笔收入，并根据有关成本核算原则，在利润中体现了出来。而中关村科技2000年年报中，在应付账款科目中，并没有发现应交大唐电信的设备款，其中最大的一笔应付款仅4 000万元左右。

资料显示，大唐电信2000年总共销售收入为13.97亿元，主营业务利润为2.53亿元，而净利润为1.78亿元。显然，这6亿元的销售收入，对大唐电信2000年的经营业绩功不可没。中关村科技2000年总共收入为13.97亿元，营业成本为11.36亿元，如果加上这6亿元的成本，其后果将不堪设想，即使部分地充作成本，中关村科技2000年也将无盈利可言。难道中关村科技2000年“隐瞒了一部分成本”或者说大唐电信有意做高了“一部分收入”？

10.3.4 现金流量识别法

利润是权责发生制下的产物，易受到粉饰。而现金净流量则是以收付实现制为基础计算，基本上不易被过度粉饰和操纵。因此，现金流量表被称为企业经营成果的测谎器，工商管理界由此非常崇尚“现金为王”的观念。

现金流量表的分析在第6章已经作了介绍，这里仅总括以下五点：

(1)关注企业现金的来源渠道。企业的现金来源主要有经营活动现金流入、投资活动现金流入和筹资活动现金流入三个渠道。企业不可能长期依赖投资活动现金流入和筹资活动现金流入维持经营和发展。良好的经营活动现金流入能增强企业的盈利能力，满足长短期负债的偿还需要，使企业保持良好的财务状况。此外企业的发展也不能仅依赖外部筹资实现，厚实的内部积累才是企业发展的基础。一旦企业经营活动现金流入出现异常，其账面利润再高，财务状况依然令人怀疑。

(2)关注企业现金使用的主要方向。在公司正常的经营活动中，现金流入的各项变化幅度通常不会太大，如出现较大变动，则需要进一步寻找原因。投资活动现金流出一般是构建固定资产或对外投资引起的，此时就要视企业经营者决策正确与否而定。筹资活动的现金流出主要为偿还到期债务和支付现金股利。债务的偿还意味着企业未来用于满足偿付的现金流出将减少，财务风险随之降低。但如果短期内，筹资活动现金流出占总现金流出比重太大，也可能引起资金周转困难。

(3)关注企业实现的会计利润与经营活动产生的现金净流量之间的对比。通过剔除了投资收益和财务费用的会计利润与经营活动现金流量之间的对比可以揭示有关会计利润信息质量的好坏。不少公司通过股权置换、资产重组等手段粉饰报表，可能致使利润提高，但通常不能产生更多的现金收入，相反可能因为增加利润要多纳税与多分配利润而降低现金收入。如果企业的现金净流量长期低于净利润，则意味着与已经确认为利润相对应的资产可能属于不能转化为现金流量的虚拟资产；若反差数额极为强烈或反差持续时间过长，必然说明有关利润项目可能存在挂账利润或虚拟利润迹象。

(4)分析一家企业偿债能力的财务比率有许多种，但有的时候，由于人为的因素，这些指标有时会有一些"虚"。例如通过年末推迟进货、抓紧收回应收账款、先偿债再商借等办法，就可以提高流动比率、速动比率及现金比率。因此，这些比率值有时会含有一些不准确的信息。但是，如果从企业在一个报告期内现金的实际流入、流出及结存量上来分析其偿债能力，则这一方法无疑能更真实、更直观、更有效地反映企业的偿债能力。因为不管企业偿债能力指标有多强，如果手中的现金收入连短期债务都不足以偿还，则企业无疑将会面临着很大的偿债压力，甚至于会出现极为不利的局面。

(5)单个数据有时不能准确反映企业的真实情况，要透过现象看本质。有些公司由于发展的需要或其他原因，现金流出现暂时或适度降低，也是正常的。比如，2001 年老牌绩优公司五粮液，每股经营现金流虽同比有所降低，但依然达到 1.23 元，还是高于当期的每股收益。年报反映，现金流减少主要是由于公司存货值增加所致。但是，年报同时披露公司"基础酒质量水平不断提高，优质品率增长接近 4%，一级酒较去年同期增长 13%"，致使主营业务收入同比增长了 19.94%。显然，产品结构的调整导致存货价值的上涨是现金流略有下降的重要原因。相反，某些公司具有较高的现金流却并不可信。如以实业投资、创业投资为主的某上海公司，2001 年每股收益 0.26 元，每股经营性现金流更是达到 0.58 元。但是，公司依旧"一毛不拔"，没有进行股利分配。一方面与弥补历年亏损有关，另一方面也与其现金"不足"有关。公司的现金流量表显示，其应付项目增加超过 7 亿元，公司仅应付账款、其他应付款、应付票据三项合计就达 5.57 亿元。显然这些款项是必须要支付的。扣除这些因素，公司经营性现金流事实上将出现负值，自然难以回报股东了。对此类公司，投资者也应引起关注。

案例10-10

某著名的彩电制造商，一度是彩电行业的王牌。2002 年，其销售收入扭转了自 1998 年以来萎靡不振的状态，比 2001 年增长了 31 亿元，净利润也由原来的 8 900 万元增至 1.76 亿元。与此形成鲜明对比的是现金流量出现了严重的问题。看一看表 10-1、表 10-2 的数据。

表 10-1　　1997～2004 年的销售收入　　单位：亿元

年份	1997	1998	1999	2000	2001	2002	2003	2004
销售收入	157	116	99	107	95	126	141	115

表 10-2　　2001～2004 年的净利润及经营净现金流量　　单位:亿元

年　份	2001	2002	2003	2004
净利润	0.89	1.76	2.41	−36.81
经营性现金净流量	13.73	−29.73	−7.75	7.60

2002 年度,巨额的销售增长仅仅是纸面富贵! 2003 年的情况依然不佳,2004 年的经营现金净流量有违相关规定,是将大量的商业汇票贴现,按照财政部当时的规定,应该记入筹资现金流量的流入,却被计入了经营活动。2004 年的亏损刷新了我国上市公司亏损纪录,引起了各界对其高度关注。据披露,2002 年起,该公司的主要收入都来自美国的 Apex 公司的出口收入,销售收入与收回货款分别为 61 095、19 007 万美元,2003 年两者分别为 42 442、34 990万美元,2004 年的巨额亏损主要来自计提的坏账准备,36.81 亿元的亏损中,对 Apex 公司的坏账准备就达 25.07 亿元。

由此可见,经营性现金净流量与净利润之间的巨大背离,表明了企业经营状况迟早会出现问题。

10.3.5　报表重组识别法

资产重组可分为报表性重组和实质性重组。报表性重组并不能对企业的经营效率产生实质性的改善,只能改变短期内的财务报告数字,如提高利润、净资产收益率等。而实质性重组则可以提高企业的真实业绩,优化企业的资源配置,对企业的未来产生积极影响。有些上市公司经过重组后,报表上的业绩指标可能确实提高了,但综合实力并没有得到实质性的提高。因为突击重组制造出的突击利润并不具有持续性。这种资产重组的短期行为比较严重,有报表重组的嫌疑,称为报表性资产重组。另外,还有些上市公司通过资产重组不仅使其业绩指标得到了明显提高,而且综合实力也得到了明显改善,这类资产重组被称为实质性资产重组。

识别报表重组和实质重组可以从以下几点进行:①从重组的规模看,报表重组的规模一般不大,收购或出售的资产总额一般低于总资产的 50%;②从重组的行业看,报表重组通常不改变公司的主业;③从重组双方来看,报表重组多发生在关联企业之间,或者同地区的企业之间;④从时间来看,报表重组多发生在下半年或编表前;⑤从高层管理人员来看,报表重组一般不会伴随着高层管理人员的更换;⑥从公司的处境来看,报表重组的公司通常已经面临困境,或即将陷入困境,如两年连续亏损,或者为达到融资门槛而美化报表,如公司为了配股将净资产收益率做到证监会规定的标准。

10.3.6　或有事项分析法

上市公司在年报中会按照规定详细披露许多或有事项和重大事项。其中,投资者需要特别关注的是:重大诉讼、仲裁事项;公司控股股东变更情况;公司收购及出售资产、吸收合并事项;上市公司与控股股东在人员、资产和财务上的“三分开”情况;其他重大合同(含担保等)及其履行情况。

另外，有些公司为了逃避投资者的目光，会隐瞒或有事项的发生或者采取其他手法企图蒙混过关。他们采取的手法包括：①将或有事项的披露分散在年报的几个部分，没有按要求在财务报告附注的或有事项一栏集中披露。②大部分公司没有披露或有负债可能对公司经营和财务产生的影响。③普遍没有对或有负债进行会计处理。根据会计准则的要求，如果很可能导致企业承担支付义务，且金额能够可靠计量的，应该在“预计负债”科目下进行确认和计量。但目前在报表上确认或有负债的上市公司较少，分析者最好奉行谨慎性原则，在分析中将这部分金额从利润中扣除。

10.3.7 分析审计意见法

企业的财务报表，按是否经过审计来划分，可分为经注册会计师审计过的财务报表和未经注册会计师审计过的财务报表两类。一般来说，经注册会计师审计过的财务报表的可信度要高于未经注册会计师审计过的财务报表。在进行财务报表识别之前，要对财务报表进行可信度分析。在可信度分析中，要充分考虑注册会计师发表的审计意见，并对已经和未经注册会计师审计的财务报表进行详略程度不同的可信度分析。一般而言，对已经注册会计师审计过的财务报表，需结合审计报告意见，重点分析财务报表的粉饰状况；对未经注册会计师审计过的财务报表，除了分析财务报表粉饰状况之外，还需要判断财务报表中是否存在技术性错误等。

审计报告是注册会计师根据独立审计准则的要求，在经过必要的审计程序后对被审计单位财务报表出具的审计意见的书面报告。它是投资者判断公司财务报表的重要线索。如果注册会计师出具的是标准的无保留意见的审计报告，一般来讲可以排除粉饰报表与利润操纵的可能。当然，有的注册会计师与被审计单位串通一气，弄虚作假另当别论。如果注册会计师出具的是带有说明性无保留意见审计报告，或有保留意见、否定意见或无法表示意见的审计报告，则有理由怀疑公司有粉饰报表操纵利润行为的可能，对此必须严加关注。

另外在分析审计报告意见时，还应注意：一是有些注册会计师发表的审计意见可能不恰当，有时避重就轻、轻描淡写等；二是个别上市公司在对外报告时所披露的注册会计师的审计意见与实际发表的意见不一致；三是对审计报告说明段中的说明事项应认真阅读，因为这些事项直接反映了公司粉饰报表的方式及对财务报表数据的影响。

10.4 虚假财务报表识别案例

案例10-11

虚假财务信息识别

审计师小李对A公司的资产负债表和利润表粗略地看一下，发现以下数据之间存在问题，见表10-3。

表 10-3 A公司的相关资料

项 目	数 额	项 目	数 额
主营业务收入/万元	40 942.56		
主营业务税金/万元	82.43	期初的主营业务税率	6‰以上
本期财务费用/万元	−100	上期财务费用/万元	100
期末短期借款/万元	8 015.34	期初短期借款/万元	5 000
期末实际所得税税率/%	20.5	期初实际所得税税率/%	35.2
净利润(为弥补亏损)/万元	5 269.75		
本期提取法定盈余准备金比率/%	6	上期提取法定盈余准备金比率/%	10

你能发现这些问题吗？

从以上资料能发现以下问题：

1. 该公司期初的主营业务税率在6‰以上，但根据本期主营业务收入40 942.56万元和主营业务税金82.43万元的数据推算，税率却仅有2‰，这是一组非常不协调的数字，如果不存在税率变更等事项的发生，如果税金是真实的，其收入就有造假嫌疑。

2. 该企业的财务费用是负值，与资产负债表中短期借款8 015.34万元明显矛盾。与期初项目相比，该公司同样有短期借款，但财务费用却为正值。进一步的分析可以在资金和负债上展开。

3. 从所得税看，企业的期末实际所得税税率为20.5%，而期初的实际所得税税率为35.2%，进一步分析可以调查其适用税率、所得税会计处理方法、纳税调整等。

4. 按照《公司法》的规定，企业必须在净利润基础上计提法定盈余公积金10%，该企业当期净利润是5 269.75万元，按规定应提取法定盈余公积金10%，应为527万元，但只提取了345万元，只占可分配利润的6.55%，而上期相同项目的比值却达到了10%，需要进一步了解公司盈余管理的动机。

由以上分析可知，公司存在盈余操控迹象，其数据之间缺乏合理的逻辑。

案例10-12

某＊ST公司的财务状况

由于连续三年亏损，某＊ST公司于2009年4月底被暂停上市。但令人意外的是，该公司2009年7月23日发布公告称，当年上半年实现净利润5 209万元，而去年同期该公司还巨亏2.36亿元。这一事件引起了投资者等各方的关注。该公司2009年半年报显示，在营业收入同比下降的情况下，上半年净利润却实现扭亏为盈，达到5 209万元。在该公司上半年实现的16.9亿元营业收入中，彩电及彩电配件销售为其贡献了16.35亿元，也就是说该公司的主营业务单一。此外，该公司上半年营业总成本较去年同期骤减了4.8亿元，为其扭亏为盈奠定了基础。该公司2009年半年报的相关数据摘录见表10-4。

表 10-4　　某＊ST公司2009年半年报相关数据　　单位:万元

项目	本期金额	上期金额	增减额	增减/%
营业收入	168 595	187 181	−18 586	−9.93
营业成本	148 186	168 547	−20 362	−12.08
销售费用	11 031	25 571	−14 540	−56.86
管理费用	3 548	5 491	−1 943	−35.39
财务费用	2 306	7 696	−5 389	−70.02
资产减值损失	−717	4 917	−5 634	−114.58
净利润	5 318	−23 939	29 257	122.21

从该公司半年报的摘录数据中可以看出，除净利润增长数据为正数外，其余数据均为负数，尤其令人关注的是营业成本、期间费用和资产减值损失的大幅度降低。

一般而言，在生产经营活动和工艺技术比较稳定的情况下，营业成本与营业收入之间基本呈现出较为固定的比例。若该公司营业成本下降幅度超过营业收入的下降幅度，最可能的情况就是该公司的折旧计提政策发生了改变，主要在于折旧计提的范围，比如说仅对满负荷、使用中的固定资产计提折旧等。而销售费用的大幅度降低则在于广告费用的大幅度降低及专设销售机构费用的大幅度降低，但这通常显示公司的业务难以为继。而管理费用和财务费用的大幅度降低显然应该与公司的业务萎缩和提前还贷或债务重组相关，这同样说明了公司的业务面临困难。至于资产减值损失的大幅度降低则应该特别引起关注，因为这一般涉及财务操纵。由于是半年报无需审计，考虑到该公司在资产减值损失会计处理上的随意性，有理由认为该公司的其他财务信息也并非公允，该公司很可能提供了虚假的财务报告，需要进行进一步的分析。

知识要点

• 虚假财务报表是指由企业有意或无意不遵循会计报表编制准则，提供的被隐瞒或被歪曲的会计报表。

• 粉饰财务报表的动机有如下几点：为业绩考核而粉饰财务报表；为获取信贷资金和商业信用而粉饰财务报表；为发行股票筹资而粉饰财务报表；为偷逃税款而粉饰财务报表；为某种政治企图而粉饰财务报表；为推卸企业和个人责任而粉饰财务报表。

• 财务报表的粉饰方法主要有如下几种：利用资产重组粉饰财务报表；利用关联交易粉饰财务报表；利用虚拟资产粉饰财务报表；利用资产评估粉饰财务报表；利用利息资本化粉饰财务报表；利用其他应收款和其他应付款粉饰财务报表；利用股权投资粉饰财务报表；利用调整收入、费用粉饰财务报表；利用合并报表粉饰财务报表。

• 虚假财务报表的识别方法主要有以下几种：关联交易剔除识别法；异常利润剔除识别法；报表对应关系识别法；现金流量识别法；报表重组识别法；或有事项分析法；分析审计意见法。

复习思考题

1. 选择题

(1)下列不属于虚拟资产的是(　　)。

A. 潜在的坏账损失　　B. 潜在的存货跌价损失

C. 潜在的长期资产价值减损　　D. 固定资产减值准备

(2)利息资本化是按照(　　)原则，区分资本性支出和收益性支出。

A. 收入与成本配比　　B. 谨慎原则

C. 实质重于形式原则　　D. 客观性原则

(3)判断关联交易是否存在，应遵循(　　)的原则。

A. 收入与成本配比　　B. 谨慎原则

C. 实质重于形式原则　　D. 客观性原则

(4)下列可能是关联交易的是(　　)。

A. 现金支付的购销业务　　B. 购销价格一如既往

C. 售后短期内又重新购回　　D. 与具备偿债能力企业的金融业务

(5)运用异常利润剔除法时，下列不需要从利润总额中剔除的是(　　)。

A. 投资收益　　B. 营业外收入

C. 补贴收入　　D. 主营业务收入

(6)审计报告是注册会计师根据(　　)的要求，在经过必要的审计程序后对被审计单位财务报表出具的审计意见的书面报告。

A. 企业会计准则　　B. 独立审计准则

C. 会计法　　D. 注册会计师法

2. 判断题

(1)所得税的上缴，是在会计利润的基础上，通过纳税调整来计算的。具体方法是，将会计利润调整为应纳税所得额，再乘以企业适用的所得税税率。(　　)

(2)资产重组是上市公司为了优化资本结构、调整产业结构、完成经营战略转移等目的而实施的资产置换和股权置换。(　　)

(3)经常性关联交易金额大，货款收回难以保证。(　　)

(4)在实际工作中，判断是否存在关联方关系，应当视交易的实质而不仅仅是法律形式，即应当根据实质重于形式原则进行合理判断。(　　)

(5)报表性重组能够对企业的经营效率产生实质性的改善。 (　　)

3. 简答题

(1)简述粉饰财务报表的动机都有哪些?

(2)粉饰财务报表的方法都有哪些?

(3)运用关联交易剔除识别法时,应注意哪些事项?

(4)什么是报表重组识别法?

参考文献

[1] 许拯声，尹阳英，张文灏. 甄别上市公司虚假财务报表方法及案例分析. 商业会计，2010年第10期：35-36

[2] 王淑萍，史建梁，王志永. 财务报告分析. 北京：科学出版社，2005.8

[3] 戴欣苗. 财务报表分析 技巧·策略 第2版. 北京：清华大学出版社，2008.4

[4] 吴革. 跨越财务报告陷阱. 北京：北京出版社，文津出版社，2004

[5] 邹香，谢万健. 财务报表分析. 镇江：江苏大学出版社，2008.8

[6] 张浩. 轻松看懂财务报表. 北京：企业管理出版社，2008.9

[7] 黄世忠. 财务报表分析理论、框架、方法与案例. 北京：中国财政经济出版社，2007.2

[8] 王淑萍，史建梁，王志永. 财务报告分析. 北京：科学出版社，2005.8

[9] 张先治. 财务分析 第三版. 大连：东北财经出版社，2007

[10] 刘刚，孔杰等. 现代企业管理精要全书 战略管理·资本运营卷. 海口：南方出版社，2004.4

[11] 李延喜，秦学志，张悦玫 财务管理. 北京：清华大学出版社，2010.6

[12] 朱学军，杨文杰，刘雅娟. 公司财务分析. 北京：清华大学出版社，2008.9

[13] 中国注册会计师协会. 财务成本管理. 北京：中国财政经济出版社，2010.3

[14] 王舒. 公司财务困境防范策略思考——基于常熟科弘案例的启示. 财会通讯. 综合(中). 2009年第7期：147-148

[15] 池国华. 财务报表分析. 北京：清华大学出版社，北京交通大学出版社，2008.9

[16] 黄世忠. 财务报表分析的逻辑框架——基于微软和三大汽车公司的案例分析. 财务与会计. 综合版. 2007年第10期：14-19

[17] 萧春. 美国汽车“三巨头”何以陷入破产危机. 中国石化新闻网. 2009.2.5

[18] 侯艳蕾，张宏禄. 财务报表分析. 北京：中国金融出版社，2008.8

[19] 张先治. 财务分析. 大连：东北财经大学出版社，2008.1

[20] 薛光，刘艳萍，李延喜. 财务报告分析. 大连：大连理工大学出版社，2007.3

参考文献